JN174949

TATEBAYASHI Masahiko

建林正彦【著】

政党政治の制度分析
マルチレベルの政治競争における政党組織

Comparative Institutional Analysis of
Multi-Level Party Politics in Japan

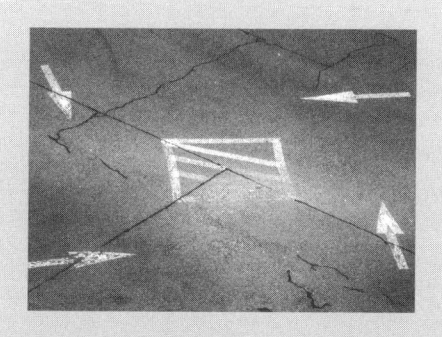

千倉書房

政党政治の制度分析
マルチレベルの政治競争における政党組織

目次

◆本文中の図表は、特に出典を示したもの以外は、すべて筆者が作成したものである。

政党政治の制度分析

マルチレベルの政治競争における政党組織

第 1 章

マルチレベルで考える
政治制度と政党政治
——衆議院・参議院・地方議会

　1994 年に行われた政治改革、すなわち衆議院の選挙制度改革を中心とする政治制度改革によって、日本では、政党本位の政治、安定した強い執政の実現が目指された。その延長には、政党が確固たる政策案を提示しつつ競い合い、有権者は政党をその政策案をもとに選択する。選挙で勝利した政党は、選挙後にその政策を実行するという、国民の選択と責任にもとづく政党政治、政策本位の政治が指向されていた。しかしながら、この 20 年強の間に、変化が目指された方向へと徐々に進行してきたことは確かであるにしても、その目的が十分に達せられたとは言い難い。

　確かに首相を中心とする執政は強化され、トップダウンの意思決定が様々な政策過程において観察されることになった。しかし一体性をもった主要政党が、一定の政策案によって対峙し、有権者が選ぶべき選択肢が示されているとは言えないように思われる。選挙制度改革をはじめとする大規模な制度改革を行ったにもかかわらず、なぜ日本の主要政党は期待された政策本位の政治を実現できないのか。また、なぜ日本では、変化にこれほど長い時間を要するのか。本書は、政治制度改革以降の日本の政党政治の様相を描き出す。選挙制度改革によって何が変化し、変化しなかったのか、それは政治学の理論的な予想にどの程度沿うものであったのか。また予想に反したとすればそれはなぜか。こうした諸々を明らかにすることが本書の目的である。

　一連の課題に対して本書は以下の主張を展開する。第一に日本の政党政治

にとって最も重要なアリーナである衆議院において、選挙制度改革は、衆議院議員の態度や行動を大きく変化させると共に、政権政党たる自由民主党の組織を集権化させ、そのことによってかなりの程度日本の執政＝リーダーシップを強化した。また比例代表制との並立制ではあるものの、小選挙区制の導入は二大政党制への変化を一定程度推し進め、政権交代の可能な政党システムを生み出した。

第二に、しかしながら日本の政治アクターにとっては、参議院や地方政治というアリーナも非常に重要なものであったが、その政治制度は、政党組織の集権化、二大政党制化という衆議院アリーナにおける変化の方向に裨益（ひえき）するものではなかった。これら二つの政治アリーナにおいては、政党よりも政治家個人が選択される傾向にあり、結果的には、参議院や地方政治の制度配置が、衆議院における選挙制度改革の効果を抑制し、強い一体性をもった政党が、政策案めぐって対峙する責任ある政党政治の形成を阻む作用を発揮した。

20年を経て振り返るなら、衆議院の選挙制度改革が短期的に政策本位の政党政治を導くとの予想は誤っていたと言えようが、それは、従来の政治学の限界を示すものでもあった。すなわち従来の政治学においては、単純化のために、最も重要な政治アリーナ（議院内閣制の国々においては、内閣を創出する下院、日本の場合には衆議院）のみが分析の対象とされ、より重要度が低いと思われる政治アリーナの存在について、理論的にも実証的にも十分に注目してこなかったからである[1]。しかしながら日本をはじめとする多くの国々で、政治アクターは複数のアリーナを行き来し、あるいはそこで同時に政治的競争を繰り広げる存在であり、そうしたマルチレベルでの競争状況やそれらの相互作用が、中心的なアリーナを含め、各アリーナにおける政治的帰結を決定的に左右することが徐々に明らかになってきたのである。その意味で単一レベルに分析対象を絞る従来のアプローチは不十分になりつつあるといえるだろう。

競争アリーナの多層性、その相互作用の重要性は、EU統合や地域主義の高まりを受け、ヨーロッパの政党政治研究の中でも注目されつつある

（Deschouwer, 2006; van der Eijk and Schmitt eds., 2008; Lago and Montero, 2009）。EUというアリーナや地域政府のアリーナが独自の競争システムを持ち込んだことが、各国の国政レベルの状況にも影響を与え、そこに変化を生じさせているのであり、マルチレベルの政治アリーナを射程に入れることなしには現状の政治変動を理解することが難しくなっている[2]。たとえばイギリスの多数決型（ウェストミンスター型）民主政治、すなわち小選挙区制と議院内閣制のミックスによって、一体性のある二大政党が交代しつつ責任ある統治を行うという政党政治は、近年大きく変容を遂げつつあるように思われるが、その変容のきっかけはかなりの程度、国政レベルとは異なる地方政治レベル、EUレベルの政治競争メカニズムの中から生じている。EUレベルや地方レベルでは、国政レベルの制度ミックスとは異なる競争ルールが採用されており、そのことが国政の競争メカニズムに大きな影響を及ぼすことになったと思われるのである。

　具体的には、2016年6月に実施され、EU離脱という帰結をもたらした国民投票という制度は、そもそも多数決型民主主義の理念型からは逸脱するものであった（Lijphart, 2012）。議院内閣制と単純小選挙区制のミックスからは、多数派の専制ともいうべき一体的な与党による単独政権がもたらされるのであり、与党リーダーには、たとえ国民投票という選択肢が制度上許容されていても国民投票を選択する誘因がほとんどないからである。当時のデイヴィッド・キャメロン首相が国民投票を公約するに至ったのは、EU離脱を訴えるイギリス独立党の勢力伸長を受け、保守党内に亀裂が生じたからだとされるが、イギリス独立党の勢力伸長を可能にし、保守党への脅威を顕在化させたのは、皮肉にもEU議会選挙の比例代表制だったと思われる。

　イギリス独立党は、小選挙区制のイギリス下院においては1議席を有するのみだったが（2015年）、EU議会選挙においては、2009年選挙で第2党、2014年選挙では第1党となっていたからである。また保守党主流派の意向とは異なって、EU離脱をリードしたボリス・ジョンソンの自律性のリソースには、彼のロンドン市長としての経験が含まれているだろう。2000年以降、大ロンドン市は直接公選の市長を創設したが、これはある種の二元代表

制であり、多数決型の民主制とは異なって、政党の一体性を損なう可能性があった[*3]。要するに国政レベルのウェストミンスター型とは異なる制度がEUレベルや地方レベルで用いられており、その特徴が国政レベルにおける政党の一体性を切り崩し、国政のウェストミンスター型に変容をもたらしていると思われるのである[*4]。

1 ▸ 単一レベルにおける政治制度と政党政治

　翻って日本の政党政治を考えた場合にも、このようなマルチレベルの政治競争が相互に強く作用してきたと思われる。すなわち中心的な衆議院アリーナと参議院や地方政治のアリーナが強く影響しあい、政党政治を形づくってきたのである。本書はこのような観点から、現代日本における政党政治のあり方、特に政党組織の特徴を、マルチレベルのアリーナにおける政治競争とそれを規定するであろうマルチレベルの政治制度の帰結として説明しようとする。

　その際、本書が採用するのは、目的合理的個人を想定した上で、彼（女）らの選択や行動の集積として政治現象を捉える合理的選択論（rational choice）であり、ミクロの分析アプローチである。政党政治（政党システムや政党組織）とは、究極には個々の政治家の選択や行動の積み重ねによって形作られていると考えるのである。

　そこで以下では、まずマルチレベルの問題を一旦脇に置いた上で、この分析アプローチ、すなわち合理的選択論にもとづく政党組織モデルを紹介し、政治制度と政党組織の関係に関する先行研究の成果を整理しておこう。前述のように、従来の政治学においては、マルチレベルの問題は十分に検討を加えられてこなかったが、単一レベルの閉鎖的システム内の問題としては、どのような政治制度がいかなる政党政治をもたらすのかという関係について、かなりのことが研究されてきているからである。そしてその上でマルチレベルの視点を導入し本書で検討を加えていく仮説を提起しよう。

2 ▸ 政党組織とは何か?

　合理的選択論においては、一般に、政治家は選挙での勝利 (再選)、ポスト
の獲得 (昇進)、理想とする政策の実現 (政策) を目指すと想定される ★5。その
上で政党組織は、そうした目標をより効率的に追求するために政治家が形成
し、主体的に参加する集団と捉えられる。第一に、政治家は政党の看板を利
用して、選挙キャンペーンをより効率的に進めることができる。政治家が再
選を目指すとき、自らの政治的立場、公約などを有権者に伝える必要に迫ら
れる。政党はメンバー間の分業を通じ、個々の政治家の得意分野だけでな
く、パッケージとして全分野にわたる政策案の提起を可能にする。また政策
案に関しては、実現可能性についての信頼獲得も重要な問題だが、政党の歴
史はこれを担保する。要するに政治家は、政党ラベルのブランドを形成、維
持することによって、有権者に効果的に政策パッケージを伝え、選挙戦を効
率的に進めることができるのである (Aldrich, 1995; Cox and McCubbins, 2007;
建林・曽我・待鳥, 2008)。第二に、ポストの獲得、理想とする政策の実現に関し
ては、議会でのグループ形成、多数派構築が重要となる。ほとんどすべての
議会が、ポストや政策の決定に際して、多数決原理を用いている以上、昇進
目標や政策目標の実現を目指す政治家は、政党や会派に所属せざるを得ない
のである。

　このように政党は、政治家の目的追求行動を効率化する手段であると考え
られるが、政党名の看板、ブランドは、有権者にとっても政治的選択を容易
にするという機能を持つ。もし現代の民主政治において政党が存在しなけれ
ば、有権者の選択、情報獲得のためのコストは膨大なものになるだろう。た
とえば小選挙区制のように候補者個人を選択する場合には、有権者は、彼
(女) の政策指向、公約や能力を評価し、彼 (女) が他の議員とどのような関係
にあり、政権に参加する可能性があるのか、彼 (女) の政策指向は現実にど
のような影響を及ぼすのかを判断する必要に迫られるだろう。このように考
えるなら政党は、候補者に関する多くの情報を有権者に与える機能を持っ
ており、代理人の選択を容易にする情報の近道 (shortcut) なのである (Popkin,

1994; Lupia and McCubbins, 1998)。そして政治家にとっての政党と、有権者にとっての政党という両面は、分かち難く結びついている。有権者が政党を基準として効率的な選択を行うからこそ、政治家は、政党に所属することに利益を見出すのである。

　ただ政治家にとって、政党への所属には一定のコストを伴う。看板を掲げる以上、政党への肯定的な評価だけでなく、否定的な評価も引き受けることになる。経済社会状況が所属政党に不利な場合には、むしろ特定政党への所属が得票を減らす効果を持つかもしれない。また政治家の理想とする政策的立場と、政党の掲げる政策案が完全に一致する者は稀だろう。政党を看板として用いるために、政治家は自らの理想を曲げて妥協する必要に迫られる。ポスト配分についても同様で、集団に所属する以上、そのポスト配分ルールに従う必要が生じる。シニオリティ、幹部の情実主義、能力主義など、それぞれの組織内の昇進ルールに従ってチャンスの到来を待つ他ないのである。もしこのようなコストが前述のメリットを上回るのであれば、政治家は政党内部のルールを変えようと政党執行部に働きかけるかもしれないが、それでもダメなら離党、新党の結成を模索するかもしれない。あるいは無所属議員として1人で活動しようとするかもしれない。このように政党の合理的選択モデルは、政治家の目的追求行動における損得勘定にもとづいて、政治家の既成政党への所属、そこからの離脱を説明し、あるいはそもそもの政党組織の形成を説明するモデルである。

3 ▸ 選挙制度、執政制度と政党ラベル——政党投票と個人投票

　このように議員の目的追求行動の手段として政党組織を位置づけた場合には、さらに政治制度と政党組織の関係についても一定の推論を働かせることができる。政治制度とは議員にとってゲームのルールであり、政党組織との関係を含め、彼（女）らの目的追求行動を様々な形で規定するものだからである。特定の政治制度の下で政党ラベルの看板効果がより大きくなり、議員にとっての政党の価値が高まるというような関係が見られる場合には議員は

政党執行部の規律に服することになるだろう。政党組織は集権的なものになると思われる。逆に政党ラベルの効果を低めるような政治制度の下では、政党組織は分権的なものになる。政治制度のあり方が政党組織の集権性を規定するのである。

　比較政治学においては、このような観点から、選挙制度や執政制度と政党ラベルの効果の関係について研究が行われ、一定の知見が蓄積されてきた。具体的には、有権者が投票選択を行うにあたって、政党を基準に投票選択するのか (政党投票 party vote)、候補者個人を基準に投票選択するのか (個人投票 personal vote) という投票選択の相対的基準に注目し★6、政党投票誘因の相対的に強い制度の下では、政治家は政党ラベルを魅力的なものとして維持しようとするだろうと考えて、選挙制度や執政制度の誘因構造に検討を加え、それらを類別してきたのである (Cain, et al., 1987; Carey and Shugart, 1995; 建林・曽我・待鳥, 2008)。

　選挙制度の主たる要素のうち、投票方式 (ballot structure) や選挙区定数 (district magnitude) は、有権者の政党投票誘因 (個人投票誘因) に強く影響を及ぼす。具体的には、クローズドリスト (拘束名簿式) 比例代表制であれば、有権者は政党を基準に投票しがちになるが、オープンリスト (非拘束名簿式) 比例代表制は、相対的に個人を基準としがちになる。また選挙区における相対多数制 (plurality) を取る場合、定数1のいわゆる小選挙区制では、政党を基準にした投票が行われがちになるが、複数定数の単記非移譲式投票制 (single non-transferable vote = SNTV 日本で用いられてきたいわゆる中選挙区制) では、単独過半数議席の獲得を目指すような大政党が、同一選挙区に複数の議員を擁立し、激しい政党内競争を繰り広げるために、個人を基準にした投票が行われることになる。中選挙区制の個人投票誘因の強さは、得票移譲ができないという点でオープンリスト比例代表制を上回るものであるが、他方でオープンリスト比例代表制とは異なり、複数候補を擁立することのない小規模政党にはそうした効果を持たず、政党の規模による非対称性を持つことも重要な特徴としてここで確認しておく必要があろう★7。

　また執政制度も議会選挙における政党投票誘因 (個人投票誘因) を強く規定

することになる。議院内閣制では、議会選挙において将来の首相、政権構成を選択しようという誘因が有権者に強く働く。単に選挙区の候補者の争いではなく、議会における多数派形成を見越した選択が行われるために、政党投票誘因がより強くなる。またこの点では政権選択の明白さが議院内閣制の政党投票誘因を媒介的に強めるものと考えられる。たとえば小選挙区制は前述のように候補者を基準にした投票も行いうる制度だが、二大政党制による政権選択の明白さという媒介効果を通じて議院内閣制のもたらす政党投票誘因をより強化する。すなわちいわゆるウェストミンスター型民主主義の議院内閣制と小選挙区制の組み合わせは、極めて政党投票誘因の強い制度だと考えられる。これに対して、大統領制においては、行政の長を選択する一票は別に確保されているのであり、有権者は議会選挙において、相対的により候補者を重視して投票を行うことになると思われる（建林, 2004）。

　要するにオープンリストの比例代表制や中選挙区制といった選挙制度、あるいは大統領制という執政制度は、有権者に議会選挙において政党ではなく、候補者個人を基準にした投票を行わせるのであり、そこでは政党ラベルはそれほどの価値を持たず、結果的に凝集性や規律の弱い分権的な政党組織がもたらされるものと考えられる。他方、クローズドリストの比例代表制や議院内閣制、また小選挙区制と議院内閣制の組み合わせによるウェストミンスター型の民主制は、政党を基準にした投票を促す制度であり、集権的な政党組織をもたらすというのである。

4 ▸ マルチレベルの政治競争アリーナという視点

　ではこれにマルチレベルの政治競争アリーナの視角を加えるとどうなるだろうか。ここではまず本章2節で紹介した合理的選択論にもとづく政党組織モデルをマルチレベルの政治競争アリーナの中で捉えなおしてみよう。

　マルチレベルの政治競争アリーナとは、民主主義国家において、同じ政治アクターが複数の政治アリーナで競争することを指す。典型的には、基礎自治体レベル、県・州レベル、中央政府レベル、超国家政府レベル（たとえ

図1-1　マルチレベルの政治制度と政党ラベル

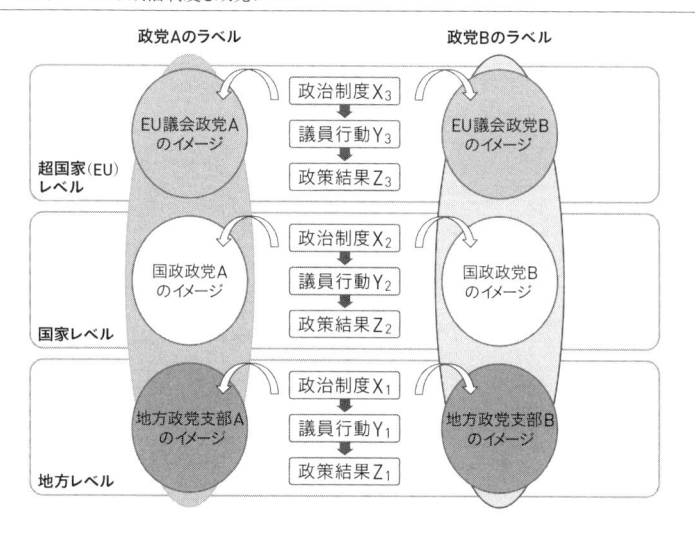

ばEU) などというように、特定の地域とその住民が属する政治システムが重層的に存在するようなマルチレベルの政治システムを意味しているが、同じレベルの政治システム内にあっても本書で扱うような二院制、競争的選挙によって構成される複数の議院などは、このマルチレベルの政治競争アリーナに含まれるということができよう。

　このようなマルチレベルの政治競争アリーナは、それぞれ別個のルールを備えており、閉鎖的なシステムと見ることもできるが、実際には、それらは自律的なシステムではなく、相互に影響を与え合うと考えられる。同じ地域で同じ有権者の選択と委任から成り立っている以上、国家レベルの政治的競争関係が、地方レベルの政治的競争に影響を与え、また逆の作用も生じるはずだからである。

　図1-1はこのようなマルチレベルの政治アリーナを想定し、レベル縦断的に組織化された全国政党をイメージとして図示したものである。同図からは、政党が政治家に対して提供する選挙での看板、役職ポスト、公共政策と

いう三つの財には、その提供のされ方に大きな違いがあることが解る。すなわち役職ポストや政策結果は、各レベルの異なる政府、異なる議会ごとに、多数派形成を通じて提供されるが、政党名の看板は、必ずしもそれぞれの政治アリーナに限定されず、縦断的に形成される可能性を持つ。異なるアリーナを縦断して形成された政党ラベルは、有権者の選択をより容易にするのであり、強いブランド力を持つことになるだろう (van Houten, 2009)。

　もちろん地方や国政といった異なるアリーナには、それぞれ別個の政治的争点があるはずだから国政政党とは異なる地域政党が組織され、国政レベルとは異なる独自の政党システムを持つこともあるだろう。スペインやカナダがそうした事例であり、スペインでは地方選挙における地方政党が、別の国政政党と提携関係を結び、それぞれの選挙での協力関係を明示するが、カナダでは地方政党が、国政政党から距離を取り、関係を結ばない傾向があるという (Stefuriuc, 2009)。ただこうした場合には、政党ラベルは、そのブランド力を弱めることになるだろう。アリーナごとに異なる政党や政治的対立軸が存在する場合には、有権者にそれぞれを識別する情報処理の負荷が加わるからである。逆に言えば、異なるアリーナにまたがって政党組織を維持することは、政治家にとってより効率的な制度デザインであるといえよう。

　したがって現実にも、多くの国々で、政党組織、政党ラベルはレベル縦断的に形成されているわけだが、このモデルから示唆されるのは、政党組織がマルチレベルで縦断的に形成されている場合に、政党ラベルがレベル縦断的な一貫性を保っている場合もあれば、そうでない場合もある、すなわち政党ラベルの実質に違いがありうるという点である。具体的には、同じ政党ラベルが用いられてはいるものの、有権者に与えるイメージが、レベルごとにずれているような場合が問題となる。政党ラベルのイメージは、政党の公約、政策実現、議会活動 (野党の場合) や、他党との競争・協力関係などによって形成されると思われるが、政党の活動や戦略がレベルごとに異なる場合には、政党のイメージは曖昧になり、政党ラベルが有権者に対して持つ情報伝達力や信頼性は格段に低下することになるだろう。

　例えば国政政党Aが財政再建を主張しているにもかかわらず、その地方組

織Aが選挙対策上、減税を公約するといった場合には、有権者はA党が何を目指す政党なのか、理解に苦しむことになる。あるいは、地方政府レベルと中央政府レベルの選挙結果が異なる場合に、地方政党組織が、国政レベルでは敵対的な政党と連携することで地方与党として政権参加するような場合、すなわち中央政府レベルでは、A党、B党、C党の連立政権が形成され、D党、E党が野党であるが、地方政府レベルではA党、D党の地方支部が連立政権を組み、B党、C党、E党の地方支部が野党となっているような場合には、当該地域において有権者のA党やD党に対するイメージは混乱したものになるだろう。政党ラベルの一貫性は損なわれてしまうことになる。こうした政権構成のずれの典型事例としては、日本の地方政治における「相乗り」が挙げられようが、イタリア、スペイン、ベルギーなどの地方政府においても同様の事例がある (Di Virgilio, 2006; Wilson, 2009; Tronconi, 2010)[8]。

　このように考えると、マルチレベルの政治システムにおいては、各レベルの政治家は、ある種のジレンマに晒されているとみることができる。すなわちレベル縦断的に一貫した政党ブランドを維持して、効率的な選挙戦を可能にするのか、あるいは各レベルの政治システムにおける多数派形成と、そこからもたらされるポストや政策結果をより重視して、政党ラベルを曖昧なものにするかという選択である。政治家は、こうしたジレンマの中で政党組織における中央地方関係を制度化しているものと考えられるのである。

5 ▶　マルチレベルの政治制度の組み合わせ

　マルチレベルの政治アリーナの下で政治制度と政党組織の関係はいかなるものになるだろう。前節までの議論を総合すれば、マルチレベルのアリーナを縦断して存在する全国政党が一貫した政党ラベルを保ち、高い凝集性と規律を保持するための制度条件 (選挙制度・執政制度) に関して次のような仮説を導くことができるだろう。

　第一に、すべてのレベルの政治アリーナにおける選挙制度、執政制度の組み合わせが政党投票を促す制度であることである。具体的には、すべての政

治アリーナの選挙制度がクローズドリストの比例代表制か小選挙区制であり、執政制度が議院内閣制をとること、第二に、すべての政治アリーナにおける政党システムが一致しており、政党間の連立の組み合わせが、各アリーナにおいて一致していること、したがってそれぞれのアリーナにおける平均的な選挙区定数が同一か、かなり近似していることである。

　言い換えれば、そのような制度条件が満たされないとき、すなわち、いずれかの政治アリーナにおける選挙制度が、オープンリストの比例代表制、または中選挙区制であるか、執政制度が大統領制である場合、あるいは、平均的な選挙区定数が大きくずれるなどの結果、各レベルの政党システムが食い違っているか、政党連合のパターンが政治アリーナごとに食い違うといった場合には、一貫した政党ラベルは維持されず、有権者は相対的には政党という代理人に替えて、政治家個人への委任を強めることになるものと思われる。

　ただこうした制度の規定力が働くのは、政党の成り立ちが、再選、昇進、政策という3つの目標を追求する政治家を中心に組織されているような政権獲得能力を持った大きな政党、主要政党に限られていることにも注意する必要がある。全国政党のそれぞれのアリーナで、国会議員や地方議員といった各レベルの政治家が、それぞれに再選、政権を目指すところにジレンマが生じるのであり、たとえば地方議員が、地方レベルでの政治競争、政権獲得にはそれほど熱心ではなく、国政政党の活動家としての側面をより強く持つのであれば、そこにジレンマは生じないことになる。あるいは政治家や支持者が、政党を自らの利益表出や意見表明の手段としてのみとらえ、政党の理念と強く一体化している場合、政権獲得のための多数派工作、他党との協力を考えず、少数派として満足しているような場合にも、マルチレベルの制度の効果は働かないだろう。

　なお政党ラベルのレベル縦断的な一貫性については、中央地方関係制度、国や地域の社会経済状況（地域主義の程度等）、政党のイデオロギーなど、本書で焦点を当てる選挙制度や執政制度以外の要因も強い影響を及ぼすだろう。たとえば前述のカナダやスペインについては、中央地方関係制度や地域主義

の影響を強く受けていると思われるが、こうした他の要因とその効果については別稿で論じている（建林編, 2013）

6 ▸ 1993年以前の日本における マルチレベルの政治競争アリーナ

　このような枠組みを戦後日本のケースに当てはめるとどうなるだろう。日本のマルチレベルの政治競争はいかなるものだったのだろうか。以下では、戦後日本の政党政治を衆議院、参議院、地方政治（都道府県）という3つの異なるアリーナにおける複合的競争から捉えようとする。このように二院制の問題をマルチレベルの視点から分析した先行研究はほとんど見られないが、二院制の問題を下院の多数派が直面する拒否権ポイントや障害物としてではなく（Lijphart, 1999; Tsebelis; 2002）、マルチレベルの政治競争アリーナとしてとらえる視点は、近年の比較政治学における二院制研究の動向にも連なるものであり、以下で詳述するように、二院制を扱う上でより適切なアプローチなのではないかと考える（Heller and Branduse, 2014）。なお日本の政治制度とその帰結を論じる上では、衆議院の選挙制度改革の前後で大きく変化したと思われるため、以下では選挙制度改革の前と後で分けて論じる。

（1）衆議院における政治競争

　戦後、第39回衆議院総選挙（1993年）までの日本においては、衆議院、参議院、地方政府のすべてのレベルにおいて、個人投票誘因が強く働く選挙制度が採られており、レベル縦断的に一貫した政党ラベルは維持されがたく、凝集性や規律の弱い政党組織が形成されることになった。ただ中選挙区制が、強い個人投票誘因を生み出し、自民党という政権政党を分権性の強い組織にしたことにはマルチレベルの政治競争の問題が深くかかわっていたと思われる。前述したように、中選挙区制それ自体は、大政党に対しては個人投票誘因を与えるが、小政党には与えないという非対称的な効果を持つ。したがって中選挙区制が個人投票誘因を生み出す上では、自民党を大規模化させ

る何らかの媒介要因が存在したはずだが、本書では内閣の形成に、参議院の多数派を事実上求める日本国憲法と、そのもとで参議院における多数派形成のメカニズムを規定してきた参議院の選挙制度こそがその媒介要因だったと考える。詳しく論じていこう。

　戦後衆議院においては、主に定数3〜5のSNTVが採られ、過半数議席の獲得を目指す自民党は、複数候補を擁立する必要に迫られた。同一政党の候補同士が戦う衆議院選挙では、政党組織は前面に出ることができず、個人後援会や派閥を中心とした候補者個人本位の選挙が展開され、またそのような個人戦を潜り抜けた議員は、選挙後に、政党執行部から自律性を保つことになった。自民党組織の分権性をSNTVによって説明するこうした理解は、筆者を含め多くの研究者やジャーナリストに共有されてきたと言えよう。しかしながらこの説明は、自民党が大規模政党であったことのメカニズムを十分に明示しない点で不十分な仮説であったというべきだろう。前述したように、SNTVはオープンリスト比例代表制とは異なり、すべての政党を分権化するわけではない。複数候補の擁立による同士討ちこそが分権性をもたらすのであり、単独候補を擁立することしかできない小政党は、戦後日本における野党がそうであったように、政党ラベルをもとに選挙戦を争うことができ、政党の集権性を維持することができたのである[9]。言い換えればSNTVの下でも自民党の各派閥が別々の集権的な政党として存在し、選挙後に連立政権を形成するという可能性もあり得たように思われる。自民党の分権性は、SNTVという要因に加え、自民党を大規模化した何か別の要因によってもたらされたはずなのである。

　この点で歴史的経路依存性を強調する説明は、1つの典型的な答えであった（Krauss and Pekkanen; 2011）。すなわち何らかの歴史的経緯によって、自民党という大政党が形成され、それが与件となったというのである。またそうして形成された派閥連合が、なぜ事後にも分裂しなかったかについては、政権の果実を排他的に分配することが自民党議員や各派閥の共通の利益であり、政権によってもたらされるパイが派閥間を固定的に結びつける接着剤として機能したという解釈が示された（Cox and Niou, 1994; Cox and Rosenbluth, 19

93; Scheiner, 2006）。しかしながらこのような連立政権のパイは、他国にも共通する一般的な特徴というべきだろう。他国の連立政権で連立パートナーの組み換えが起こる中で、なぜ日本の自民党の派閥連合のみが長期にわたって固定化したままであったかという疑問に答えるものではなかった。

　これに対して、本書はマルチレベルの政治競争に注目することで、新たな仮説を提起する。すなわち参議院での多数派形成という目的こそが自民党を大規模な政党として持続させ、結果的に衆議院のSNTVが同士討ちをもたらす状況を作り上げたのではないかと考える。近年の参議院に関する研究は、日本国憲法の規定する二院制が、本来的に、衆議院と参議院の双方での過半数を求める（従って片方の院では過剰規模連合になりうる）制度であったことを明らかにしている（増山, 2006）。衆議院の優越によって、衆議院の多数派は首相を指名し、内閣を形式的に成立させることができるが、参議院の過半数を同時に持つか、衆議院で3分の2以上の多数を持たない場合には、実質的には政権を運営できないのであった。竹中は、近年の「ねじれ国会」状況だけではなく、自民党成立以前の各政権が参議院での少数派状況に苦しみ、十分な政権運営を行えなかったことを示すことによって、参議院の制度的な強さを明らかにし、自民党政権下での参議院の「カーボンコピー」状態が、見かけのものに過ぎなかったのではないかと指摘した（竹中, 2010）。参議院自民党は衆議院自民党とともに、事前の政策形成に関与しており、事前に合意していたが故に、政府与党案を粛々と承認したという理解を示したのである。このように二院制の国々の政党システムや政党組織を下院の競争だけではなく、両院の多数派形成から捉えようとするアプローチは、比較政治学全体の研究動向にも重なると思われるが（Druckman and Thies, 2001; Heller, 2007; Fisk, 2011; VanDusky-Allen and Heller, 2014; Back et al., 2016)、本書もこれらの研究と同様に、日本の政党システムや政党組織を衆参両院における多数派形成の帰結として捉えようとする。すなわち地方議員も含む全自民党議員が、参議院多数派の形成維持という共通の利益を追求する中で、衆参の選挙制度をともに反映した自民党組織を形成することになったのではないかと論じていく。

（2）参議院での多数派形成とそのハードル

　では参議院における政治競争はいかなるものだったのか。参議院の選挙制度は、複雑な混合制であり、また2度の制度改革を経ているために慎重な検討が必要だが、選挙制度全体の効果を考える上では、まず地方区と全国区の議席がほぼ60%（うち小選挙区が約20%、中選挙区が約40%である）と40%に分けられ、後者について比例性の強い制度が採られてきたことが重要であろう。すなわち全国区では、第12回選挙（1980年）までは、定数50をSNTVで選出する大選挙区制が用いられたが、第13回選挙（1983年）から第18回選挙（1998年）まではクローズドリスト比例代表制、第19回選挙（2001年）以降は、オープンリスト比例代表制が用いられていた。要するに小選挙区と定数2～3という小規模な中選挙区がほとんどの地方区と、比例性の高い全国区の混合により、全体としては準比例的というのが参議院の選挙制度の大枠であった。

　こうした制度は、理論的にはどのような政党システムをもたらすと考えられるだろうか。まず地方区、特に小選挙区で勝利するための二大政党制化とそれに伴う政党の大規模化、あるいは政党連合による2ブロック化が生じるだろう。他方で、全国区は比例的であり、小政党も一定の議席を得るだろう。したがって全体としては緩やかな多党制が生じると思われるが、全国区、さらに地方区の中選挙区部分が比例的である中で、いずれかの政党が全体の過半数議席の獲得を目指した場合には、小選挙区での大幅な勝ち越しが必要となっただろう。地方区の定数が小さかったことだけでなく、全国区や中選挙区制との混合制であったことが、参議院地方区の二大政党（ブロック）化、政党の大規模化への圧力をより強いものにしたと考えられる。

　図1-2は、参議院の有効政党数の変化を、地方区、全国区、全体と別々に表示したものであるが★10、自民党政権下での参議院選挙が、ほぼ理論的な予測に沿う結果であったことがわかる。すなわち地方区の有効政党数は小さく、全国区はかなり比例的であり、全体としては緩やかな多党制というべき姿を示してきた。

　また図1-3は、衆議院、参議院、都道府県議会の有効政党数の変遷を重ね

図1-2 参議院の有効政党数

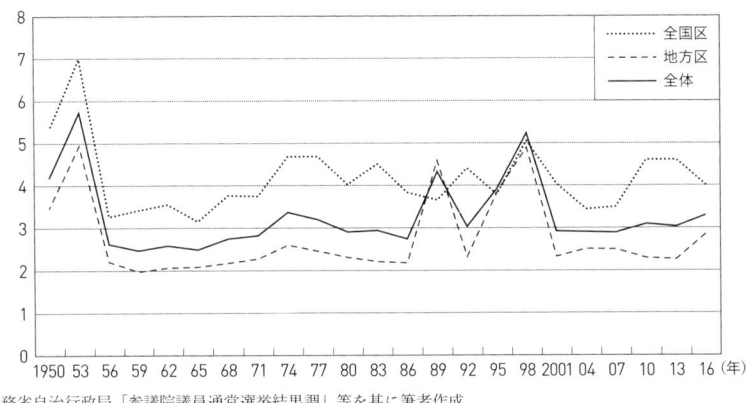

総務省自治行政局「参議院議員通常選挙結果調」等を基に筆者作成

図1-3 衆議院・参議院・地方議会の有効政党数

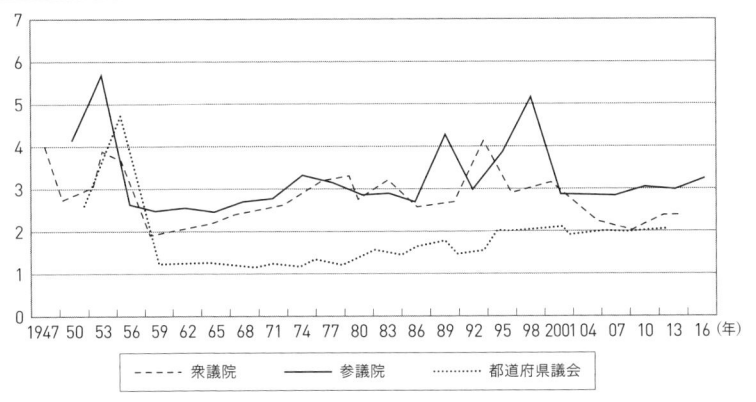

総務省自治行政局「衆議院議員総選挙・最高裁判所裁判官国民審査結果調」「参議院議員通常選挙結果調」総務省統計局『日本統計年鑑』(各年版)等を基に筆者作成

て表示したものである[11]。従来、自民党の結党は、衆議院アリーナにおける保守勢力の安定多数形成を目的として実行され、その結果二大政党制化、あるいはいわゆる「1と2分の1政党システム」をもたらしたと理解されてきた(升味, 1983; 北岡, 1995)。そうした衆議院の変化は、この図からも確認

することができるが、有効政党数の変化を見る限り、衆議院同様の激減が見られるのが参議院であり、また図1-2に示されているように、その有効政党数を低く抑えていたのが地方区なのである。

このような議論から見えてくるのは、日本の政党システムを規定し、特徴づけていたものが、衆議院の政治競争とその選挙制度だけではなく、むしろそれ以上に参議院の政治競争と選挙制度であった可能性である。自民党結党は、参議院地方区、特に小選挙区で圧倒的な勝利を収めることのできる大規模政党の成立としても理解できるのであり、そのような大規模政党としての特徴が、前述のように衆議院における競争状況をも規定する結果になったのではないかと考えられる。歴史的には、国会議員（主に衆議院議員）による中央での保守合同に対応すべく、後追い的に取り組まれた参議院地方区での地方組織形成、すなわち各自民党都道府県連の創設は困難を極めたのであり、当初は、分裂と合同を繰り返す地域も見られた（たとえば朝日新聞1958年12月29日朝刊を参照）。すなわち参議院における多数派形成と、そのための大規模化は、保守合同の目的として意図されたものではなかったかもしれない。しかし結果的には、参議院地方区の戦いのために大規模化する必要に迫られた保守政治家らは、衆議院のSNTVにおける競争を内部化し、同士討ちのコストを引き受ける組織構造に利益を見出し、それを維持する選択を行ったといえよう。衆議院のSNTVは、参議院の選挙制度によって生じた政党大規模化の誘因と結びつくことで、自民党を分権的なものにしたのである。

このような仮説は、ある種の派閥間連合として自民党政権が固定化し、再三分裂の危機に陥りながらも、なぜ一度として野党の一部を巻き込んだ派閥政党連合の組み換えに至らなかったのか、という問題に対しても一つの答えを提供するだろう。すなわちそうした派閥と野党の組み換えによって衆議院の多数を作り替えることはできたとしても、新たな衆議院の多数派が参議院で多数を形成することは非常に難しかったと考えられる。そのためには参議院地方区における政党再編を行う必要があったのであり、非常に大きなリスクとコストを抱えることが予想されたのである★[12]。

（3）参議院と地方議会における個人投票誘因の強さ

　前節までの議論で示されたように、衆議院のSNTVは自民党議員の同士討ちを生じさせ、個人本位の選挙をもたらすものであった。しかし都道府県議会の選挙制度と執政制度は、衆議院よりもさらに個人本位な選挙をもたらすものであった。第一に、都道府県は二元代表制であり知事を直接公選するため、議院内閣制を採る国政レベルに比べて議会選挙における政権選択誘因が弱まる。所属政党にとらわれず、候補者個人の能力や魅力によって選ぼうとする個人投票誘因が相対的に強まることになる。第二に、都道府県議会におけるSNTVは、衆議院のものより定数がかなり大きく、より個人投票誘因の強い制度だと考えられたのである。

　では参議院はどうか。結論からいえば、やはりかなりの程度個人投票誘因の強い制度だったと言えよう。ただ参議院の選挙制度の個人投票誘因についても、前節で検討した参議院における多数派形成のメカニズムが持つ媒介効果が働いていたと考えられる。参議院全国区の比例性の高さとそこから導かれる地方区における多数獲得への強い圧力が、結果的に参議院地方区の中選挙区における争いを個人本位化することになったのである。すなわち参議院地方区の中選挙区は、ほとんどが定数2か3という規模の小さいものであり、そうした選挙区では候補者を1人に絞り、政党本位の選挙を争う戦略もあり得たと思われる。しかしながら地方区で圧倒的な過半数を取る必要に迫られた自民党には、そうした慎ましい戦略は取り得ないものだった。図1-4は参議院選挙における自民党の議席獲得率を選挙区の種別ごとに集計したものである。全国区の比例性と地方区1人区での圧勝、地方区複数区での5割前後の議席確保というバランスの中で、全体としての自民党の過半数がきわどく維持されていたことがわかる。

　自民党は共倒れのリスクを冒しながらも2人区、3人区に複数の候補者を擁立してきたし、そうした潜在的需要を察知した保守系の政治家は、選挙時には自民党公認の確証がない場合にも、無所属候補として積極的に名乗りを上げようとした。小さな選挙区であったにもかかわらず、むしろそれ故に激しい同士討ちが生じることになったのであり、全議席の40%を占める地方

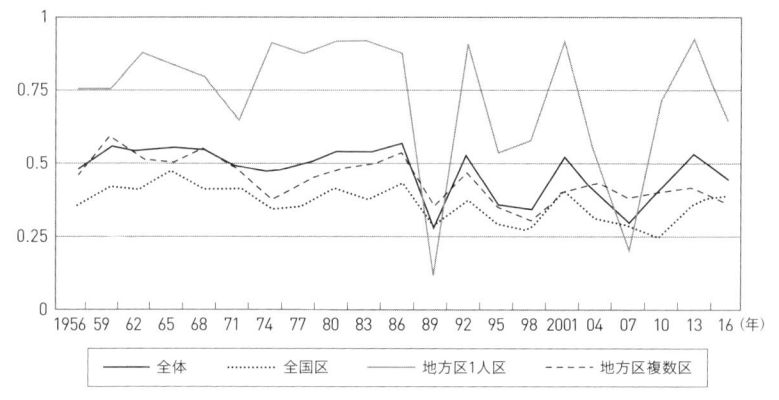

図1-4 参議院選挙における自民党の議席占有率

自由民主党編『自由民主党五十年史』等を基に筆者作成

区の複数区についても、自民党の候補者には個人投票獲得への誘因が強く働くことになったのである（竹下, 2001, p300）。このように捉えると、全国区がクローズドリストであった83年から98年までは、地方区の小選挙区制の部分と合わせて全体の約60%が政党投票誘因の強い制度であったが、それ以外の期間については、小選挙区分の20%以外は、すべて個人投票誘因の強い制度であり、参議院の選挙制度もかなりの程度個人投票誘因の強い制度であったと位置づけられる。

（4）マルチレベル政治制度の組み合わせとその帰結

　1993年以前の日本では、衆議院、参議院、地方議会という3つの政治競争アリーナのすべてにおいて、少なくとも大規模な政党については個人投票誘因が強く働く制度が採られてきた。また各レベルの政党システムの一致度については、図1-3の有効政党数の変遷に示されているように、衆議院と参議院の政党システムは、自民党結党以来1989年参議院選挙での自民党の大敗までは、一貫してほぼ一致しており、少なくとも国政レベルにおいて政党ラベルが一定の効果を持つ状況が存在したと思われる一方で、都道府県議会

については著しく有効政党数が低く、国政との乖離が大きいことが特徴的であり、国政レベルの政党ラベルは地方選挙の場においては選挙制度、特に選挙区定数の大きな違いなどを反映して、十分に有効なものではなかったのではないかと考えられる。自民党の国会議員や地方議員が自律性を有し、自民党組織が凝集力や規律、リーダーシップの弱さを特徴としてきたことは、こうしたことから説明可能であろう。

しかしながら他方で、スペインやカナダのように地方と国政が分離し、異なる政党組織や政党システムを形成する可能性もあり得た中で、なぜ、またいかにして一体性を保持してきたのであろう。これについては、各都道府県選出の全ての国会議員、地方議員にとって、都道府県知事選挙、参議院地方区選挙という2種類の選挙戦が、いわば共通の目標として存在し、都道府県連組織を場として協調行動を取る必要があったからだと考えられる。

（5）結節点としての自民党地方組織と中選挙区型均衡

従来、自民党の都道府県連組織については、93年以前の衆議院選挙や地方議会選挙、特に日本政治の最も重要なアリーナともいうべき衆議院選挙において、SNTVの下で所属議員同士が争うために選挙活動を指揮することが難しく、政党の地方組織として不完全なものとみなされてきた。個人後援会や派閥がその機能を代替してきたと考えられてきたのである（セイヤー，1968; 石川・広瀬，1989）。

では都道府県連は、全く無用の存在であったかと言えばそうではなく、いわば3つの異なるアリーナの結節点として、知事選挙と参議院選挙では所属国会議員と地方議員の一体性を調達し、緩やかな政党ラベルを提起するという重要な役割を担うことになったと思われる。選挙戦や地方議会におけるポスト争いをきっかけに都道府県連はしばしば内部分裂したが[13]、知事選や参議院選、特に後者をきっかけに再結集が実現することも多かった（林，1983）。

知事選挙はまさに全県1区の小選挙区制であり、都道府県議はSNTVによってもたらされるライバル関係を棚上げしても、一体的に選挙を勝ち抜く

必要があった。地方自治体の首長権限は非常に大きく、地方議員はもちろん、地元選出の国会議員も都道府県与党の地位を確保することが共通の大きな利益だったからである（片岡, 1993）。具体的には候補者の一本化と選挙動員、また都市部では他党との連携が課題であった。参議院については、国会での多数派形成の観点から地方区での戦いが全党的、かつ非常に大きな共通利益であったことは前述の通りである。一人区においては、知事選と全く同様の課題であったが、複数区においては、過剰擁立（共倒れ）、過少擁立の回避や票割りという、より困難な課題に直面したと思われる。

　ただ、参議院地方区の複数区は、地方議会、衆議院、参議院のそれぞれが共通して中選挙区制を採る、すなわち各レベルの選挙制度がもたらす政党システムが比較的類似しており、また個人本位の選挙スタイルとそこから派生する議員行動もすべての議員に共通しているという意味で、相対的にはマルチレベルの政治競争アリーナにおけるある種の均衡状況、すなわち中選挙区型均衡ともいうべきものであったと考えられる。

　参議院地方区複数区における複数議席の獲得は、参議院での多数派維持を目指す自民党議員全体にとっての集合的利益であったが、それは同時にSNTVの下で戦う衆議院議員と都道府県議会議員の選挙戦略にも適合的なものだったと思われる。すなわち衆議院議員や地方議員は、定数の大きいSNTVの下で票割りを行うために、選挙区内の特定地域の利益や、特定の利益集団というように、それぞれが狭い利益を代表する形で棲み分け、差別化を図っていたと考えられるが（建林, 2004）、参議院でも同様にSNTVの下で複数議員が棲み分けを行っていれば、衆議院議員や地方議員が表出する多様な利益に近似した利益代表が可能になり、衆議院議員や地方議員の相互協力も容易になったと思われる。たとえば参議院地方区の複数の候補者が都道府県を特定地域ごとに棲み分ける、あるいは利益集団ごとに棲み分けるという形で票割りを行っていれば、同じ地域選出の衆議院議員、地方議員、あるいは同じ利益集団を支持基盤とする衆議院議員、地方議員が各参議院候補を支援することになるだろう[14]。代表する利益の地域的近接性、類似性がある場合には、衆議院議員や地方議員は、参議院議員において自らの個人的な支

持者をより容易に動員することができたであろうし、それぞれのフリーライドを監視し、抑止しやすくなったのではないかと思われる。

このような中選挙区型均衡は、衆議院議員を核としてある種の親分子分関係で地方議員が結びついているといういわゆる議員系列の議論に類似したものに見えるかもしれない (井上, 1992)。ただ議員系列の議論が、自民党議員が各レベルでネットワークを形成しつつ個人レベルで活動しているという自民党の非 (無) 組織性を表現しようとするモデルであるのに対し、ここでの中選挙区型均衡は、参議院議員や都道府県連を焦点に、弱いながらも存在する自民党組織を捉えようとしており、異なるモデルだということができる。

中選挙区型均衡でない状況は、地方区の1人区の都道府県だが、そこでは各アリーナの選挙制度間のずれによって、自民党議員間の協力関係調達は複数区に比べて難しいものになったと考えられる。中選挙区制の下でそれぞれに差別化し、多様な利益を代表している衆議院議員や地方議員が、1人の候補を選択し、そこに集中して支持を与えるためには、より大きな妥協をせねばならなかったと考えられる。こうした問題は、知事選についても同様であり、1人区の参議院選挙や知事選挙においては、自民党は分裂選挙の危険性や選挙動員におけるフリーライドの問題を抱えることになったと考えられる。

7 ▶ 1994年以降の日本における マルチレベルの政治競争アリーナ

(1) 衆議院における選挙制度改革の効果とその限界

　1994年に衆議院の選挙制度は小選挙区比例代表並立制に変更された。この制度変化は日本の政党政治に劇的な変化をもたらしたものと思われる。衆議院は、いうまでもなく日本の政党政治において中心的な政治競争アリーナであり、衆議院の制度の影響は圧倒的なものだからである。具体的には衆議院で導入された並立制は、300議席の小選挙区制と200議席 (2000〜2012年までは180議席) のクローズドリストの比例代表制から成るものであり、議院内

閣制の下ではいずれも政党投票誘因の強い制度であった。中選挙区時代の個人本位の選挙スタイルとその帰結としての大政党、自民党の分権的組織は、集権的なものへと変化すると考えられた。自民党の集権化は、執政の強化に直結するのであり、選挙制度改革は日本政治に強いリーダーシップをもたらすものと考えられたし、次章でも検討するように、そうした予想はかなりの程度実現したものと思われる。

　ただ前述のように本書は、政党政治は単一のアリーナの産物ではなく、参議院にも、地方政治にも影響を受けつつ形成されると考えている。参議院アリーナ、地方政治アリーナの状況はいかなるものであっただろうか。まず地方政治アリーナに関しては、戦後を通じて選挙制度、執政制度の変更はなく、前述したような政党ラベルの価値を低め、個人投票を強く促す制度が維持されている。

　参議院については、まず地方区について1995年選挙以降現在に至るまで、1票の格差への対策として人口の多い都市部で定数が増やされ、農村部で定数が減らされる形の定数是正が継続的に行われていることが注目される。ただこれについては小選挙区選出議員と中選挙区選出議員の比率にほとんど変化がないため（それぞれ全議席の約20％と約40％）、選挙制度全体の性格に影響を及ぼすものではなかった。より重要なのは全国区の制度変更であろう。全国区比例代表制においては2001年以降、従来のクローズドリストがオープンリストに変更されたのであり、政党組織に及ぼす効果がかなり変化したと考えられる。すなわち全体の40％を占める全国区が、個人投票誘因の強いオープンリスト比例代表制によって選出されることになったのであり、戦後から1980年までの時期と同様、地方区小選挙区選出組を除く全体の8割が個人投票優位の選挙制度となったのである。要するに、衆議院の選挙制度は、政党投票を促し、政党本位の制度に改められたが、地方議会と参議院については、むしろ個人本位化が維持、あるいは強化されたのであり、衆議院の選挙制度改革の効果を抑制する効果を持ったものと考えられる。

　では政党システムのずれについてはどうだろうか。まず衆議院で導入された並立制は、政権交代を可能にする、二大政党制を実現するという建前で導

図1-5 衆議院の有効政党数

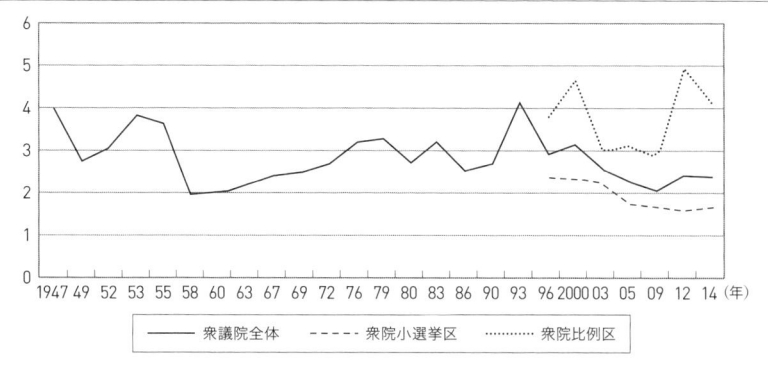

総務省自治行政局「衆議院議員総選挙・最高裁判所裁判官国民審査結果調」等を基に筆者作成

入されたが、実際には小選挙区制の二大政党制化の効果と、比例代表制の多党制化の効果を折衷する準比例的な効果を持つものと予想された。同じく準比例的な効果を持つと考えられた中選挙区制とこの点において継続性をもっていたと考えられるが、衆議院の有効政党数の変遷を示す図1-5はまさにその予想を裏付けるものとなっているように思われる。すなわち93年の中選挙区制最後の選挙では自民党の分裂によって一時的に有効政党数が上昇するが[*15]、新制度の下では中選挙区時代と同程度の有効政党数が示されている。ただその後、数回の選挙では、並立制の小選挙区部分における二大政党制化（有効政党数の減少）に引きずられるように、衆議院全体の有効政党数も減少している。

　この結果、マルチレベル政治競争アリーナにおける政党システムには選挙制度改革前に比べて変化が生じた。すなわち衆議院と参議院の政党システムの乖離である。再度図1-3を見ると、55年以降93年までの期間には、衆議院と参議院の有効政党数は、ほぼ同じ軌跡で推移していたが、衆議院の選挙制度改革後、両者に距離が開き始めていることが分かる。参議院の選挙制度は、政党システムへの効果という点では、戦後一貫して準比例的な制度を維持しており、このようなずれは衆議院の選挙制度改革の効果として理解でき

よう。前述のように政治競争アリーナごとの政党システムのずれは、選挙ごとに政党間の対立図式が異なることを意味しており、この変化は政党ラベルの意味内容を曖昧にしたと考えられる。したがって選挙制度改革はこの点においても新たに政党本位化を抑制し、個人本位化を促す要素をもたらしたのであり、衆議院の選挙制度改革によって、衆議院アリーナで生じた政党本位化、政党組織の集権化は、マルチレベルの政党システムのずれというメカニズムを通じてもある程度抑制されることになったと考えられる。

アリーナごとの政党システムのずれは、両者の多数派構成にも違いを生み出すことになった。衆議院では2005年以降は単独過半数政党が存在しているが、参議院では1989年以降、単独過半数を占める政党は存在しないのであり、両者のねじれが生じたのである。その結果、参議院で多数を形成するような明示的、黙示的連立政権が形成されてきたわけだが[16]、そのような参議院多数派を基準にした連立政権は、衆議院ではしばしば最小勝利連合を超えた過大規模連立であった。小選挙区制の導入によって目指されたウェストミンスター型民主主義の特徴からは逸脱する、コンセンサス型的な帰結が導かれているのであり (Lijphart, 2012)、最重要のアリーナである下院のみに注目してきたこれまでの比較政治学と、衆議院の選挙制度改革に過大な期待を寄せてきた日本の政治改革論の限界を端的に物語る現象だと言えよう。

(2) 不安定な二大政党制化

ただ衆議院の選挙制度と政党システムの関係、並立制による二大政党制化については、必ずしも安定的なものではないことを補足説明しておく必要があるだろう。言い換えれば、このような衆参の政党システムのずれは決して安定的なものではなく、理論的には、むしろ参議院の政党システムに整合的な準比例的、緩やかな多党制的な政党システムを衆議院も生み出し、そこに均衡状況が生じる可能性もあると思われる。

前述したように並立制は直接的には小選挙区制と比例代表制の帰結を折衷した準比例的な帰結を導くものと思われる。その上で、選挙制度改革後の政治変化を見ても、並立制は長期的には二大政党制化の効果を持ちうると

思われるが、このような並立制の二大政党制化の効果は、いわゆる連動効果 (contamination effects)、すなわち小選挙区制における二大政党制化が、比例代表部分においても政権選択誘因を生み、有権者が比例代表部分でも政権を左右するために 1 票を有効に投じようとして、二大政党のいずれかを戦略的に選択するようになるという効果に依存したものと考えられる[17]。ただそうした連動効果は、非常に不安定なものだともいえるだろう。有権者は、与野党が伯仲し政権選択の選挙であると判断すれば、比例代表部分においても二大政党の一方を戦略的に選択するだろうが、そうした可能性を感じなければ、自身の選好に従って第三党以下に投票しようとするはずだからである。図 1-5 からは選挙制度改革後に、比例代表部分の有効政党数が大きく変動し、それに連動して衆議院全体の有効政党数が変化していることがわかる。増山や川人の選挙区を単位とする分析でも、比例代表区、また小選挙区においても 2003 年、2006 年、2009 年の選挙は、いずれも二大政党、二大候補者に対する票集中が観察されるのに対し、2012 年選挙では得票が様々な政党や候補者に拡散する状況、選挙制度改革後の 1996 年、2000 年選挙に類似した状況が再現したことが示されている (増山, 2013; 川人, 2013)[18]。

　そしてこの連動効果の不安定さ、並立制の多党制化への揺り戻しについては、日本のマルチレベルの制度が大きく関わっているといえるだろう。すなわち参議院の選挙制度や地方議会の選挙制度が比例的であるために、異なるレベルの政治アリーナにおいて第三党以下の有力政党は生き残り、また新党が参入することも容易であった。衆議院選挙において、有権者は二大政党以外の選択肢を常に持ち続けることになったのである (堀内・名取, 2007; 堤・上神, 2007)。

　要するにマルチレベルの制度の観点からは、一定の多党制化への揺り戻しを伴う不安定な二大政党制化が、衆議院の選挙制度改革によってもたらされた政党システムレベルの帰結と考えられ、衆議院において二大政党制化が生じた場合には、参議院とのずれによって政党ラベルの曖昧さ、政党組織の分権性が生じるという予想が導かれると思われる[19]。

（3）自民党地方組織の役割変化──小選挙区型均衡へ?

　衆議院の選挙制度改革は、衆議院議員を中心とする自民党組織を集権化したと思われるが、参議院や地方議会における個人投票優位の選挙制度はそのまま維持されており、また衆議院の二大政党制化によって参議院の政党システムとのずれが大きくなったのであり、政治アリーナを縦断するような一貫した政党ラベル、それに伴う凝集性や規律も大きく浸食される可能性があった。

　では旧制度の下で緩いながらも政党の一体性を確保する結節点として機能してきた自民党の都道府県連組織には、どのような変化が生じたと考えられるだろうか。第一に、衆議院の同士討ちがなくなったことはやはり大きな変化であり、地域を単位とする都道府県連が衆議院選挙で一定の役割を果たす可能性が開かれた。候補者を決定し、支持者を動員する役割を果たすことが可能となったのである。参議院地方区選挙、知事選挙における役割はかつてと同様であり、さらに衆議院選挙における役割が加わったと考えれば、都道府県連の役割は拡大し、対応する組織力もより強化された可能性がある。特に参議院地方区が1人区の都道府県については、衆議院、参議院、知事選と選挙制度の「均一化」が達成されたのであり小選挙区型の新たな均衡が形成されたかもしれない（上神, 2013）。すなわち本章6節の5項では、選挙制度改革前においては、衆議院と地方議会とパラレルな選挙制度を持つ参議院複数区が、議員の利益表出の観点からもより一体性を保持しやすいのではないかという中選挙区型均衡仮説を提起したが、衆議院の選挙制度改革によって、小選挙区型均衡へと変化した可能性もあるだろう。ただ、すでに見たように、参議院と都道府県議会の選挙制度が全体として個人投票誘因の強いものとして維持されており、特に地方議員の行動パターンが旧制度下のそれから変化していない可能性も十分に考えられる。いずれがより適切な理解なのか。選挙制度改革後の自民党において、政党ラベルがどのような形で維持されているのか、様々な政治競争アリーナの結節点としての都道府県連組織がいかに機能していると考えられるかについては第7章における実証分析を通じて明らかにする。

8▶ 本書の構成と方法論的な特徴

　以下本書の各章では、これまで論じてきたマルチレベルの政治制度と、それが日本の政党政治に及ぼしてきた効果について、データ分析に基づきながら検証していくことになるが、その際、本書ではほぼ一貫して政治家や官僚に対する各種のアンケート調査データの分析にもとづいて議論を進めていく。終章を除く各章はすべて議員・官僚調査データを様々な形で分析したものであり、これは本書の大きな方法論上の特徴だと言えよう。具体的に本書で利用した議員・官僚調査は、①第1回官僚調査 (1976年〜77年)、②第1回国会議員調査 (1978年)、③第2回国会議員調査 (1987年)、④第3回官僚調査 (2001〜02年)、⑤第3回国会議員調査 (2002年)、⑥早稲田大学・読売新聞社共同『国会議員アンケート』調査 (2009年11月)、⑦2009年自民党議員調査 (2009年12月)、⑧全国都道府県議会議員調査 (2010年2月〜3月)、⑨早稲田大学・読売新聞社共同『2012年衆議院議員総選挙立候補者』調査 (2012年)、⑩京都大学・読売新聞共同議員調査 (2016年10月〜12月) という10種類の調査である[20]。調査のより詳しい内容については、各章の初出の箇所で説明している。また本書で実際に利用した各調査の質問文については巻末に掲載している。

　このようなデータを利用しつつ、以下の各章では次のような議論を展開していくことになる。まず第2章では、4次の政治家調査、すなわち前述の③⑤⑦⑩を比較して用いながら、選挙制度改革後の権力構造、議員の選挙戦略とその変化、変化のタイミングについて明らかにしようとする。権力構造については1990年代末、小泉首相の登場以前に、首相周辺への集権化と思われる変化が生じていること、議員の選挙戦略については、個人後援会中心の選挙戦略が一定程度持続している様相が示される一方、議員の世代交代に伴って、政党本位の選挙へ変化しつつあるという様相が示される。

　第3章では、⑨をもとに2012年選挙時の自民党議員の政策選好を分析し、政権復帰した自民党がそれ以前の自民党と同じだったのか、あるいは異なる

ものへと変化しているのかを検討する。具体的には2012年選挙後の自民党においては野党経験を積んだベテラン議員と新人議員の政策選好の間に有意な違いがあり、ベテラン議員の方がタカ派的な政策姿勢を取りがちであったことを示す。激変型の政権交代においては、ダウンズ的な与野党の政策的穏健化は観察されず、むしろ分極化する可能性が示される。

第4章では、数次の官僚調査①④、政治家調査②⑤を比較しつつもちい、自民党安定政権期と、選挙制度改革後の二大政党制化の時期で、政官関係に変化が見えていることを示す。具体的には、自民党安定政権期においては、省庁官僚の政策選好は、自民党議員の政策選好と近接しており、自民党は代理人たる官僚へ広い裁量を与えつつ政策の形成執行を広範に委任していたと思われるが、二大政党制化の時期には、官僚の政策選好は政治家のそれから離れ気味であり、それに伴って官僚に認められる裁量も小さくなってきたという変化が示される。

第5章では、同時期に行われた国会議員調査⑥と都道府県議会議員に対する調査⑧を同時に用い、参議院議員や地方議員が衆議院議員に比べて政党の中心から離れた政策選好を取っていること、また政党組織からの自律性をより強く感じていることを明らかにする。特に、地方区の複数定数区（中選挙区）、比例代表区（オープンリスト）選出の議員にそうした傾向がより強いことを明らかにし、参議院議員や地方議員を含めて形成される政党組織は、衆議院議員の集団からイメージされるそれとは異なるものであることが示される。

第6章では、全国の都道府県議会議員調査⑧を用い、地方議員にとっての政党組織とは何かを明らかにする。また都道府県議会議員選挙で用いられる中・大選挙区制度が、議員の政党への忠誠心を弱め、政党の規律を弱体化させていることを明らかにする。

第7章では、第6章と同じく、⑧をもとに自民党所属の都道府県議会議員の態度と行動を分析し、自民党地方議員が国政レベルと地方政治レベルのジレンマの中で、政治活動を行ってきたことを明らかにする。また議員の政党観について、都道府県ごとの違いがある程度存在することを示し、都道府県

連組織がマルチレベルの政治アリーナの結節点として果たしてきた役割について検討を加える。

　最後に終章では、本書で論じてきたマルチレベルの政治競争における政党政治のあり方とその行方について、代議制民主主義の観点から検討を加える。またその過程で、二院制の特徴と政党の信頼性の関係に関する国際比較分析を行う。各国の一般市民に対する調査データを用いた分析を通じて、両院のずれが政党の信頼を低下させることを示し、マルチレベルの政治競争のずれが、代議制民主主義における代理人としての政党の働きを妨げる効果を持つのではないかと論じる。

　　註

★1──数少ない例外的な先行研究として、マルチレベルの政治制度の効果を特に日本政治の文脈で議論し、本書と同様に衆議院の選挙制度改革の限界を論じた樋渡らの共同研究があり、本書も様々な形でその成果に影響を受けている（樋渡, 2007）。

★2──従来は、むしろEU選挙や地方選挙は、各国の国政政党に対する評価を示す「二次的選挙（second order election）」という概念で表現され、大きな関心を集めるものではなかった（Reif and Schmitt, 1980; Jeffery and Hough, 2003）。

★3──二元代表制が政党の一体性を損なう問題は、イタリアやイスラエルのように国政レベルで議院内閣制を採る国が、地方レベルで首長の直接選挙制度を導入する事例の検討を通じても明らかにされてきている（van Houten, 2009; Evans, 2010; Fabre, 2011）。

★4──スコットランド政治について、同様の指摘を行うものとして力久（2017）も参照。

★5──政治学においては、政党を構成する主要な政治アクターには、選挙に出て公職を争う政治家以外にも、彼らを支え、政策形成や選挙活動といった組織運営の実務を自らの職業として担う政党活動家や、別に職業を持ち、生活を行いつつ自らの政治関心に従って政党に参加し、これを支える一般党員が存在し、それぞれが政治家とは異なる観点から組織に参加するために、組織の特徴を捉える上では重要な要素となるが、本書では、特に政党組織形成に重要な役割を持つと思われる政治家を中心に議論を展開する（Katz, 2014; 待鳥, 2015）

★6──個人投票、政党投票という概念は、あくまでも投票の基準であり、実際の行動とは異なることには注意を要する。すなわち小選挙区制のように候補者個人を選ぶ選挙であっても、その選択基準が当該候補者の所属政党であれば、それは政党投票ということになる。逆にクローズドリストの比例代表制のように政党を選択する選挙であっても、政党のリストに掲載された候補者個人がその選択基準であれば個人投票ということにな

る（建林・曽我・待鳥, 2008）。

★7──厳密にいえば、オープンリスト比例代表制の定数の大きさがSNTVとの違いを生み出していると言えよう。オープンリストであっても定数が非常に小さく、大政党のみが複数議席獲得可能であるような状況では、その効果はSNTV同様、非対称的に働くだろう。

★8──他方で、日本における衆参の「ねじれ」国会などは、ここでいう政権構成の「ずれ」とは異なる概念であることには注意を要するだろう。すなわち「ねじれ」とは、アリーナごとの選挙結果が異なり、あるアリーナで多数派を取る政党連合が、別のアリーナでは少数派となっているという多数派の逆転が生じている状況を指すと思われるが、そこでは政党間の連携関係については一貫性が保たれているのである。

★9──SNTVの下でも、集権的な政党が政党主導で組織的な票割りを行う可能性がありうるが、民主主義国において、特定の政党が有権者の半分程度をそうした形で組織化するということは想定しにくい。特定のイデオロギーなどに基づいて強い組織を持つ政党も、過半数を目指して支持層を拡大するにつれて、非組織的な動員しえない支持者を取り込まざるを得ないのであり、組織の分権化はSNTV下の大政党にとって必然の方向だと思われる。

★10──本書では有効政党数をラクソー・タガペラ指数で測っている（Laakso and Taagapera, 1979）。以後、特に断りがない場合にも有効政党数は、すべて同指数を意味するものとする。なお算出方法は以下の通りである（P_iは政党iの議席率、nは政党数）。

$$\frac{1}{\sum_{i=1}^{n} P_i^2}$$

★11──都道府県議会の有効政党数は、『日本統計年鑑』の各年版により、党派ごとの全国集計された議席数をもとに算出した値であり、都道府県ごとのバラつきを考慮していないため、注意が必要である。また諸派、無所属等は計算に含まれていない。

★12──この点で興味深いのは、93年の自民党分裂に至る経緯である。従来、そこでは過去の派閥間対立と比較した政治スキャンダルなどの大きさがその要因として語られることが多かったが、こうした観点からは、89年の参院選大敗による、参院自民党の過半数割れが大きく関連しているのではないかという理解ができよう。89年以降は、公明党、民社党を含めた連立の組み換えが実質的に始まっていたが故に、派閥の離脱といった現象が発生したといえるのではないか。

★13──多くの場合には地方議会会派の分裂として処理され、党籍の剥奪や、都道府県連の分裂は回避された。

★14──堀内・名取（2007）は、選挙制度改革後の状況について、衆議院の小選挙区候補と複数区を争う都道府県議会議員の間に政策選好の差が生じ、小選挙区候補の複数化という帰結が生じ、二大政党制化が妨げられたと論じているが、参議院の小選挙区候補と、中選挙区時代の衆議院議員や地方議員との間にも同様の関係が生じていたと言えよう。

★15──この結果は中選挙区制が多党制という別の均衡をもたらしうるという前述の仮説を裏付けているように思われる。

★16 —— ここで明示的連立政権とは、内閣に参加する連立政権を意味し、黙示的連立政権とはいわゆる閣外協力による政権支持を意味しており、後者の例としては、自民党海部政権における公明党、民社党による閣外協力等がある。

★17 —— これとは逆に、比例代表部分での上積み得票を目指す小政党が、小選挙区でも候補を立て続けるために小選挙区における戦略的投票が難しくなり、二大政党化の効果は抑制されるという政権選択誘因とは逆の働きを持つ連動効果仮説が提起され、一定の証拠が得られたとされた（水崎・森, 1998）。こちらの仮説についても理論上も、実証上も重要な問題を含んでいると思われるが、主として小規模な政党とその支持者を対象とする効果であり、本文中に述べた政権選択効果の方が大規模政党にかかわり、選挙結果全体を左右するより大きな効果を持つものだと思われる。

★18 —— 2012年選挙の自民党は、政権を奪われた2009年選挙に比べてそれほど獲得票を増やしたわけではなかった。2012年における自民党大勝は、直接的には、有権者の民主党への忌避によって生じたと思われる、選挙区の相対第1党（自民党）を大きく利するような第2党以下の競合、すなわち「非デュベルジェ均衡」の成立として理解できるだろうが (Cox, 1997)、そうした「非デュベルジェ均衡」の背景要因としては、やはり参議院、地方議会の比例的な選挙制度による第三党以下の存在を指摘できる。

★19 —— このような不安定な二大政党制は一定の長所と短所を持つと考えられる。メリットとしては、第三党以下の残存と小政党の新規参入を容易にすることで、二大政党の固定化を防ぎ、通常二大政党制の弱点とされる社会変化に対する政党システムのより柔軟な適応を可能にすると思われることである。他方で、デメリットとしては、野党の分裂が生じることで、二大政党が比較的拮抗するような政党システムの成立を困難にすると考えられることである。野党第一党がなかなか安定しないことで、有権者の期待が拡散し、相対的な第一党が過剰代表され、小さな得票変動によって議席が大きく変動する不安定な状況をもたらす可能性があり得よう。

★20 —— ⑧⑩については筆者を中心とした研究チームが実施した調査であり、⑥⑦については筆者が質問票の作成に関与した。それ以外の調査については、いずれも別の研究目的による調査結果の利用を事後に認めていただいたものである。調査に協力して下さった方々とデータの利用を認めてくださった村松岐夫先生、久米郁男先生、読売新聞社に、また筆者とともに調査を実施してくれた研究チームの曽我謙悟、濱本真輔、品田裕、西澤由隆、砂原庸介、森裕城、待鳥聡史、藤村直史、笹部真理子、大村華子の各氏に改めて感謝したい。

第 2 章

選挙制度改革は
日本政治をどう変えたのか
──自民党の政策形成と議員行動

　本章では、衆議院という日本政治の中心的な政治アリーナに焦点を当て、1987年から2016年にかけて行われた4回の国会議員調査をもとに、自由民主党の意思決定構造と自民党議員の選挙スタイルについて、特にそれらが衆議院の選挙制度改革の前後でいかに変化したのかに注目しながら分析を加える。

　第1章で詳しく論じたように、制度論の予測に従えば、衆議院の選挙制度改革は、選挙を個人本位のものから政党本位のものに変え、その結果、政党組織についても、末端議員が政党執行部からの自律性を有するような分権的なものから、トップダウンで規律の強い集権的なものへと変化させると考えられた。またそうした集権化の予測については、それを裏付ける様々な証拠が示され、多くの論者によってある程度受け入れられてきたと言えよう。派閥は影響力を失い、選挙は政党を主体とするようになり（浅野, 2006）、党幹部や、首相周辺の影響力は強まり、かつての族議員政治は影を潜めるようになったのである（建林・藤村, 2011; 待鳥, 2012）。ただこうした集権化がどの程度、選挙制度改革（のみ）に起因するのか、あるいはそれ以外の要素にも影響されたものなのかについては論者の見解は分かれており、これに関連して集権化がいつから、どのようなプロセスを通じて生じたのか、あるいは集権化が持続的、安定的な傾向なのかについても見解の相違が見られる。すなわち首相を中心とした官邸のリーダーシップが強まった契機として、小泉純一郎

内閣の成立が挙げられることが多いが、小泉政権成立の直前には省庁再編が行われていた。各省庁が大括りにされる一方で内閣府は強化されたのであり、この再編によって首相官邸の総合調整能力が高まったことを重視する見方がある (牧原, 2005; 竹中, 2006; 待鳥, 2005; 2006)。また小泉首相は、従来の自民党総裁とは異なり、自らの主導する改革路線に反対する自民党議員らを抵抗勢力と呼んで国民からの支持を喚起する、独特なリーダーシップのスタイルを採用したのであり、そうしたいわば「大統領型」の統治スタイル、小泉首相の個性をその要因とする捉え方も有力である (大嶽, 2006; 内山, 2007)。このような二つの見解は、選挙制度改革の効果を決定的なものと見る本書の理解とは、変化のタイミングや継続性について、微妙に異なる解釈を示してきたと言えよう。すなわち前者は、小泉首相登場以前の複数の政権 (橋本、小渕、森政権) においては、中選挙区時代の弱い首相との連続性を強調しているようだし、後者は小泉政権後のいくつかの自民党政権 (第一次安倍、福田、麻生政権)、あるいはその後の民主党政権についても、従来の弱い首相の復活と捉えてきたように思われる。

　これに対して本書は衆議院の選挙制度改革によって、自民党の集権化とそれに伴う執政の強化 (強い首相の出現) が不可逆な形で生じたと考えており、省庁再編に伴う首相官邸の強化やリーダーの個性などは、周辺的要因に留まると考えている。第1章で詳しく論じたように、本書はマルチレベルの制度の効果を主張しており、参議院や地方の政治制度が政党組織や執政の集権化に一定の歯止めをかける効果を持つことを論じていくが、衆議院の選挙制度は、現状における日本の制度配置を前提にする限り、政党組織に対してより強い規定力を持つと思われる。衆議院は政権形成機能を独占すると同時に、予算の形成においても参議院に優越している。また地方分権が進んだとはいえ、少なくとも現状では、中央政府の政治家は地方政府の政治家よりも政治家の一般的なキャリアにおいて、上位に位置づけられるのであり、衆議院議員選挙における競争メカニズムが、日本における政治家のインセンティブを最も強く規定していると言えよう。これに対して省庁組織をはじめとする官僚機構は、基本的には政治家のデザインによるものであり、従属的な制度と

いうべきである。政治家がその目的追求行動にとって不都合だと判断すれば組織再編を図るだろうし、そのコストが高ければ、人事介入や個別の立法、予算措置等、他のコントロール手段で代用することを考えるだろう。また政治リーダーの個性が制度の規定力をしばしば乗り越えること、政治リーダーには既存の制度秩序の創造的破壊者としての側面があることは否定しないが、少なくとも選挙制度改革後の日本で生じた変化については、むしろ制度の効果として説明可能な現象であったと思われる。

　以下、本章では、国会議員のアンケート調査結果から自民党議員が、自民党組織の権力構造をどのように捉えているのかを分析していくことになるが、このような観点から本章が注目するのはそうした権力構造の変化とそのタイミングである。変化のタイミングは、その要因を考察するための重要な証拠だからである。省庁再編が執政の強化にとって不可欠の要因であれば、それ以前には執政の強化は見られなかったはずである。あるいは執政の強化が制度的要因であれば、首相の個性による変化は小さいものに留まるだろう。執政の強化は不可逆な形で生じたはずである。

　ただ変化とそのタイミングを考える際に注意すべき点がいくつかあるだろう。第一は、タイムラグの存在である。制度変化の効果はそれが強いものである場合にも直ちに生じるとは限らない。政治制度変化の効果は、究極には個々の有権者や政治家の行動や態度の変化を通じて現れるのであり、そこには一定の学習プロセスを要するはずだからである。

　第二に、旧制度の遺産、経路依存性を考慮する必要がある。例えば同じ小選挙区制を採用する場合にも、その国の旧制度が中選挙区制である場合と、クローズドリストの比例代表制である場合とでは、議員が新たな選挙制度の下で採用しようとする選挙戦略は異なるだろう。すなわち選挙区において個人を選択する小選挙区制の下では、議員は個人をアピールすることも、政党をアピールすることも可能だが（第1章で述べたように、一般的には議院内閣制においては政権選択誘因が働くために政党投票誘因が強くなると思われる）、前者の場合には、それまでの個人資源を有効に活用し、相対的に個人本位の選挙スタイルを維持しようとするだろうし、後者であれば、従来通り政党に依存した選挙

戦を展開するだろう。

　また党組織の集権化を検討する場合には、それ以前の分権的な政策形成過程の制度遺産を考慮する必要があるだろう。たとえば自民党は中選挙区制の時代、政務調査会などを中心に分権的な政策形成を行ってきたが、その結果、党中枢は、独自のスタッフをほとんど持たず、十分な政策立案能力を備えてこなかった。このことは党組織の集権化を観察し難くする可能性がある。党中枢の集権性は、党中枢が周辺のスタッフ機能を強化する等によって政策立案能力を拡張し、末端議員とは異なる独自の政策アイデア、政策指向を明確に示すことができなければ顕在化しないからである。こうした経緯を踏まえれば、集権化の過程においても、党首周辺が明確な政策課題を持っている分野とそうではない分野では、異なる状況が観察されるかもしれない。

1▸　自民党は集権化したのか

　以下では、1987年、2002年の国会議員調査[1]、2009年の自由民主党衆議院議員調査[2]、2016京都大学・読売新聞合同議員調査[3]という4次の調査を用い、自民党衆議院議員の主観的認識を通じて、自民党組織の特徴とその変化を明らかにしようとする。

　これら4次の調査には、いくつかの政策分野における政策決定において、影響力があると思われるアクターはどれかを問う設問が共通して設定されている。具体的には2009年、2016年調査のケースでは、「外交安保」「経済」「福祉」「地域振興」「農業」の各政策分野について、「首相官邸」「大臣」「連立与党協議」「与党第一党幹部」「与党内政策審議機関等」「野党」「所轄官庁・官僚制」等、どのアクターの影響力がより強いと考えるかについて、1位から順に順位付けを求めているのである[4]。

　このような設問に対して、議員はいかなる回答を示してきたのであろうか。図2-1は、それぞれの政策分野における議員の回答を調査ごとに集計し、棒グラフ表示によって時系列に比較したものである。なお87年は中曽根政権の末期にあたり、02年は小泉政権の初期にあたる。また09年調査は

麻生政権末期の状況を問うており★5、16年調査は安倍政権における状況である。表示されている数値は、「各政策の内容の決定について影響力がある（2016年調査）」ものについて、各議員の第2位までの選択結果について、第1順位として選択した議員数を2倍に重み付けし、第2位順位として選択した議員と足し合わせて延べ議員数を求め、他の選択肢との総合計を100%とした場合の比率(%)である★6。なお地域振興政策については87年調査において、農業政策については02年調査において、設問が設定されていなかったため、分析結果には含まれていない。またそれぞれの調査には、調査対象として自民党以外の議員や（87年、02年、16年調査）、参議院議員（16年調査）も含まれているが、比較の整合性の観点と、選挙制度改革による変化を捉えるという本章における分析の主たる関心から自民党衆議院議員のデータのみを集計した結果を用いている。

　個別に検討しよう。図2-1 (a) は、外交安保政策に関する結果であるが、特徴的なのは、すべての調査時点において首相官邸の強い影響力が認知されており、また他の有力なアクターはほとんど存在しない点である。多くの議員が第1位の選択肢として首相官邸を選択していることが示されている（集計方法は上記の通りであり、全議員が第1位に選択した場合の値、つまり満点の場合は66.6%である）★7。比較的大きな変化として観察できるのは、16年調査における首相官邸のさらなる影響力増大であり、ほぼすべての議員が首相官邸を第1位に選択したことが示されている。他方で、87年調査とそれ以降の調査の大きな違いは観察できず、選挙制度改革を挟んだ変化はほとんどないと言えよう。外交政策における首相を中心としたトップダウン型の政策形成過程は、従来、中選挙区制時代の自民党政権においても観察されてきたところである。福井は事例研究を通じて、他分野の政策過程と異なる特徴としてそれを「非日常型」と呼んだが（福井, 1974）、河野による自民党結党後、比較的早い段階における外交交渉過程の分析でも、議員の政策指向が内閣のそれと食い違うことが多い中で、トップダウン的な政策決定がなされたとされている（河野, 2015）。また川人 (2015) の首相の面会頻度分析からも外交政策における首相の強い関与がうかがえる。議員意識調査からもそうした外交政策過

図2-1 政策決定における影響力(異なる年次の調査結果比較)

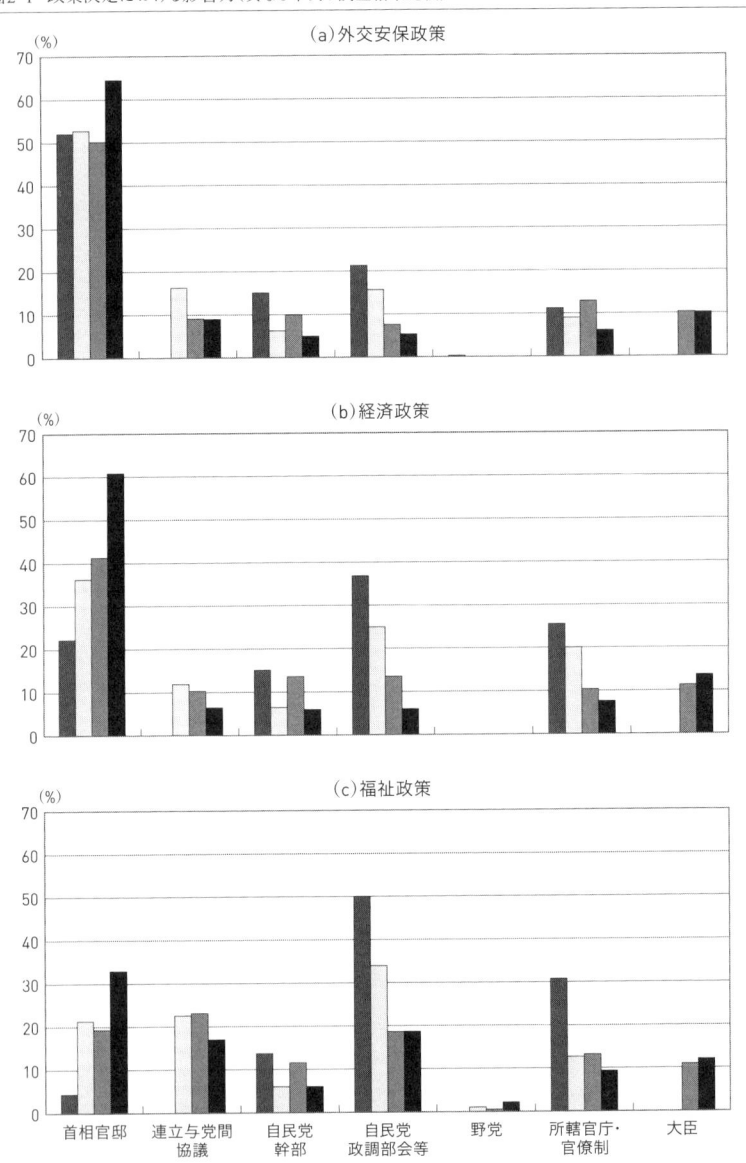

(a)外交安保政策

(b)経済政策

(c)福祉政策

首相官邸　　連立与党間　　自民党　　自民党　　野党　　所轄官庁・　　大臣
　　　　　　　協議　　　　　幹部　　政調部会等　　　　　官僚制

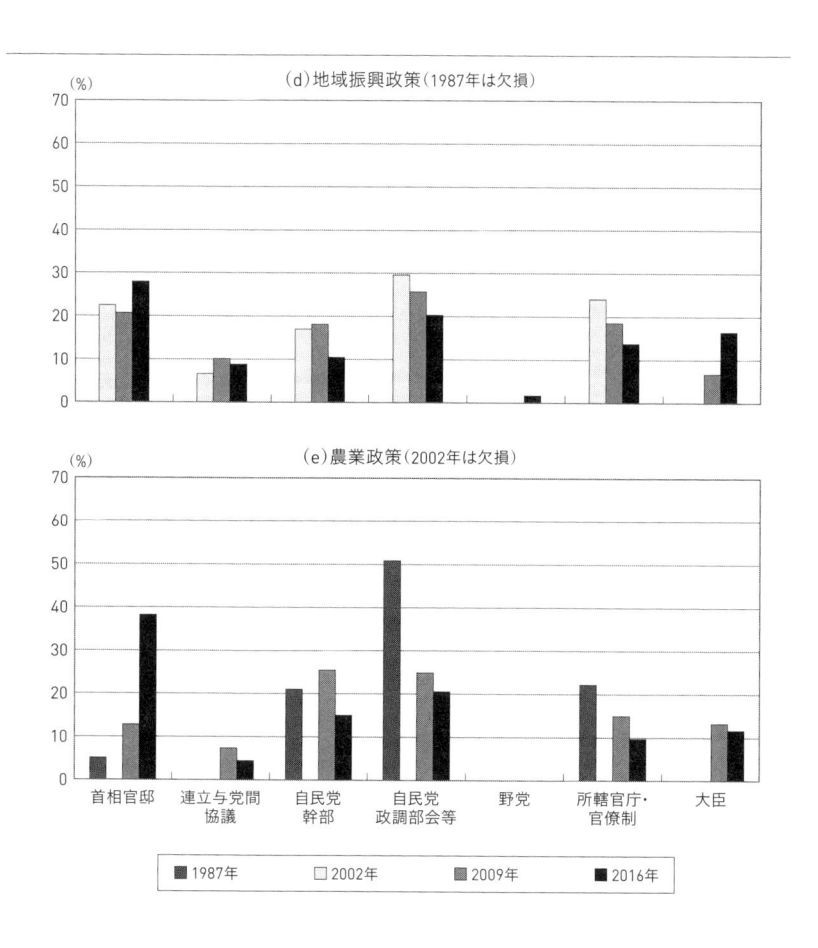

(d) 地域振興政策（1987年は欠損）

(e) 農業政策（2002年は欠損）

| ■ 1987年 | □ 2002年 | ■ 2009年 | ■ 2016年 |

程の一貫した集権性を再確認できたということができよう。

　次に図2-1（b）だが、経済政策については、経時的に大きな変化が認められる。すなわち87年調査においては、最も影響力を持つと認識されていたのは、与党内政策審議機関（自民党政調部会）等であり、次に所轄官庁が続き、首相官邸は三番目という認識が示されていたが、2002年にはこれが逆転し、首相官邸、政調部会、官庁の順に変化している。さらに09年には、首相官

邸は影響力評価を高め、政調部会の影響力認知は、02年から半減している。09年には、首相官邸は、外交政策と並ぶほぼ満点の水準にまで影響力認知を高めており、他の有力なアクターが認められない状況となっている。16年調査については、農業政策などにも共通する問題として、TPP交渉が重要争点となったというタイミングが関わっているように思われる。すなわちこの間の経済政策、農業政策は対外問題、外交交渉とリンクして争われたのであり、「非日常型」の政策過程が他の政策分野にも浸透したという意味で、特殊な時期であったと見ることもできるだろう。すなわち首相官邸の強さはある程度割り引いて考える必要があるかも知れない。ただ大きな変化として首相官邸への集権化が観察でき、部会や所管官庁の影響力低下が確認できることも確かであろう。リーダーシップが強まったとされる小泉政権だけではなく、政権末期の麻生内閣についても、強い首相と言われた中曽根内閣よりも強い首相官邸であったという認識は印象的であり、集権化の傾向が確認できるといえるだろう。

　図2-1（c）の福祉政策については、外交政策や経済政策とは異なる政策決定過程の様相がうかがえる。まず87年調査においては、政調部会等が最も影響力認知が高く、所轄官庁がそれに続いており、首相官邸を含む他のアクターの影響力認知は非常に低い。これに対して、02年以降の3回の調査については、首相官邸、連立与党協議の影響力認知が増え、反対に政調部会と所轄官庁の影響力認知が低下している。政調部会等については、影響力低下の傾向が著しいが、02年においては最有力のアクターであり、09年、16年においても引き続き有力なアクターであるように思われる。これに対して所轄官庁の影響力低下は特に顕著であり、02年以降については有力なアクターとは言い難い状況である。このように福祉政策については、これまでの外交政策や経済政策とは異なる意思決定パターンが観察できようが、変化の方向性としては首相官邸への集権化という傾向が見て取れるのであり、特に選挙制度改革を挟んだ変化が著しいように思われる。また自民党は1999年以降、公明党との連立によって政権を維持しているが、連立パートナーたる公明党の影響力には政策分野ごとの違いがあることもこの結果から読み取ることが

できよう。すなわち他の分野では10%ポイント程度の影響力認知に留まっているが、福祉政策分野では20%ポイント程度の影響力認知があり、公明党がその支持基盤をにらみつつ、福祉政策分野で一定の政策実現を図っていることがわかる。

　図2-1（d）、図2-1（e）の地域振興政策、農業政策については、それぞれデータが欠落してる年度があるために、十分な分析は難しいが、それぞれ前述の3つの政策分野とは異なる影響力構造が存在しているように思われる。まず地域振興政策については、圧倒的な力を持つアクターが存在しないように見え、首相官邸、自民党幹部、政調部会、所轄官庁などがそれぞれ同程度の有力なアクターと認知されているようである。他方、農業政策も独特の特徴を示していると言えよう。87年調査においては、最有力なアクターは政調部会等であるが、09年、16年においては、影響力認知を半減させている。また所轄官庁についても87年には2番目に有力なアクターであったが、09年、16年においては有力なアクターとは見なされていないようである。これに対して、影響力認知を増加させているのは、やはり首相官邸である。ただ09年についてはそれほどではなく、他の分野に比べて、むしろ農業政策における首相官邸の影響力の弱さが目立つ結果である。16年における首相官邸の強さは顕著なものだが、これについては前述したTPPという特殊な争点によるものかもしれない。農業政策において顕著なのは、自民党幹部が他の分野よりも強い影響力認知を継続的に受けていることであろう。他方、福祉政策で見られたような連立パートナーの影響力は、むしろこの分野で顕著に低い。農業政策については、自民党内での幹部による調整が重要であることを示唆した結果と言えるだろうか。

　5つの分野を全体として見た場合にはどのような変化の傾向が読み取れるだろうか。まず首相官邸が一貫して排他的ともいえる影響力を示してきた外交政策分野を除き、他の4分野については、首相官邸の影響力強化と、政務調査会や所轄官庁の影響力低下という変化が共通してみられることである。またそうした変化は87年と02年以降との間で顕著であるように思われる。首相官邸の影響力については、特に16年調査において、さらにその認知が

高まったように思われる。外交、経済、農業における影響力認知の伸びが顕著であることからTPP交渉という政策課題が扱われたタイミングを反映した一時的なものという可能性もあるが、福祉、公共事業にも顕著な上積みが見られることから一般的な傾向を反映したものと思われる。最後に小泉政権時の特殊性は、影響力認知からは特に見出すことはできない。02年調査、09年調査については、首相官邸の影響力認知は各分野について似通った水準というべきであり、小泉首相退場後におけるリーダーシップの弱体化を確認することはできなかった。

2 ▶ 異なるサンプルによる分析結果の検証

前節では、異なる調査年次のデータを比較するために、自民党所属の衆議院議員のみを対象とした分析を行った。ただ2016年調査においては、自民党の参議院議員、民進党の衆議院議員、参議院議員に対しても同じ調査を行っており、これらの結果との比較を通じて、影響力認知の安定性、調査対象ごとの影響力認知のばらつきについて確認しておこう。

図2-2は、前節と同様の手続きで、2016年調査について自民党と民進党の衆議院議員、参議院議員というグループごとに、各選択肢（影響力を持つアクター）を第1位として選んだ議員数を3倍、第2位を2倍、第3位を1倍と重みづけしつつ延べ議員数を求め、さらに全選択肢について総合計して100%とした場合の各選択肢の比率（%）を表示したものである。前節の図と異なり、第3位までを加えているために、仮にすべての議員がある選択肢を第1位として選んだ場合、いわば満点の値は50%となっている。

一見したところ、前節の分析に比べれば、影響力はより多くのアクターに分散しており、権力構造が多元化しているかのようである。首相官邸の影響力も前節の各図ほどには高くない。ただこれはすでに述べたように第3位までを含めた集計方法の違いによるものと思われる。有力なアクターについてはほとんど違いはないといえるだろう。

両党ともに特に参議院議員のサンプル数が少ないために確定的ではない

図2-2　政策決定における影響力（2016年調査における自民党議員と民進党議員の回答）

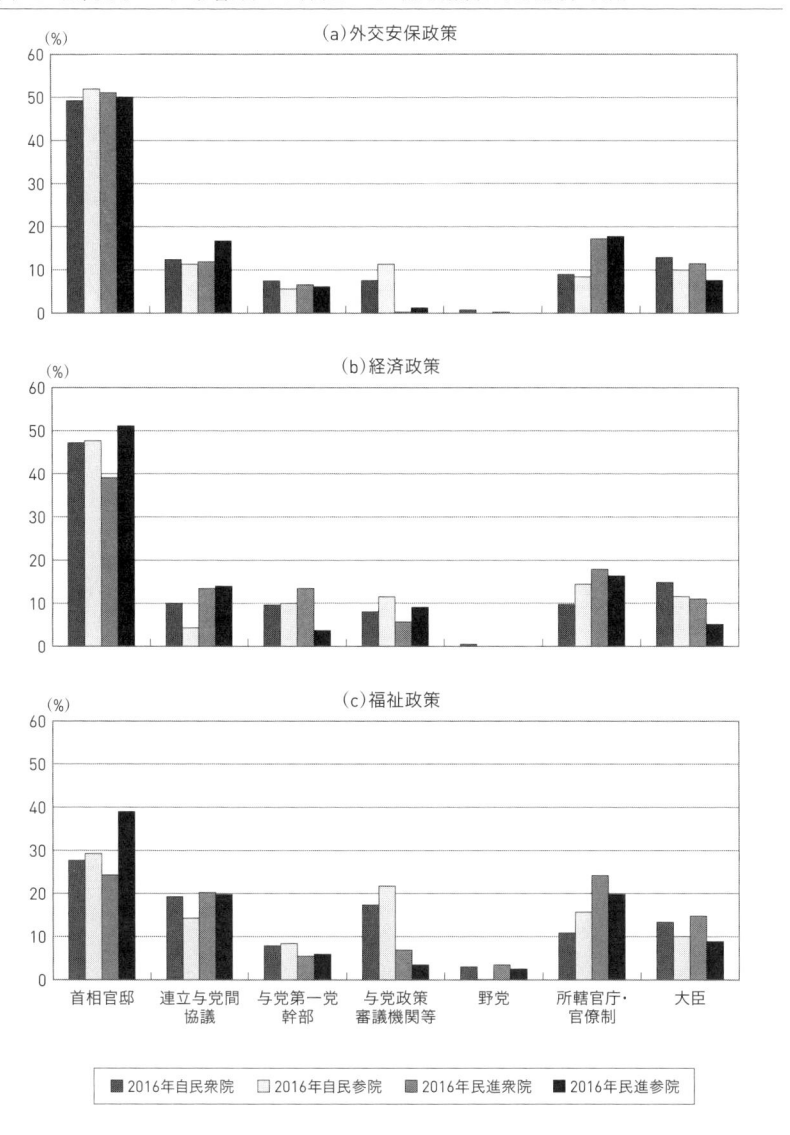

(a)外交安保政策

(b)経済政策

(c)福祉政策

首相官邸　　連立与党間　　与党第一党　　与党政策　　野党　　所轄官庁・　　大臣
　　　　　　協議　　　　　幹部　　　　審議機関等　　　　　官僚制

■2016年自民衆院　　□2016年自民参院　　■2016年民進衆院　　■2016年民進参院

が、3つの図からは以下の特徴が見出される。第一に、異なる議員グループの影響力認知はかなり似通っている。首相官邸の影響力を含め、政策分野ごとに有力なアクターや評価の程度はかなり異なっているにもかかわらず、特に与野党の集計結果が類似していることは興味深いものであり、議員の影響力認知が一定の信頼性を持つことを示していると思われる。

第二に、他方で、与党内政策審議機関と所轄官庁・官僚制に対する評価については、自民党と民進党でやや違いがあるように見える。すなわち外交安保政策と福祉政策の分野では、自民党議員は与党内政策審議機関をより高く評価し、所轄官庁をより低く評価する傾向があるのに対し、民進党議員は、与党内政策審議機関を低めに評価し、所轄官庁を高めに評価する傾向が見られる。こうした傾向は、与党たる自民党議員の業績誇示誘因という観点からも納得のいくところだが、前節でみた自民党議員のみの集計結果には、ある種の与党バイアスが含まれているということかもしれない[8]。第三に、衆議院議員と参議院議員の認知の間には、それほど明瞭な違いはないように思われる。本章の後半や第5章で論じるように、選挙戦のスタイルや、政党執行部からの自律性などについては参議院議員は、衆議院議員とは異なって自律的な態度を取る傾向が見られるが、そうした議員個々の態度とは異なり、権力構造に関しては衆参の議員は類似した認識を示していると言えよう。

3 ▶ 権力構造変化のタイミング——回顧データによる分析

本章では、前述のように4次の議員調査における類似の設問を時系列に比較し、影響力の所在の変化を探ろうとした。ただそうした方法にはいくつかの問題点がある。第一は、質問形式や選択肢が完全には一致していないことである。質問形式や選択肢の変更は、政治環境の変化など調査ごとの間隔の長さを考えればやむをえない問題ともいえようが、議員の回答の意味する内容が調査ごとにずれている危険性があるといえよう。第二に、調査時期が理論的に比較したい時期、変化の有無を確認したい時期と必ずしも一致しないことである[9]。

こうした問題に対応するために2009年調査においては、議員に過去の状況を尋ねることで変化を捉えようと試みた。具体的には、前述のように「それぞれの政策の内容の決定について影響力があったのは次のどれでしたか」というように、現時点（麻生政権期を指す）において影響力を持つアクターを選択してもらう設問を行った後に、「あなたが衆議院議員に初当選した当時はいかがだったでしょうか」と問い、同じ設問について初当選当時を回顧してもらい、その回顧設問における議員の回答をもとに、過去の状況、権力構造を推定しようと試みたのである。

　こうした回顧設問にもとづく異時点間の比較については、第一に、設問や選択肢を完全に一致させることができ、第二に異なる時期のサンプル（このケースでは初当選時の異なる議員）を多く集めることで、比較対象としての時期区分をより自由に設定することができ、理論仮説に沿った比較が可能になるという利点を持つといえよう。ただいくつかの問題があることも確かだろう。第一に、記憶情報の信頼性の問題である。遠い過去に関する評価を、現状に対する評価と同列に並べることは問題かもしれない。第二により大きな問題として、情報源となる議員群の歪みを指摘しておく必要があるだろう。調査対象が現職の議員である場合には、遠い過去については現在まで再選を重ねてきたベテラン議員、言い換えれば選挙に強い議員のみの回答に依拠して把握することになる。他方、より近い過去については、将来的に消えていく可能性を持つ、選挙に比較的弱い議員の情報を含むことになるため、時期ごとにサンプルの歪みが生じる危険性があるということになる。

　こうした問題点を踏まえた上でも、図2-3に示された回答結果は非常に興味深いものであると思われる。回答集計に際しては、議員を初当選年次ごとに、1993年以前初当選組（29人）、1994年〜2004年初当選組（39人）、2005年初当選組（35人）という3つの議員グループに分類している[10]。これら議員群の比較を通じて、選挙制度改革による変化と小泉政権における変化（特に郵政民営化選挙後の変化）を探ろうとする。なお各政策領域の選択肢（アクター）については、前述の分析同様、第3位までの選択議員数を重み付けしつつ足し合わせ、比率を示したものである。

図2-3 政策決定の影響力(初当選時の回顧をもとにした分析(2009年調査))

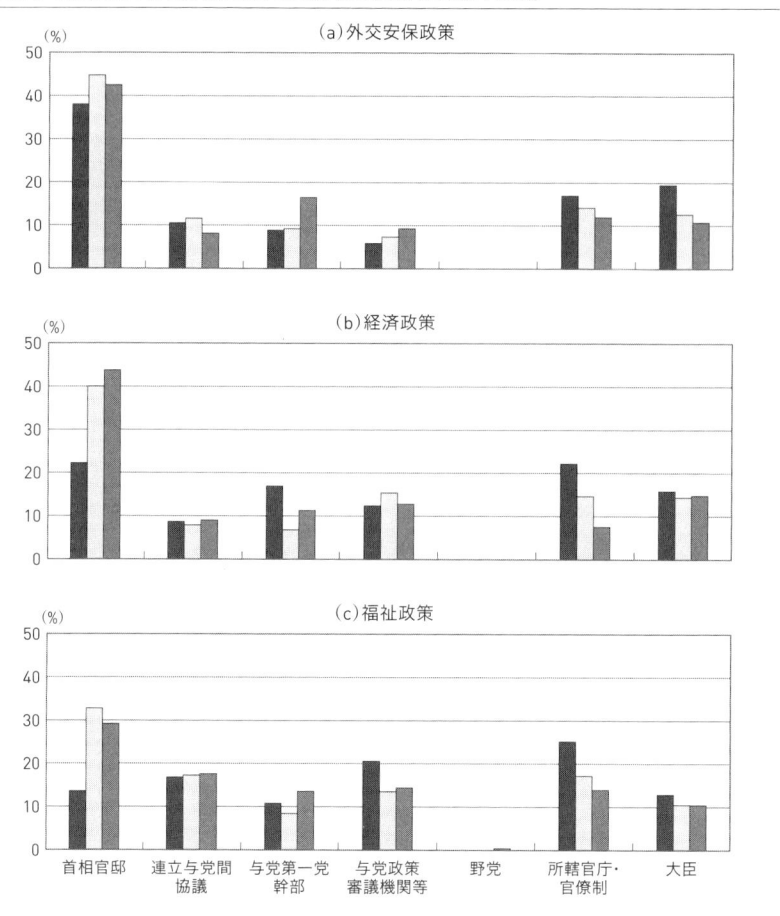

第一に、政策領域ごとの特徴、変化の方向性などについて、異なる調査を比較した図2-1(a)〜(e)との類似性を見出すことができよう。具体的には、外交安保政策における首相官邸の一貫した影響力の強さはここでも確認できる。また経済政策、福祉政策、地域振興政策における首相官邸の影響力強化と、与党内政策審議機関、所轄官庁の影響力低下が顕著な変化の方向性とし

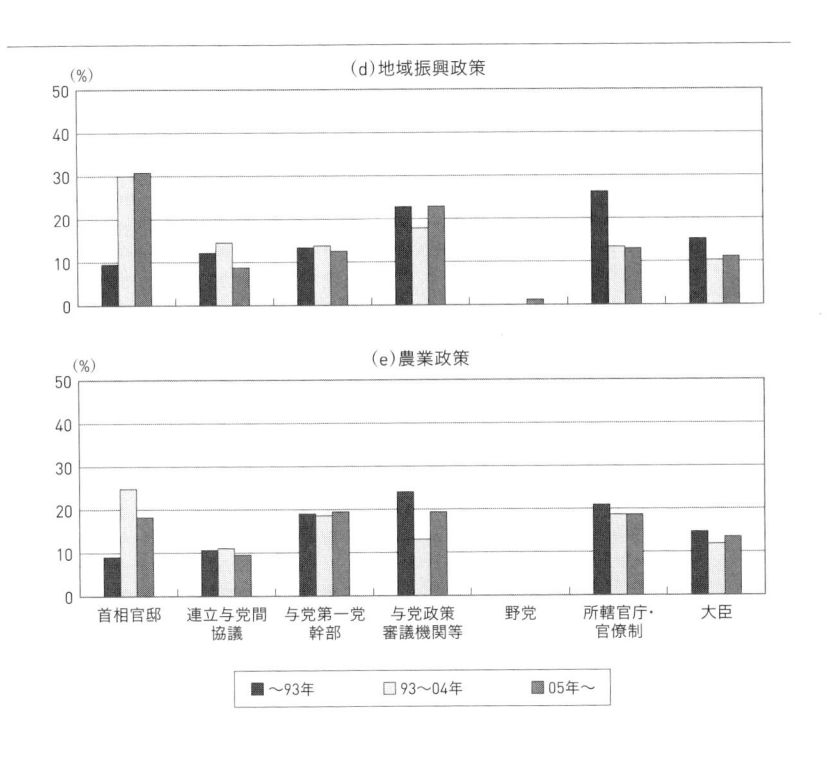

(d)地域振興政策

(e)農業政策

■ ～93年	□ 93～04年	▨ 05年～

て読み取れる。

　第二に、変化のタイミングとして、選挙制度改革を挟んだ影響力認知の変化が大きいことである。93～04年初当選組と05年初当選組の回顧回答は類似しており、小泉政権時期における特段の断絶は認められない。集権化の要因を2000年の省庁再編や、小泉首相個人の資質、あるいは郵政解散による自民党末端議員の学習に求める仮説（上川, 2010）を支持するような時系列の変化は見出せなかったといえよう。ここでは結果を示していないが、第2の議員グループをさらに細分化し、小泉政権成立以前（1996年初当選組と2000年初当選組の22人）の初当選組に限定して集計した場合には、むしろ首相官邸の影響力認知はより高まる傾向にあり、首相周辺への集権化は、選挙制度改革

後の比較的早い時期から生じていたのではないかと思われる★11。

4 ▸ 選挙スタイルの変化とそのプロセス

選挙戦のスタイルは変化してきたのだろうか。中選挙区制の下では、自民党候補者は同一選挙区における政党内競争に晒されたため、政党よりも個人の評判に依拠して選挙戦を展開してきたとされるのに対し、小選挙区比例代表並立制の下では、各選挙区で1つの議席をめぐる競争となるために政党の評判が重要になり、個人間の競争は抑制されるといわれてきた。ただ選挙制度改革による議員の集票活動や再選基盤の変化には、一定のタイムラグが想定される。特に自民党議員の場合には、中選挙区制時代に形成された個人的な集票組織が、新選挙制度導入後も旧制度の「遺産」として引き継がれ、個人投票に基づく再選戦略が維持された可能性もあるだろう。

2016年議員調査には、「直近の国政選挙」における、当選の「原動力」を尋ねる設問、また2009年の議員調査には、05年衆議院総選挙時における当選の「原動力」と、さらに各議員の初当選時の「原動力」を尋ねた設問がある。具体的には、それぞれの選挙ついて、「自分の力量」「肉親など一族の名声・援助」「関連団体の力」「後援会の力」「個人的な関係者の援助・協力」「所属政党の力」「自分の政策」の7つの項目が議員の勝利にとってどの程度有効であったかを「効果なし」から「効果あり」の5段階で評価してもらうものである。

時系列変化の検討へ進む前に、2016年調査結果の分析を通じてまずデータの紹介を行おう。図2-4は、各議員の直近の選挙について「当選の原動力」の平均得点を、自民党衆議院議員、自民党参議院議員、民進党衆議院議員、民進党参議院議員という4グループについて表示したものである。なお各議員の項目別評価得点としては、5段階評価をそのまま用いるのではなく、7項目すべてに関する合計得点によって相対化した比率を用いている（7項目すべての合計が1になる）。またすべての項目について、同じ点をマークした議員の回答はサンプルから除いている★12。

図2-4　直近の選挙における国会議員の選挙スタイル（2016年調査）

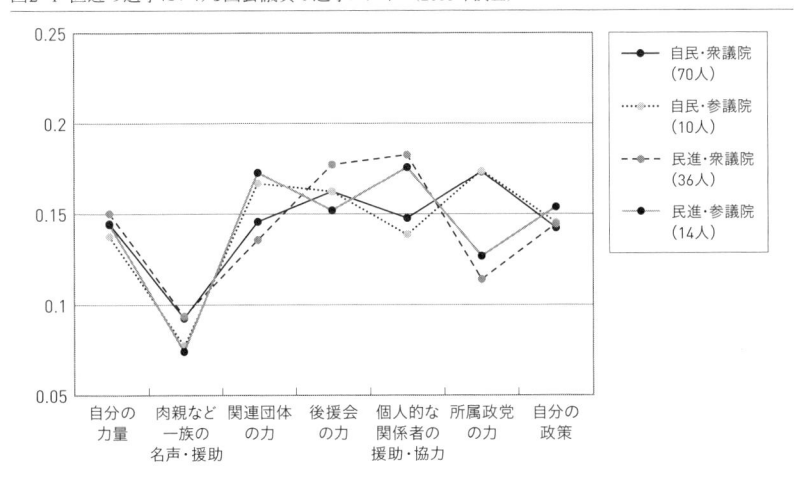

　同図でまず目を引くのは、政党ごとの違いである。自民党議員について
は、衆議院議員、参議院議員ともに政党の力が大きく評価されているのに対
し、民進党議員では個人的な関係者の援助・協力が最も高く評価され、政党
の力は衆議院議員、参議院議員ともに、肉親など一族の名声・援助に次いで
下から2番目の評価であった。民進党については、後援会の力も特に衆議院
議員については非常に高く評価されており、自民党に比べても個人中心の選
挙を展開していたことが分かる。このような個人本位の選挙スタイルは、選
挙制度改革後の選挙スタイルとしては事前の予想とは異なる結果といえよ
うが、ここでの選挙がいずれも民進党（民主党）の敗れた選挙、逆風の選挙で
あったことと関係しているかもしれない。個人本位の選挙スタイルを取るこ
とで、政党が全体として議席を失う中でも生き残りえたというのが民進党議
員の回答が示している結果だといえようか。

　逆に言えば、後述する自民党議員の選挙戦略についても、選挙ごとの党
勢、勝敗を考慮する必要があるかもしれない。すなわち自民党が勝利を収め
た選挙を扱うことで、政党本位の上積みが生じているかもしれない。図2-4

でもう一点注目されるのは、衆議院議員と参議院議員の違いである。関連団体の力については、政党ごとの違いではなく、衆参の違いが顕著である。すなわち参議院議員は自民党、民進党を問わず、関連団体からの支援をより大きく評価する傾向にあった。こうしたことは第3章で見る参議院議員の政策選好などの分析とも合致するところであり、選挙区の大きさを含む、衆議院議員との選挙制度の違いが作用していると思われる。

　では自民党議員の選挙スタイルはどのように変化してきたのだろうか。図2-5は自民党衆議院議員について、前述の2016年調査のデータと、2009年調査における初当選時の「原動力」を回顧してもらった結果を併せて表示することで、自民党新人議員の選挙スタイルがどのように変化したかを捉えようとしたものである。すなわち2009年調査をもとに、1993年以前初当選組の議員グループと、94年〜04年初当選組、2005年初当選組の3カテゴリーを作り、それぞれの初当選時における当選原動力の平均値を表示している[13]。またもう一つの値は、2016年調査をもとに、2014年選挙における当選原動力について、当選2回組（2012年初当選組）と初当選組の平均値を求めたものである。前の3つの時期が、すべて初当選議員をサンプルとし、新人の選挙スタイルを示すものになっているのに対し、2014年データの集計については、初当選組の回答サンプルが5人のみと非常に少ないために当選2回組を含めた平均値を表示しており、議員群のコントロールが十分でないことには注意が必要だが、時期ごとの選挙スタイルの違いは顕著なものであるように思われる。

　すなわち中選挙区制の下での新人議員は、「後援会の力」を最も高く評価しており、次に「個人的な関係者の援助・協力」と続き、「所属政党の力」はようやく3番目に挙げられている。これに対して、選挙制度改革後の3つの議員群では、すべて第一に「所属政党の力」が挙げられており、選挙が政党本位化していることが裏付けられている。ただ「後援会の力」は選挙制度改革後も05年総選挙以外では、政党に次ぐ「原動力」として評価されており、個人本位のスタイルもある程度継続していることがわかる。2005年選挙においては、所属政党の力は圧倒的に大きく、また後援会はほとんど評価され

図2-5 選挙スタイルの変化(自民党衆議院議員)(2009年調査・2016年調査)

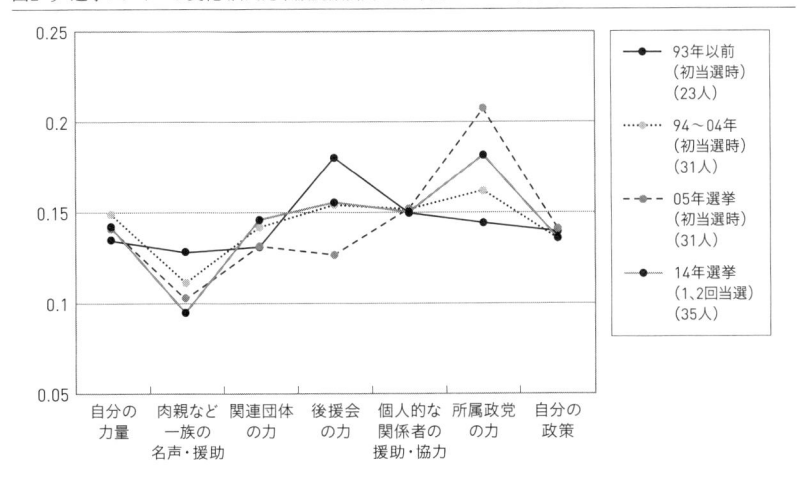

ていないが、2014年選挙時には、後援会は再度、政党に続く2番目の評価を回復しており、図からは2005年選挙における政党本位の選挙スタイルは、むしろ例外的な事例にも見える。

　次に前述したような旧制度の遺産、選挙制度改革後もそこで培われた選挙スタイルが維持されている可能性を検討するために、2014年選挙という同じ選挙について、中選挙区時代に政治家のキャリアをスタートさせた議員と、並立制の下でデビューした議員の選挙スタイルを比較しようと試みた。図2-6は、4つの議員グループについて（93年以前初当選組、94〜04年初当選組、05〜11年初当選組、12〜14年初当選組）、当選原動力の平均値を求めたものである。図から明らかなように、同一の選挙においても議員らはかなり異なる選挙スタイルを採っているようである。05年以降初当選組と、12〜14年初当選組は比較的類似しており、所属政党の力を大きく評価しつつ、後援会にもそれに次ぐ評価を与えているが、93年以前初当選組は、後援会の力を最も高く評価し、政党の力は自分の政策に次いで3番目に評価されるのみである。このような選挙スタイルは、図2-5で示された彼らの初当選時のスタイルとも

図2-6 2014年総選挙における自民党衆議院議員の選挙スタイル（2016年調査）

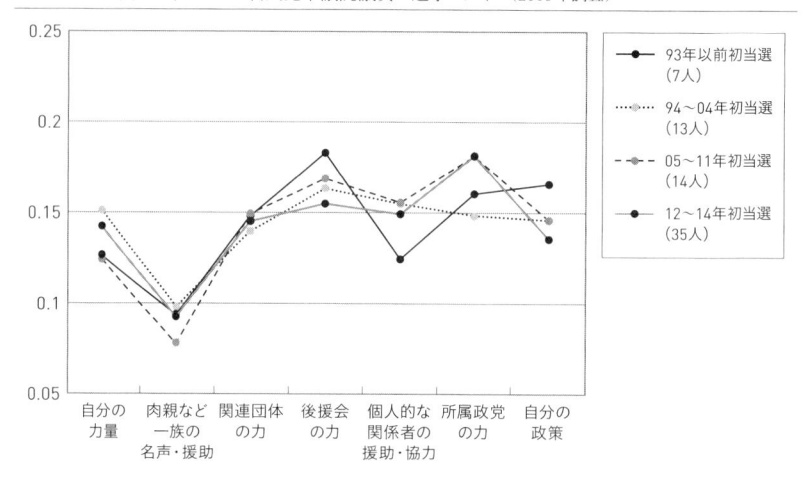

類似しており★14、制度改革にも関わらず、議員はキャリア開始時の選挙スタイルをその後も維持しようとしたのではないかとも思われる。94〜04年初当選組の回答も興味深い。これらの議員グループも93年以前初当選組と同様に政党の力をそれほど高くは評価していないからである。相対的には、後援会の力を最も高く評価しており、比較的個人本位なスタイルが示されている。

　中選挙区時代にキャリアをスタートさせた議員が、小選挙区制の下でも旧来の選挙スタイルを維持することは理解できるとしても、選挙制度改革後にキャリアをスタートさせた議員が、中選挙区制仕様の選挙スタイルをとることはどのように説明できるだろうか。これに対しては、おそらく彼らの競争環境が問題となるだろう。すなわち現職議員が引退する場合を除けば、新人議員とは何らかの形で現職議員を打ち破った議員であるといえよう。またそこでの現職議員は、旧制度で戦ってきた議員なのである。中選挙区制の下で個人本位の選挙を戦ってきた現職議員と対抗するためには、新人候補も類似した選挙スタイルをとらざるを得なかったのではないだろうか。こうした形で

の選挙戦略の継続性については、朴喆熙（パクチョルヒー）が平沢勝栄議員の選挙戦の参与観察を通じて明らかにしてきたところである。すなわち平沢は、並立制の下で勝ち上がったが、現職との選挙で争う過程で個人後援会を中心にした選挙区での活動に力を入れ、個人本位の選挙戦略を追求せざるを得なかったという（朴, 2000; Krauss and Pekkanen, 2004; 野中, 2008）。このように考えれば、議員の選挙スタイルは、議員の世代交代とともに、漸進的に進まざるをえないことがわかる。特に新しい制度が、個人本位の選挙とも整合的な小選挙区制であることは重要で（例えば新制度がクローズドリスト比例代表制であれば急激な政党本位化が生じることになったと思われる）、全体としての選挙戦略の変化には長い時間を要することになったと思われる。

　ただ最後に前述したバイアスの危険性に再度言及しておく必要があるだろう。すなわち09年データ、16年データに含まれる93年以前初当選組の議員は、長く当選を重ねてきた極めて選挙に強い議員だということである。すなわち彼らの初当選時の選挙戦略は、当時の新人議員一般のそれとは異なっていた可能性がある。そもそもそうした個人本位の選挙戦略が選挙における強さ、議員歴の長さの原因となっていた可能性があるし、また何らかの第三の変数の帰結として、選挙戦略と議員歴が見かけの共変を生じさせた可能性もあるだろう。

　自民党議員の当選原動力の検討からは、後援会中心、個人本位の選挙の継続性と同時に、政党本位の選挙への変化が確認できた。また図2-5と図2-6は、こうした変化のプロセスについても一定のイメージを与えてくれる。すなわち選挙スタイルの（平均的）変化は、旧制度の下で登場した旧世代の議員が新制度に適応すべく戦略を少しずつ変化させたこと、新制度下で登場した新世代の議員が、新たな選挙戦略を採用したことという2つの組み合わせとして生じてきたということである。また図からは、後者がより劇的な効果を持っていたこともうかがえる。これは旧世代が、旧制度下での選挙スタイルの導入と維持に一定のコストを払ってきたことを考えるなら当然の結果だと思われる。新世代が新たな制度に適合的な戦略を採用することは、より容易な選択だったのである。このように考えれば、今後も選挙戦スタイルの変化

が、さらに加速しつつ継続していくことが想定される。世代交代と共に、旧制度に適合的な個人本位の選挙スタイルは政党本位化していくものと考えられる。

5 ▶ 政党組織の変化とそのプロセス

　本章では、自民党議員に対する政治意識調査をもとに、自民党の党組織と議員の行動様式の特徴を明らかにしようとした。またそれらがどの程度変化したのか、また変化が確認された場合には、どのタイミングで変化したのかを検証し、政党組織や議員の行動様式を規定する要因について考察を行ってきた。具体的には、自民党内における影響力の所在、議員の当選原動力を尋ねた設問への回答を数次の国会議員調査を用いて比較し、また議員に初当選時を回顧してもらうことによって、変化とそのタイミングを探ろうとした。

　分析結果は次のように整理できる。第一に、選挙制度改革を挟んで、影響力については、首相周辺への集権化が、議員の選挙スタイルについては、政党本位化が確認できた。第二に、変化のタイミングとしては、集権化については、選挙制度改革後の早い段階で生じていたのではないかと思われるのに対して、選挙スタイルについては選挙制度改革後も従来のものが維持されていたようであり、2005年選挙前後に至ってはじめて大きな変化が生じたようである。このような結果は、第1章で示した本書の仮説にほぼ適合するものであったといえよう。まず影響力の変化、選挙スタイルの変化は、いずれも予測した方向で確認された。また影響力の集権化が省庁再編や小泉政権の誕生以前から確認できることは、政党集権化の要因として、選挙制度改革の効果を重視するわれわれの仮説により適合的な結果であると言えるだろう。

　他方で、集権化と選挙スタイルで変化の生じ方に違いがみられ、後者が非常にゆっくりと、段階的な変化を遂げていることは、選挙制度改革についての制度論的な予想とはやや食い違う状況であった。小選挙区比例代表並立制の導入によって、党執行部の影響力が強化され、集権化が進むと考えられたのは、選挙において議員が政党名や党首の看板に強く依存するようになるか

らであって、そこでは選挙スタイルの政党本位化が政党組織の集権化の前提とされていたからである。

　ただこうしたある種のアノマリーについて、ここでは制度変化過程の特徴を示したものという解釈を提起しておきたい。制度論の想定する前述の因果メカニズムは、均衡状態においては成立しているだろうが、制度変化の過程では、政治家の試行錯誤によって、ある種の非効率的な帰結が生じうるのではないかという解釈である。第1章でみたように、小選挙区比例代表並立制の下では、何らかの政策内容を伴う政党ラベルを看板とする政党本位の選挙が効率的であるが、そうした政党本位型の選挙に適した政党組織は、自動的に生じるものではなく、様々な組織改革によって形成されていくものであろう。すなわち議員候補者や活動家の長期的育成やシンクタンク形成などによる政策能力の充実や党首周辺への意思決定の集権化などを通じ、所属議員の集合行為を通じて段階的に形成されるものだと思われる。であれば移行期においては、様々なレベルで政党組織改革、構築が試みられ、しばしば失敗することになるだろう。自民、民主両党におけるシンクタンク構想の失敗も、このような試行錯誤の一例として理解できよう。小選挙区比例代表並立制の下での政党本位の選挙、政治を機能させる上では、政党中枢の政策立案能力強化が必要なわけだが、日本の二大政党はその試みを放棄したのである。議員が個人本位の選挙スタイルを維持していることも、一種の試行錯誤と理解することができるだろう。すなわち自民党議員は、新たな選挙制度に適合するべく党首への集権化という制度デザインを選択し、政党本位化を図ったが、選挙戦において十分に頼りになるほどの政党ラベルを形成するには至っていない。自律性を犠牲にして党首に強いリーダーシップを付与したにもかかわらず、選挙では個人的資源を投入して再選を確保するというように過剰なコストを負担しているのであり、非効率な選択を行っていると言えよう。

　では試行錯誤はいつまで続くのか。議員の選択が非効率なものであれば、早晩それは効率的なものへ変わっていかざるを得ないだろう。議員の世代交代に伴って選挙スタイルの政党本位化が進行するであろうことは、図2-6などからも示唆されるところである。他方で、第1章でも論じたように、また

以下本書の各章でも検証していくように、参議院や地方政治のアリーナにおいては、政党ラベルの看板は、それほど重要視されないのであり、個人本位の特徴は完全には消え去らないだろう。今後も地方議員や首長の経歴を持つ衆議院議員は、政党ラベル同様、あるいはそれ以上に個人的な支持基盤を動員し、選挙戦を争うに違いないのである。

註

★1——村松岐夫京都大学名誉教授を中心とする研究者グループによる3次のエリート調査（国会議員、官僚、圧力団体のリーダーに対する調査のうち第2回調査 (1987)、第3回調査 (2002)。第1回調査 (1978) にも国会議員調査は含まれているが、本章で行う政策分野ごとの影響力に関する質問が含まれていないため、利用できなかった。同調査のより詳しい内容とそれにもとづいた分析については、村松 (1981)、村松 (2010)、久米・村松編 (2006) 等を参照。

★2——久米郁男早稲田大学教授を中心とする研究者グループによる調査。同調査は、2009年総選挙後に行われたが、調査内容は総選挙前の政治状況に関するものであり、同総選挙において落選した元議員を含む調査であった。また2009年調査のより具体的な詳細については、建林・藤村 (2011) を参照。

★3——筆者を中心とする研究者グループと読売新聞社による共同調査（2016年10月～12月実施）。同調査は、二大政党制化、政権交代の時代における議員行動や政党組織に関する調査を目的とし、郵送、および記者による直接回収を通じて実施された。調査対象は、自民党、民進党の全衆議院議員と全参議院議員であり、自民党については、衆議院議員292名、参議院議員123名に質問票を送付し、それぞれ87名 (29.8%)、17名 (13.8%)、ID不明の計106名 (25.5%) から回答を得た。また民進党については衆議院議員96名、参議院議員50名に送付し、それぞれ39名 (40.6%)、15名 (30.0%) から回答を得た。記述統計等の調査結果の概要については、『京都大学・読売新聞共同議員調査 (2016年10月～12月実施) 調査結果報告書』（未公刊）に詳しい。

★4——ただし、ここでの政策分野、選択肢として設定されたアクターには、調査ごとの違いが存在することを指摘しておく必要がある。すなわち02年、09年、16年の調査については、それぞれ「○○政策」について、影響力を持つアクターを尋ねているのに対し、1987年調査では、「防衛費1％枠」「規制緩和」「健保制度」「米価」「SDI参加」「選挙法改正」という6つの具体的政策争点についての影響力を問うものとなっている。したがってここでの比較に際しては、87年調査における個別の政策争点を、各政策分野に筆者の判断で割り振っている。具体的には「防衛費1％枠」と「SDI参加」は「外交安保政策」にかかわると考え、2つの争点の平均値を「外交安保政策」の値とした。また「規制緩和」は「経済政策」、「健保制度」は「福祉政策」、「米価」は「農業政策」に

それぞれ対応させた。また選択肢の諸アクターについては、87年調査では、本文中に示した政府与党内アクター以外にも「審議会」「財界」「労働組合」といった政府与党外の諸アクターが設定されており、また本文中に示した政府与党内アクターについては、「連立与党間協議」は87年調査では設定されておらず、「大臣」も09年、16年調査でのみ設定されている。これら当該調査において存在しない選択肢については、そもそもほとんど選択されていなかったために次回調査で選択肢から除かれたわけだが、集計に際してはいずれも母数から取り除き、残った選択肢を全体として100%とする形で補正している（特に87年データの処理に関しては、建林［2006］を参照）。アクターの呼称についても、2009年、2016年調査では「与党第一党」「政策審議機関」という一般的な用語を用いているのに対し、1987年、2002年調査においては、「自民党」「政調部会」という固有名詞を用いているというずれがあるが、これについてはほとんどまぎれなく、同一のものと認識されているものと考えている。

★5──09年調査は、09年総選挙後、すなわち民主党政権の下で行われたが、設問は「麻生政権下」での状況を尋ねる形で設定されている。

★6──09年、16年調査については、第3位までを尋ねているが、87年調査、02年調査はいずれも第2位までしか問うていないために、年度ごとの比較については、第2位までを集計したもので分析している。

★7──ただし厳密には、議員が第1位のみを記述し、以下の選択を行わないケースがある程度存在し、そうしたサンプルも集計に参入しているため、満点も66.6%からややずれる場合がある。

★8──官僚制の影響力に対する評価については、与党議員がこれをあまり高く評価しないことは、他の選択肢が「野党」を除いて、いずれも与党政治家の関わるものとして設定されていることを考えれば納得しうる結果といえよう。すなわち与党議員は、政党主導によって実現された業績を誇示するものと思われる。しかしながら逆に野党議員が官僚制の影響力を高く評価することは必ずしも必然的な回答とはいえないだろう。野党にとって現政権の政策パフォーマンスは悪いものであるはずであり、誇示すべき業績というよりは問われるべき責任が存在するはずだからである。このような回答には、民進党議員の自民党政権は官僚主導であるとの認識と、それを政党主導へ変化させるという選挙戦略、すなわち2009年に民主党が政権を獲得した際に採られ、その後の政権運営をもある程度規定したと思われる民進党議員の考え方が反映されているのではないか。

★9──定常的な調査（たとえば毎年）が行われれば、そうした問題は生じないだろう。ただ東大・朝日調査のように、政策的な立場を問う調査は、選挙ごとに定常的に行われているが、議員行動や政党組織に関する調査は、現状では数年の間隔を空け、散発的に行われている。海外においてもこの種の調査は定常的には行われていないようである。

★10──なお初当選年ごとのサンプル議員数は、1972年2人、76年4人、80年1人、83年4人、86年7人、90年6人、93年5人、96年14人、00年8人、02年1人、03年14人、04年2人、05年35人の合計103人である。

★11──小泉政権以前のサンプルについて別集計した時系列比較の分析については建林・藤村（2011）を参照。

★12──除外サンプルのほとんどは、7項目すべてについて5点をマークしている議員で

ある。同点の回答を一概に無効と言い切ることは難しいが、各選択肢は質問者が任意に設定していることからも、一律に満点をつけた回答を含め、同点の回答は、議員の十分な吟味を経ていないと判断してサンプルから取り除くこととした。ただここで示した集計結果に限れば、これらのサンプルを含めて分析した別稿の結果ともそれほど大きな違いはないように思われる（建林・藤村, 2011）。

★13——2005年初当選組の集計結果は、正確には初当選時を回顧してもらう設問ではなく、2009年調査において、全議員を対象に尋ねた「2005年選挙における当選の原動力」に対する回答を集計したものである。なお93年以前初当選組、94～04年初当選組の回顧データの集計に際しては、初当選時に無所属等、自民党公認候補でなかった議員については除外している。

★14——なお図2-5の分析は2009年調査データを用いたものであり、図2-6は2016年調査に基づいている。すなわちここで93年以前初当選組としてグループ化されている議員は、必ずしも同じ議員というわけではない。

第 3 章

政権交代と
国会議員の政策選択
──自民党の政権復帰とその帰結

　1994年の選挙制度改革は、選挙による政権交代という画期的な帰結を日本の政党政治にもたらした。衆議院で採用された新たな選挙制度は、小選挙区制と比例代表制を並立したものであり、第1章で検討したように、短期的に政党システムを変化させるものではなかったが、議院内閣制と組み合わされた小選挙区制がもたらす政権選択の誘因が継続して働いた結果、ある程度の二大政党制化が実現し、全国的な得票トレンドの変化による政権交代という帰結がもたらされたのである。

　また2009年と2012年の総選挙は与党の負け方の激しさという点においても際立った特徴を有していた。2009年の自民党は、解散時の300から112まで議席を減らし、2012年選挙時の民主党は、231から57へと大量に議席を失ったのである。日本の政治改革において目標とされたのは、イギリス型の二大政党制であったと思われるが、日本における二大政党間の政権交代は、2つの主要政党が、それぞれ安定的な地盤を持つために、仮に選挙で敗れて野党となる場合にも一定の議席を確保しつつ与党と拮抗するというイギリスのような形ではなく、全国的な得票トレンドと、小選挙区制の過剰代表メカニズムによって、一方の政党がしばしば地滑り的に勝利する「激変型」のそれ、すなわちカナダのような形で実現したのである（Johnston, 2013; Carty et al., 2000）。

1 ▸ 激変型の政権交代と自民党

　図3-1は、日本の総選挙における再選率[1]の歴史的変遷を示したものだ
が、選挙制度改革後も2005年の選挙までは、ほぼ中選挙区時代と同水準の
再選率が維持されてきたこと、2009年、2012年の総選挙がそれまでと大き
く異なっていることが読み取れる。またマットランドらが示した各国の再選
率と比べれば、これら2回の総選挙の再選率が、小選挙区制の国でありなが
ら突出して再選率が低いために彼らが外れ値として扱ったカナダの例に近い
値となっていることがわかる（Matland and Studlar, 2004）。比例代表区の重複立
候補による復活当選制度が存在するにもかかわらず、再選率が極めて低い水
準に留まったことは、2回の総選挙における全国的な得票トレンド効果が非
常に強いものであったことを物語っているといえよう[2]。

　選挙制度改革の帰結としての2回の政権交代は、自民党の議員行動や政党
組織にいかなる影響を及ぼしたのか。自民党はかつてのままの姿で政権に返
り咲いたのだろうか。あるいはそこに何らかの変化が生じていたのだろう
か。

　まず激変型の政権交代は、自民党の政策指向に変化をもたらした可能性が
ある。2009年選挙で大幅に議席を失った野党自民党は、逆風選挙の中でも
生き残ることができた選挙に強い議員のみから構成されることになった。彼
らは従来の自民党支持者の中でも、より中核的で強固な支持層によって支え
られた議員だったのであり、野党自民党の政策指向は、コアな支持者のそれ
を反映し、与党民主党の政策指向とは明瞭に異なる、より極端なものへと純
化したのではないか。

　もしこうした仮説が正しければ、純化した野党自民党の政策指向は、政権
復帰後の自民党を方向づけることになったはずである。激変型の政権交代
は、自民党の議員構成にも大きな変化をもたらしたからである。大敗と大勝
を経て政権を奪還した自民党は、安定政権を維持していたそれ以前の自民党
が、当選回数に基づく緩やかな階層を維持していたのとは対照的に、大量の
新人議員から構成されることになったが、彼らが当選直後に、新政権の中で

図3-1　総選挙における再選率の変遷

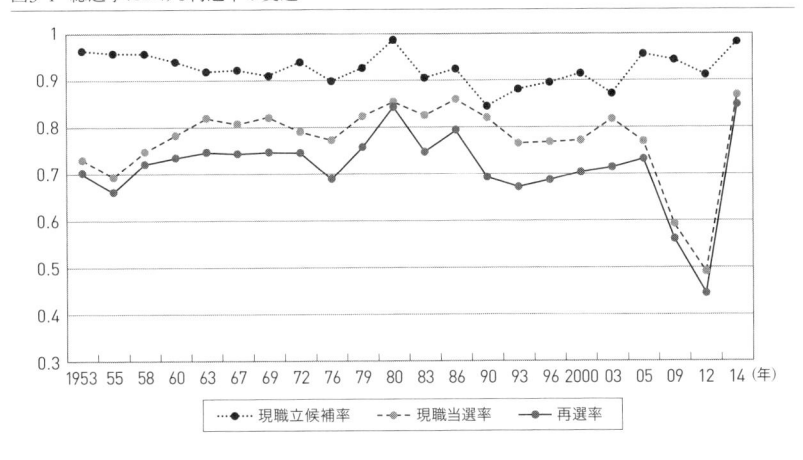

影響力を行使したとは考えにくい。政権復帰後の与党を実質的に仕切り、方向づけることになったのは、野党時代を生き抜いたベテラン議員であったと考えられる。復帰した自民党政権は、民主党政権とは明瞭に異なる政策指向を持つことになったのではないか。

　では野党時代を生き抜いた議員の政策指向はいかなるものだったのか。対抗する民主党のそれと、明瞭に異なるという前述の想定は適切なものであろうか。本章では、このような問題について、2012年選挙の候補者調査データの分析を通じて明らかにしようとする[★3]。

　このような分析は、再選率（議員交代率）の高さ（低さ）の帰結に関わる研究と位置づけることができよう。再選率は、民主主義の代表性に関連して規範的な観点から論じられてはきたが、その要因についても、帰結についてもこれまで十分に研究されてこなかったという（Matland and Studlar, 2004; Heinsohn and Fritag, 2012）。しかしながら再選率は、本書のように、政党システムや政党組織とその政策的帰結の関係などを考察する上では非常に重要な実証的課題だと思われる。新しい政権与党がどのような政権運営を行っていくのかに再選率は強い影響を及ぼすと考えられるからである。たとえば同じ二大政党

制であっても、穏やかな議席変動によって与野党が拮抗する形での政権交代が生じる場合には、新政権は野党としての議会経験を積んだ議員を中心に構成されることになる。対峙する野党は、与党としての経験を持ち、また一定の議席を確保しているために、政策内容や選挙戦術等についても現状維持を指向しがちであろう。他方で激しい議席変動を伴う場合には、新政権は多数の新人議員を含んで構成され、野党はその政策、戦術について現状変更を指向しがちになるだろう。二大政党制と政策的帰結の関係をこのように選挙と政権交代という動態的なものと捉えるならば、議席変動の大きさとそこから導かれる与野党対立のパターンが、大きな媒介的な効果を導くであろうことは想像に難くない。

2 ▸ 政党システムと政策対立

　二大政党制化の下、2度の激変型の選挙を経て、政権に復帰した自民党は、対抗する民主党とは明瞭に異なる、より極端な政策指向を持って政権へ復帰したというという本章の仮説は、先行研究の中ではどのように位置づけられるだろうか。本節では、選挙制度や政党システムと政党、議員間の政策対立との関係に関わる先行研究を紹介し、こうした本章の仮説の射程を明らかにしよう。

　二大政党制化の政策的効果については、これまでダウンズの政策穏健化仮説が広く受け入れられてきた（ダウンズ, 1980）。勝者総取り、政権獲得競争の中で、二大政党がそれぞれに多数の有権者からの支持を求めて政策ポジションを中央に移動させ、結果的に政策指向を収斂させるというのである。この仮説は、仮説そのもののシンプルさという魅力に加えて、民意が政策的帰結に反映されるメカニズムを示すという意味で二大政党制の正当化根拠を示すものであったために広く受容され、様々な形での検証に付されてきたが、従来、それが成立するためには様々な非現実的な仮定を必要とすること、また各国の政党政治の現実に対して十分な説明力を持たないことが批判されてきた（Grofman, 2004）。

政党や議員の政策的位置取りを実証的に捉えようとした先行研究の多くは、むしろダウンズの穏健化仮説を批判的に捉えつつ、政策差別化、分極化という現象を見出し、その要因を明らかにしてきたといえよう。たとえばアメリカ議会研究においては、政党を直接の対象とするのではなく、個々の議員を分析対象とした上で、選挙区において議員らが相互に一定の政策距離をとること、ダウンズの示唆した収斂は生じていないことが見出され、その上で各議員の政策位置、選挙区のライバル候補との政策距離などを、予備選の競争性や、議員経験、選挙区有権者の選好などから説明する研究が見られた (Ansolabehere et al., 2001; Burden, 2004; Stone and Simas, 2010; Ensley, 2012)。

　ただアメリカ議会研究におけるこうした蓄積は、日本をはじめとする議院内閣制の国々に応用する上では問題を抱えていたと思われる。それらは大統領制の下での弱い政党組織というアメリカの文脈を前提としており、個々の議員を分析単位とした緻密な分析が展開されたが、議員の集合体としての政党に対する考察は十分ではなかった。また単発の選挙を別々に分析する傾向を持ち、政党の政策位置や、与党 (多数派) 野党 (少数派) の違い、その交代がどのような効果を持つのかといった問題については十分に論じられてこなかったように思われる。

　これに対してヨーロッパ政党研究における蓄積は、議院内閣制を強く意識したものであり、政党を単位とした繰り返しの選挙、政権交代という要素を取り込みつつ、政党の政策的位置取りを論じてきた。各政党のマニフェストデータ (CMP) を用いた分析を通じて、選挙での負け方の大きさが一定の時間経過による減衰効果を伴いつつ、政策変化の程度 (方向は問題としない) を規定するという見解や (Somer-Topcu, 2009)、1、2回の敗北は、政党を自らのより中核的な支持者の動員に向かわせ、政策を分極化させるが、さらなる継続的な敗北は政党をドラスティックな政策変更、すなわち中位投票者を指向する政策穏健化へ向かわせるといった仮説が検証されてきた (Baekgaard and Jensen, 2011)。

　こうしたヨーロッパ政党政治研究の蓄積は、日本のケースを考える上で貴重なものだが、他方でメイヤーが適切に指摘したように、強い規律と一

体性を持った政党組織を分析の前提としている点に問題があったと言えよう（Meyer, 2013）。すなわち政党の規模や与野党の違いにかかわらず、政党は選挙に向けて公約を一体的、戦略的に作り出す主体と見なされ、もっぱらマニフェストのみが分析対象とされたのである。近年、議院内閣制の国々においてもこのような理念型的組織政党が衰退、退場し、現代型の政党へ姿を変えつつあることは様々に指摘されているところであり、こうした強い前提は分析の射程を狭めているように思われる（Van Biezen, et al., 2012; Katz, 2014; Scarrow, 2015; 待鳥, 2015）。議員が高い自律性を持つような政党組織や、そうした政党を生み出す政治制度を備えた国々については十分な説明力を持たないからである（Kitschelt, 2000）。その意味で政党内部組織モデルを分析に取り込み、その媒介効果を考慮することで説明の適用範囲を拡げようとするメイヤーの研究は非常に興味深い。ただ西欧10か国の政党を対象に、政党組織変数（政党サイズ、大衆組織強度、集権・分権度、公的助成率）などを独立変数とした彼自身の分析は、現状では彼自身の問題提起に十分に応えたものとはなっていないと言えよう。比較可能なデータが限定されているという点で致し方ないとはいえ、やはりマニフェスト（CMP）の変化を従属変数とした分析に終始しているからである。メイヤーの分析においては、組織力の強い政党はマニフェストを変化させうるのに対し、組織力の弱い政党は、現状を維持するとされる。しかしそもそも規律や一体性の弱い政党におけるマニフェストを強い組織を備えた政党のそれと同様に扱うことができるのだろうか。メイヤーが提起したのは、マニフェストのみに依拠する分析の限界という問題であったと思われるのである[*4]。

3 ▸ 自民党議員の政策選好

本書はこのような問題意識から、個々の議員の政策指向を分析対象とするアメリカ議会研究の方法をもとに、政党システムの中で、政党の政策位置選択を明らかにしようとするヨーロッパ政党政治の提起してきた課題に取り組もうとする。すなわち政党を一体として扱うのではなく、個々の議員を分析

対象とする一方で、そうした議員を政党組織内の意思決定メカニズムの中に位置づけ、政党の政策選択に対する効果を探ろうとする。

　具体的に以下では、2009年総選挙で大敗を喫し、野党に転じた後、2012年総選挙の大勝で政権復帰した自民党を採りあげ、2012年選挙後において、新人候補と現職候補、若手議員とシニア議員の政策選好に違いがあるかどうかを分析する。総選挙による大敗とその後の本格的な野党経験は、自民党の若手とシニアの間に政策選好の違いを生み出した可能性がある。

　自民党の政策指向を議員レベルの集積として捉え、またシニア議員の影響力をより強いと考える上では、自民党組織に対する2つの捉え方がその前提にある。第一は、自民党の政策決定過程における分権的な意思決定システムの残存である。衆議院の選挙制度改革によって自民党が集権化されたことは、すでに第2章の分析でも示したところである。しかしながら選挙制度改革後も自民党は集権的意思決定を支える組織構造を体系的に整備してきたわけではなかった。党中枢に政策アイデアを供給するようなスタッフの強化やシンクタンクの整備はなされず[5]、政務調査会を中心とした意思決定システムも維持してきたのである。したがってそこでは党首周辺が具体的な政策案を持つ争点については強い規律が働くが、特段のアイデアを持たない争点や、個々の議員が選挙対策等の関心から具体的な強い政策指向を有する争点においては、それが党全体の政策内容にも反映されたと考えられる。第二はシニオリティ・ルールの継続である。これも派閥などと同様に、中選挙区制の下で分権的政党組織の人事制度として定着してきたものと思われるが、選挙制度改革による集権化に伴い一定の抜擢人事も行われるようになったものの、派閥政治が弱体化したほどにはシニオリティ・ルールは崩れてはおらず、当選回数にもとづく平等主義が維持されているようである。2012年選挙後の政権においても大量の新人議員が直ちにポストを得、政策的な影響力を持ったとは考えにくいのである（中北, 2017）。

4 ▸ 先行研究における若手議員とシニア議員の違い

　政策にかかわる若手議員とシニア議員の違いは、既存の自民党研究におい
ても分析されてきた。まず中選挙区制時代の自民党については、多くの先行
研究において、若手議員が選挙で得票や政治資金に結びつきやすそうな政策
分野に関心を持ち、競争力の弱い国内産業を保護しようとする傾向が強いの
に対し、選挙で比較的余裕があり、主要閣僚や総理大臣への野心を持つシ
ニアの議員は、個々の三角同盟の利益を離れ、複数の政策領域間のバラン
ス、あるいはより広く財政全般、規制緩和、市場開放、外交安全保障等のよ
り公共財的な政策分野に関心を持ち、ジェネラリストとして振る舞うという
違いが指摘されてきた。このような若手とシニアの関心政策領域の違いは、
主に貿易摩擦や税制改革などの事例研究において観察され（北山, 1985; 加
藤, 1997）、部会所属パターンなど、議員活動のデータ分析によってもある程
度確認することができた（建林, 2004）。

　他方で、選挙制度改革以降の自民党については、分析結果は分かれてお
り、確定的な結果は得られていないと言えよう。たとえば谷口は、東大・朝
日議員調査のデータ（2003年）をもとに、政策に関する態度について主成分
分析を行い、その得点を従属変数とした回帰分析を行っている。そこではす
べての衆議院議員を対象として、所属政党ダミー、所属派閥ダミーをはじめ
とする様々な他の独立変数をコントロールした上での当選回数の効果が分析
されているために、自民党議員のみを比べた場合に結果が異なる可能性は残
されているが、当選回数の有意な効果は認められていない（谷口, 2006）。一
方、大川は、同じ東大・朝日議員調査データ（2005年）をもとに、自民党に限
定した分析を行い、新人候補（小泉チルドレン）と前・元職の政策指向を比較
した上で、北朝鮮対策、公共事業、外国人参政権の争点態度について、平均
値の有意差が見られたとする。ただこの差は2008年のデータでは消滅した
と言い、3年の間に両者の同化が進んだのではないかという解釈を示してい
る（大川, 2011）。また個別の質問項目に限定するのではなく、すべての衆議
院議員を対象に、より多くの質問項目を含めて導いた主成分得点を用いて分

析した場合には、2005年のデータについても自民党内の若手とシニアの有意差は確認できなかったようである（大川, 2009）。

　これに対して品田は1987年と2002年の国会議員サーベイにおける接触データ（議員が誰とどのような頻度で面会するか）を用いて主成分分析を行い、自民党の若手議員とシニア議員の行動パターンに違いがあること、またそれが選挙制度改革を挟んで変化したことを見出した（品田, 2006）。すなわち議員の対人接触は、個人・選挙区中心なのか、政党・政策中心なのかというパターンに分けられるが、87年については、若手議員は個人・選挙区中心の傾向、シニア議員は政党・政策中心の傾向があったのに対し、02年については、若手議員が政党・政策中心、シニア議員が個人・選挙区中心の傾向へと逆転したという。87年の分析結果については、前述した他の研究における若手＝選挙目当て、シニア＝ジェネラリストとの観察に符合する。また02年については選挙制度改革によって選挙戦の性格が政党・政策本位のものへと変化したために、選挙に弱い若手議員の得票目当ての行動も変化したのではないかという品田の解釈は興味深いものである。ただこの分析は接触対象というデータの性質上、政策選好というよりは選挙スタイルに近いものということができよう。選挙スタイルにおける若手とシニアの間の違いは、本書第2章の分析結果とも一致する。個人本位の選挙戦の政党本位化という選挙制度改革の効果が、議員の世代交代を通じて現れたものと理解できる。

　このように先行研究においては、自民党内における若手とシニアの違いについては、政党全体の政策指向を方向づけ、政党間対立と同次元で論じうる政策亀裂や対立軸としては、確認されてこなかったように思われる。中選挙区制時代について、若手とシニアの間に見いだされた政策関心の違いは、シニオリティ・ルールと併せ、組織内の相対的な役割分担ともいうべきものであったと思われる。そもそも自民党内のシニオリティは、自民党が一党優位、あるいは半永久的な政権党であった間は、あくまでも自民党内のキャリアシステムの一部として意味を持つものであったのであり、そこに向けられた研究上の関心も限定的なものであったということができるかもしれない。

5▸ 2012年衆議院選挙候補者調査と政策対立軸

　では自民党が大勝した2012年選挙において、新人・若手議員とシニア議員の間にはいかなる違いが存在したのか。

　これを探るために、2012年総選挙前の全立候補者に対する早稲田・読売共同調査を用い、各議員の政策位置を推定する。対象とするサンプルについては、全ての立候補者を対象とした場合には、多くの候補者を擁立する共産党が強く全体の対立軸を規定することになり、議会政治、政党政治の実態を反映しないものとなる可能性がある[6]。したがってここでは結果的に選挙で勝ち、新たに議員となった候補者と、立候補したが選挙に敗れた現職議員候補者を加えたサンプルを用いて主成分の抽出を行っている。表3-1は、候補者調査において、政策的立場を問う18の設問をすべて5点尺度に換算したうえで、これをもとに主成分分析を行った結果である。固有値1以上の5つの主成分が得られている。

　第1主成分は、対米重視、憲法改正、防衛費の増額などが大きな値を示しており、外交・体制の軸と見ることが出来よう。第2主成分は、公共事業費の増額（＋）とTPP賛成（−）が大きな値を取って対立的な位置にあり、国内開発（＋）対経済開放（−）の軸と見ることができよう。第3主成分は、値の大きい項目がなく、解釈が難しいが、二大政党制、マニフェスト型の政党政治への支持（＋）と捉えることができるだろうか。最後に第4主成分は、多党制への支持とODA支出増額が大きな値を示しており、国際協調、少数意見尊重への支持（＋）と捉えることとする（第5主成分については省略した。）。

　図3-2は第1主成分と第2主成分、図3-3は第3主成分と第4主成分をもとに、各議員をプロットしたものである。本章の関心である、自民党内部の議員間関係についてみれば、第1主成分、第2主成分については比較的凝集性が高く、他党との対立関係を形成しているように見えるのに対し、第3主成分、第4主成分については、政党間の対立関係は明確ではなく、むしろ各政党内部のバラつきが大きいように見える。

表3-1 政策態度の主成分分析(2012年早稲田・読売候補者調査)

	(−)(+)	1	2	3	4	5
q1 マニフェストを守る	賛一反	-0.14	0.12	-0.45	-0.38	0.32
q2a 歳出(公共事業)	減一増	0.29	0.71	-0.09	0.08	0.02
q2b 歳出(生活保護)	減一増	-0.57	0.09	0.22	0.04	0.01
q2c 歳出(高齢者医療費)	減一増	-0.24	0.38	0.31	-0.02	0.22
q2d 歳出(防衛費)	減一増	0.71	0.01	-0.13	0.13	0.28
q2e 歳出(ODA)	減一増	0.08	-0.07	-0.02	0.66	0.65
q2f 歳出(公務員人件費)	減一増	-0.40	0.25	0.35	0.02	0.18
q3 原発再稼働	反一賛	0.67	0.26	0.46	0.05	-0.15
q4 当面の電力供給(原発依存)	脱一続	0.66	0.38	0.41	0.02	-0.21
q5 中長期の電力供給(原発依存)	脱一続	0.59	0.47	0.17	0.14	0.02
q6 TPP参加の是非	反一賛	0.22	-0.79	0.40	0.10	0.06
q7 TPPの効果	有一無	-0.25	0.79	-0.34	-0.05	0.05
q8 憲法改正	反一賛	0.64	-0.02	-0.14	-0.12	-0.10
q9 集団的自衛権	不一可	0.75	-0.01	-0.30	-0.04	0.04
q10 外交(対米重視)	米一亜	-0.62	0.15	-0.05	0.14	-0.15
q11 政府の規模	小一大	-0.51	0.22	0.34	0.20	-0.11
q12 政党システム	二一多	-0.23	0.13	-0.28	0.55	-0.31
q13 政界再編の是非	賛一反	0.16	-0.17	-0.46	0.42	-0.33
寄与率(%)		23.259	14.096	9.467	6.621	5.572

図3-2　第1主成分と第2主成分による政党所属議員のプロット（2012年早稲田・読売候補者調査）

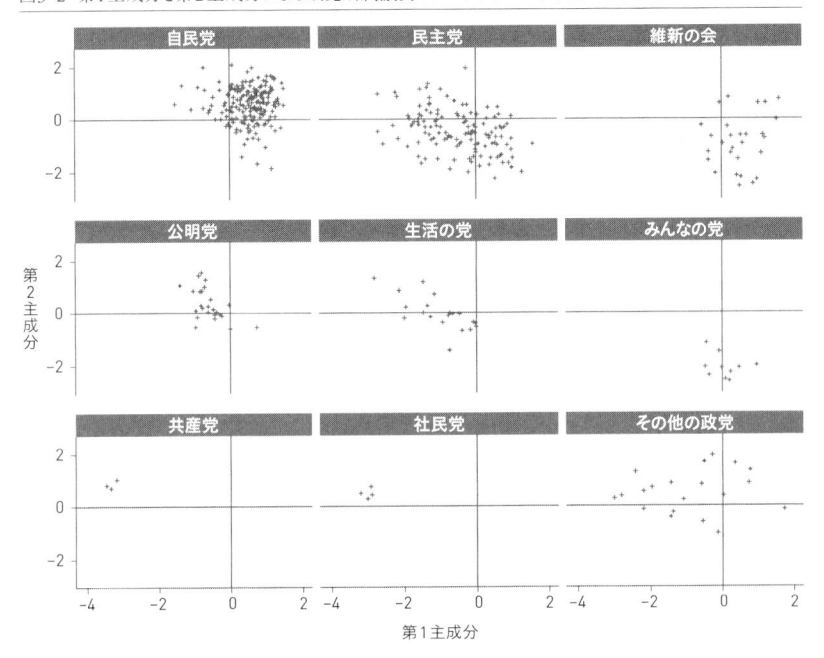

図3-3　第3主成分と第4主成分による政党所属議員のプロット（2012年早稲田・読売候補者調査）

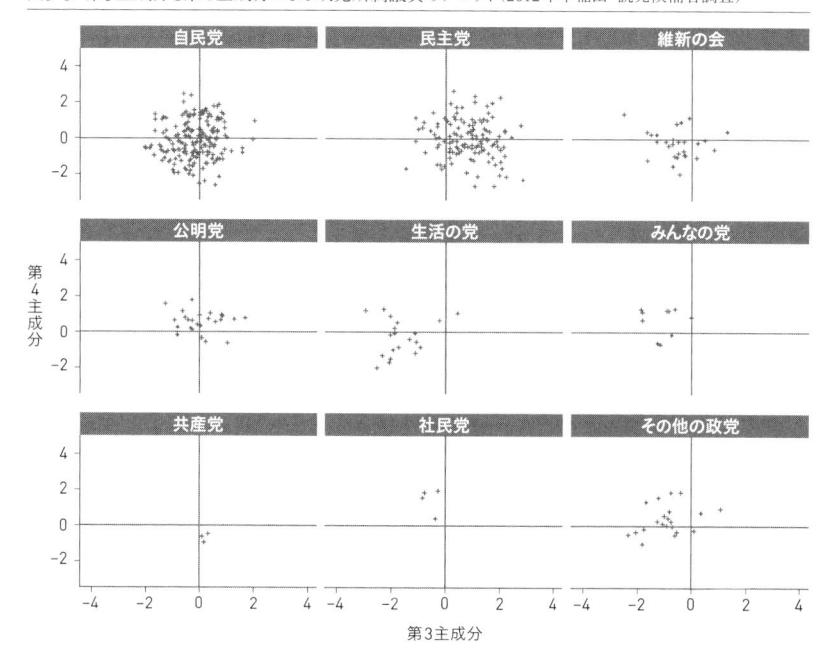

6 ▸ 自民党議員の政策的位置取りとそれを規定する要因

　では自民党議員の政策指向にどのような違いが存在するのか。図3-4は、それぞれの成分得点をもとに、自民党議員（当選者のみ）を当選回数グループごとにプロットしたものである。少なくとも第1、第2主成分については、シニアの議員が、より原点から遠い場所に位置づけているように見える[7]。

　この関係を確認するために、それぞれの主成分得点を従属変数とする回帰分析を行った。なおここでの主たる関心は自民党内部組織にあるので、分析対象は、当選した自民党議員のみである。また2012年選挙後の自民党におけるシニオリティのあり方、当選経験と党内影響力との関係が十分に明らかではないために、ここでは類似した3つの独立変数を作成し、それぞれの効果を検討することにした。まず図3-4の分類で用いた「シニオリティ」変数は、途中での落選経験を考慮せず（それは当然暗黙に党内評価の対象とされるだろうが）、当選回数を単純に積算した当選歴を順序変数化（当選1回は0、2〜3回は1、4〜6回は2、7回以上は3）したものである。自民党で従来年功序列型人事の基礎となっていたのはこの当選歴であったと思われる。また「現職」ダミー（現職を1、新人・元職を0）は2009年の大敗を潜り抜けた議員を、「新人」ダミー（新人を1、現職・元職を0）は、2012年の追い風を受けて当選した議員をそれぞれ意味している。前述のように2回の選挙の特殊性を考えるならば、「現職」かどうか、「新人」かどうかが選挙後の自民党内の影響力分布に独特の効果をもつ可能性も考えられるため、これらを別々に分析した。

　これに加えてコントロール変数として「年齢」、「性別」、選挙区の「人口密度」[8]、2012年選挙における「得票マージン」[9]を加えた分析も行っている。従属変数として用いた議員調査は、前述のように選挙前のものであり、選挙結果を用いた「得票マージン」とは時間の前後関係が逆転しているが、ここで「得票マージン」は、議員がある程度正確に自己の実力を評価できるという想定のもとに、調査時点における各議員の、強さの自己認識を示す値として用いている。

　それぞれの独立変数の効果としては次のような仮説を検討する。

図3-4　第1主成分と第2主成分による自民党議員のプロット(2012年早稲田・読売候補者調査)

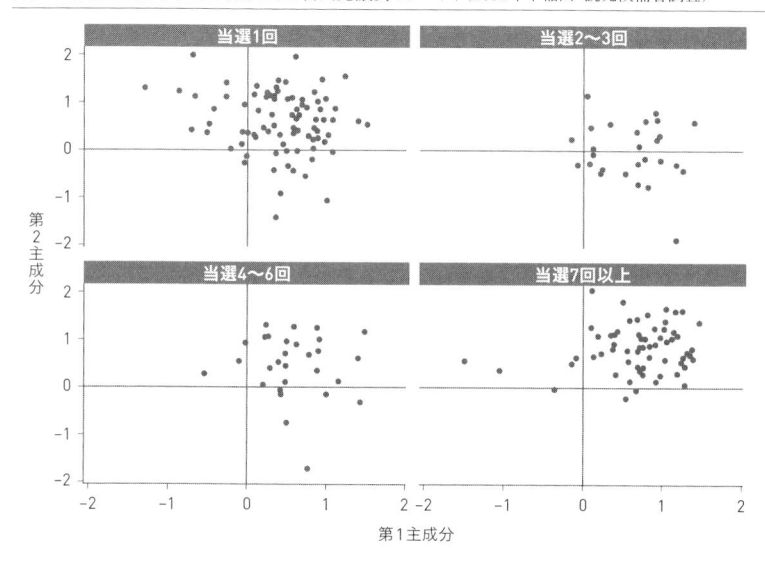

　まず「シニオリティ」については、当選を重ねたシニアは、一般有権者や選挙区からの自律性がより高く、極端な立場をとりやすくなると予想する。シニオリティと政策位置に関してアメリカ議会研究における先行研究の見解は分かれている。すなわち現職など個人属性(valence)上の優位に立つ議員は、自律性を発揮して選挙区有権者の中位の選好から離れるとの主張と(Burden, 2004)、逆に属性上の優位者は、ライバルとの差別化を回避する傾向を持つために穏健化しがちであるという仮説が併存しており(Ansolabehere, et al., 2001)、論者によって扱うデータも異なるために、分析結果も分かれている(Stone and Simas, 2010)。ただ2つの仮説の違いは、実証上の対抗関係にあると同時に、前提とする議員観にもあると思われる。すなわち後者においては、ダウンズ同様、政策はあくまでも選挙に勝つための手段であるのに対し、前者は議員が独自の政策目標を持ち、本人から離反する可能性を持つ代理人であるとの前提に立っている。本書の前提とする議員モデルも第1章で論じたように、

前者に沿うものであり、その点からもシニオリティが遠心化に結びつくとの仮説を採ることになる。

　なお本章の分析では有権者の選好はデータとしては観察されていないが、議員全体の平均値 (0) が有権者の平均的な選好に近いものと想定し、そこから穏健か極端かという方向を特定するものとする。すなわち第4主成分については、自民党議員は0を中心に、他党との対立関係も特に明らではない形で分布しており、特段の予測を導くことはできないが、図3-2からも明らかなように、第1主成分、第2主成分については、自民党議員は正の方向に分布し、負の方向に分布する最大野党の民主党議員と対立関係を形成しており、正の方向をより極端な立場と捉えて正の係数を予測する。第3主成分については、やや弱いが負の方向へ分布しているようであり、負の係数を予測する。

　「新人」ダミーについては、「シニオリティ」の効果が特に初当選時に強く表れるのではないか、また2012年総選挙の特殊性、すなわち大幅な議席変動と政権交代がある程度予想される中で、その追い風に乗って当選した新人候補とそれ以前の選挙で議席を得た候補には、質的な違いがあるのではないか、という仮説を検証するものであり、単に「シニオリティ」を逆転させて、第1主成分、第2主成分については負、第3主成分については正の係数を予測する。

　他方で、「現職」ダミーについては、前述の2つの変数と類似したものだが、2009年選挙以降の野党経験を含意して元職の扱いを変更したものであり、他の2変数とは異なる効果を持つ可能性がある。先行研究においても、野党としての経験 (選挙での敗北) は、政党や議員を純粋化、過激化させる (コアな支持者寄り、より極端な立場への政策変化) 可能性もある一方で、穏健化させる (より中位投票者寄り、与党寄りへの政策変化) 可能性が指摘されている。野党としての経験が議員にどのような政策位置取りをもたらすのかという問題は、政党システムや議会制度に依存した戦略的問題であり、今後より一層検討を加えたモデル化が必要だと思われるが、ここではコアな支持者を目指して極端な方向を指向するものと想定する。与党へのすり寄りという政策変更

は、敗北への反省と大規模な組織改革を伴うはずであり、そのための時間を必要とすると考えられるからである（Baekgaard and Jensen, 2011）。結果的には、「シニオリティ」「新人」ダミーと同様に、第1主成分、第2主成分については正の係数、第3主成分については負の係数を予測する。

　次に「得票マージン」については、選挙での強さが一般有権者や選挙区からの自律性をもたらし、極端な立場を取りやすくなると想定する。すなわち第1主成分、第2主成分については正の係数を、第3主成分については負の係数を予測する。

　「年齢」、「性別」、選挙区の「人口密度」というそれぞれの変数については、演繹的に仮説を導くことはできず、それぞれ議員と選挙区の属性と、そこから想定される各争点（主成分）における選好を帰納的に予想することにならざるを得ないだろう。またその場合にも、「年齢」「性別」については、少なくともここで導かれた各争点（主成分）については、さまざまな方向を取る可能性があり、一義的な予想を導くことは難しい。

　ただ「年齢」については「シニオリティ」、「再選」ダミー、「新人」ダミーと強い相関を持つことが問題となろう。ここで確認しておきたいのは、各議員の政策位置取りに対して再選が及ぼす影響と、自民党内の意思決定において再選が及ぼす効果は別個の問題だということである。すなわち仮に議員の政策ポジションの決定に再選やシニオリティが何らかの影響を及ぼす場合に、その効果が議員の生物的な加齢、世代差という真の独立変数による見かけのものであったとしても（それはそれで重要な発見だが）、政党内部において、シニアの議員、再選議員がよりよいポストを獲得し、より大きな影響力を持つのであれば、再選、シニオリティの持つ（見かけの）効果はやはり重要だということである。こうした観点から以下の回帰分析では、まず「シニオリティ」、「再選」ダミー、「新人」ダミーの単回帰分析を検討したうえで、他の独立変数を加えたモデルを検討している。一方、選挙区の都市度を示す「人口密度」変数については、国内開発－経済開放の軸を示すと思われる第2主成分について、一定の効果を及ぼす可能性があるだろう。すなわち都市選出の議員ほど、経済開放を、地方選出の議員ほど国内開発を指向すると考

えEられE、負の係数が予測されることになる。

7 ▸ 分析結果の検討

表3-2は分析結果を示したものである。第3主成分については、他の従属変数同様に6つのモデルで分析を行ったが、いずれも十分な説明力を持たなかったため、省略している。

第1主成分については、まずモデル1〜3の単回帰分析については、「シニオリティ」「再選」ダミーは正の有意な係数、「新人」ダミーは負の係数を示し、予測どおりの結果となった。「シニオリティ」が最も説明力が高いが、その差はわずかであり、元職の扱いが異なる「再選」ダミーと「新人」ダミーの説明力もほぼ同様である。図3-2にあるように、第1主成分については、自民党は他党に対して右側に位置しており、現職議員、非新人議員ほど、またシニアな議員ほど、外交・体制の争点でよりタカ派的な立場を取っていたことを示している。

その他の変数を含めたモデル4〜6については、「シニオリティ」「現職」ダミーは5％水準で有意であり、頑健な結果であることを示しているが、「新人」ダミーについては有意水準を下回っている。おそらく5％水準で有意となった「得票マージン」をコントロールしたためと考えられよう。また3つのモデルすべてについて「人口密度」が正の有意な係数を示している。事前に予測された結果ではなく、意外な発見ということにもなろうが、都市選出の議員ほど、より極端なタカ派的政策位置を取りがちであることがわかる。「年齢」については、「現職」ダミーをコントロールしたモデル4についてのみ10％水準で有意であり、ここからは第1主成分における「現職」効果、「当選回数」効果が、加齢効果、世代効果による見かけのものではなく、議員経歴によるものであったことがわかる。

次に、第2主成分については、「シニオリティ」と「現職」ダミーは予測どおり、正の有意な係数を示したが、「新人」ダミーは有意とならなかった。第2主成分については図2において、自民党は他党に対して上側に位置して

おり、現職議員ほど、またシニアな議員ほど、国内開発指向の強い極端な政策指向を取っていることがわかる。他方で、他の変数をコントロールしたモデル4、モデル6では、逆に「シニオリティ」と「現職」ダミーは有意な結果とならず、モデル5では「新人」ダミーについて、予測とは逆に、正に有意な係数が示されている。「年齢」はすべてのモデルについて、正の係数を示しており、年長者ほど国内開発指向が強いという傾向を示している一方で、選挙区の「人口密度」に関しては予測どおり、すべてのモデルで負の係数が示されており、地方選出の議員ほど国内開発重視であったといえよう。さらに「得票マージン」については特段の効果は見られなかった。こうした分析結果からは、第2主成分については、前述の第1主成分のケースとは異なって、単回帰分析で見られた「シニオリティ」「現職」の効果は、議員の加齢、世代による見かけのものであったという解釈が導かれよう。この点で興味深いのは、「新人」ダミーの効果であり、「年齢」をコントロールした場合には、新人候補ほど議員全体の中心とは逆方向の極端な政策指向、国内開発重視の政策指向がとられがちであったことが示されている。この結果のついての解釈は難しいが、新人議員の脆弱性は、必ずしも中位投票者を向いた穏健化をもたらすとは限らないという結果を示しているといえるだろうか。議員の脆弱性は、争点によってはコアな支持者を固めようという指向をもたらし、より極端な政策を指向させる場合があるという解釈を示しておきたい。

　第4主成分については、特段の事前の仮説を持つものではなかったが、「シニオリティ」と「現職」ダミーが正の有意な係数を示し、「新人」ダミーが負の有意な係数を示すというように第1主成分と同様の結果が導かれた。現職、非新人、シニア議員が国際協調、少数意見尊重の傾向を持っていたことが示されているものと思われる。こうした結果は、他の変数をコントロールしたモデル4〜6についてもほぼ確認できるところであり、頑健なものということができよう。特に「年齢」については、いずれも有意ではなく、第1主成分同様、議員歴による効果は「年齢」の見かけによるものではなかったと思われる。他方で、「得票マージン」についてはモデル4、モデル6につ

表3-2 自民党議員の主成分得点を従属変数とする回帰分析（2012年早稲田・読売候補者調査）

	第1主成分						第2主成分	
	model 1	model 2	model 3	model 4	model 5	model 6	model 1	model 2
現職ダミー	0.2916 4.03***			0.217 2.51**			0.2628 2.84***	
新人ダミー		-0.2816 -4.01***			-0.1238 -1.36			0.032 0.35
シニオリティ			0.1156 4.39***			0.0785 2.05**		
年齢				0.0057 1.69*	0.0061 1.59	0.0035 0.85		
性別				-0.1355 -1.1	-0.1219 -0.98	-0.1346 -1.08		
人口密度				0.2237 2.88***	0.1852 2.31**	0.1995 2.56**		
得票マージン				0.3539 1.6	0.4923 2.30**	0.3959 1.79*		
constant	0.4848 11.44***	0.6964 15.74***	0.4239 8.47***	0.1092 0.64	0.2019 0.87	0.1887 0.98	0.476 8.78***	0.5535 9.60***
N	207	207	207	203	203	203	207	207
R2乗	0.0734	0.0726	0.0859	0.1629	0.1442	0.1542	0.0378	0.0006
調整済みR2乗	0.0688	0.0681	0.0814	0.1417	0.1224	0.1327	0.0331	-0.0043

* p<0.10, ** p<0.05, *** p<0.01

いては10%水準にとどまるものの、いずれも正に有意な係数が示されており、選挙での強さが国際協調、少数意見尊重という指向性に結びついていることがわかる。選挙区の都市度に関しては特に関連が見られず、この点では第1主成分、第2主成分とは対照的な結果となっている。

8 ▸ 新政権における野党経験の反映

以上の分析結果からは、2012年総選挙の時点において、自民党の若手とシニアの間に政策選好の違いが少なからず存在していたことが示された。前述のように2012年選挙が劇的な議席変動の結果としての政権奪取であるこ

	第2主成分				第4主成分					
	model 3	model 4	model 5	model 6	model 1	model 2	model 3	model 4	model 5	model6
		0.1112			0.6106			0.3828		
		1.09			4.15***			2.06**		
			0.2197			-0.5875			-0.3842	
			2.09**			-4.11***			-1.98**	
	0.0883			0.0352			0.2312			0.1469
	2.59**			0.78			4.30***			1.79*
		0.0106	0.0176	0.0099				0.0106	0.0073	0.0061
		2.67***	3.98***	2.04**				1.46	0.9	0.7
		-0.1356	-0.1153	-0.1339				0.0817	0.0978	0.0812
		-0.93	-0.8	-0.92				0.31	0.37	0.3
		-0.7283	-0.6926	-0.7401				0.0032	-0.0974	-0.0406
		-7.97***	-7.47***	-8.09***				0.02	-0.57	-0.24
		-0.1068	0.1841	-0.0728				0.7866	0.902	0.8403
		-0.41	0.74	-0.28				1.66*	1.98**	1.77*
	0.4434	0.1988	-0.2677	0.2259	-0.2581	0.1841	-0.3703	-0.8721	-0.4076	-0.7094
	6.85***	0.99	-1	1	-2.99***	2.05**	-3.62***	-2.38**	-0.82	-1.72*
	207	203	203	203	207	207	207	203	203	203
	0.0318	0.2974	0.3085	0.2954	0.0774	0.0761	0.0826	0.1081	0.1067	0.1034
	0.027	0.2796	0.291	0.2775	0.0729	0.0716	0.0782	0.0855	0.084	0.0807

とを考えるならば、選挙後において、現職、シニアの政策指向がより大きく与党の政策に反映された可能性は高いだろう。これまで政党の政策選好は、議員の選好の集積と見なされ、議員の政策位置の平均値として導出されることが多かったが、劇的な議席変動と若手とシニアの間の政策選好の差を考え併せるならば、表3-3に示されたような、多数の新人議員を含む全議員の政策選好の平均値を新たな政権与党の実質的な政策位置と見なすことは難しいだろう。それはいわば「選挙における政党」、あるいはせいぜい「議会における政党」の姿であって、「政府における政党」の姿とはずれている可能性がある。少なくとも2012年総選挙後の政権与党たる自民党の政策指向については、第1主成分、第2主成分、第4主成分のそれぞれについて、シニア

議員の政策選好を重み付けし、プラスの方向にやや修正した位置がより実質的なものではないだろうか。いずれにせよ、第4主成分は別にして、外交・体制を示す第1主成分、国内開発か経済開放かを示す第2主成分のいずれもが党派的な対立の争点であり、このような結果はダウンズの穏健化モデルとは異なる政党の政策選択を示唆しているのだろう。少なくとも、日本で生じた二大政党制的な政権交代においては、与党内シニア議員の政策指向の偏りによって、与野党が一定の距離を保ち、政策的に対峙する状況が示されているように思われる。

では議員の政策指向について若手とシニアの違いが生じる要因は何か、そもそも議員の政策指向はいかなる要因によって決まるのか。本章では、さらに議員経歴以外の変数を独立変数に取り込むことで、政策位置決定の要因を明らかにしようとした。この分析については、必ずしも十分に理論的で頑健なものであったとはいえないが、いくつかの興味深い結果を得ることができた。

すなわち他の変数をコントロールした上でも「シニオリティ」、「現職」、「新人」といった議員経歴が各議員の政策的立場を決める重要な要因であること、また一般に経験を積んだ議員の方がより極端な政策を指向しがちであろうという事前の仮説をほぼ裏付ける結果が得られた。しかしこの点に関しては、事前の予測に反して、経済開放をめぐる第2主成分について、「新人」が他の2変数とは逆の効果を示したことも再確認しておく必要があるだろう。「年齢」、選挙区の「人口密度」、「得票マージン」をコントロールした場合には、新人議員の方が国内開発指向の、より極端な政策を取りがちだったのである。3つの議員経歴変数の中で「現職」ダミーについては、野党経験を取り込んだ変数であるために、逆方向の効果を持つ可能性も事前に想定されたが、「新人」ダミーに関しては予想外であり、経済問題という課題の特殊性なのか[10]、新人というキャリアにかかわる問題なのか[11]、いずれにせよ現段階では十分な解釈を行いうる材料を持っていないといわざるを得ない。

他方で、「年齢」、選挙区の「人口密度」、「得票マージン」の効果を確認す

ることもできた。これらの変数の中では、「得票マージン」については、選挙でより強い候補ほど極端な政策を取りがちであるということがある程度裏付けられたといえよう。また議員が選挙区特性に応じた政策態度を取る傾向も確認できた。「年齢」については、議員歴をコントロールした場合には、経済問題についてのみ効果を持つものであった。総じてこれらの変数の効果は、争点の性格によって異なるものであり、それ以上に一般的なメカニズムを導きうるものではなかったと思われる。

　本章では、新人とシニア議員の間の政策指向の違いが、野党経験や前回選挙での大敗（そこでの生き残り）によって生じたのではないかと考え、議員歴をもとに分析を加えてきたが、その因果メカニズムを明確化して検証することまではできなかった。この問題に関しては、技術的には難しい課題だが、アメリカ議会研究で行われているように、選挙区有権者の選好をコントロールした分析を行う必要があるかも知れない[12]。議員経歴の長短は、選挙区の有権者の選好を反映したものかもしれないからである（Burden, 2004）。あるいはデータが利用可能であれば議員の政策指向について、変化の有無を分析する必要もあるだろう[13]。シニアのより極端な立場は、選挙による淘汰の結果なのか、野党経験の中での態度変化なのかは時系列の変化を調べることで確認できるかもしれない。いずれにせよこうした分析をさらに付加することで、政党システム変化の政策的帰結について、より的確な理解を重ねていくことができるだろう。

<hr />

註

★1——ここで再選率とは、現職議員のうち再度立候補したものの比率と、当該議員が当選する比率を掛け合わせた、いわば現職残留率を意味している。なお英語文献等では1から再選率を引いた、議席交代率（turnover）という表現を用いることが多いようである。数量的には異なることに注意する必要があるが、本書では互換性のある概念として用いている。

★2——マットランドとスタッドラーは、議席交代率の実証的な比較研究から、比例代表制の国々の方が議席交代率は高いと結論づける。小選挙区制は個人投票優位の選挙制度であり、現職議員の公認を維持することが政党の利益となるが、比例代表制におい

ては、政党が議員を様々な理由で交代させるというのである。しかしながら小選挙区制は、相対的な第1党を過剰代表する制度であり、政党に対する評価の全国的なトレンドが変化した場合には、それが小さい場合にも劇的に議席を変動させる可能性を持つ。ヴォラティリティの大きい政党システムをもたらす可能性があるのである。マットランドらは議席交代率の極端に大きい、カナダを外れ値として分析から除外することで、そうした結論を導いているが、近年の日本を含め、激変型小選挙区制の事例を十分に説明できないのであり、制度論としては不十分な分析であったといえよう。

★3——本章で使用した議員データは、早稲田大学と読売新聞社の共同で2012年総選挙の直前に立候補予定者に対して行われたものである。

★4——シューマッハらの研究もメイヤー同様に政党組織の媒介効果を分析に取り込み、政党ごとに一般有権者の選好と、政党支持者の選好への反応性が異なることを明らかにした貴重な先行研究であるが、やはりマニフェストの変化のみを分析対象としている（Schumacher et al., 2013）。

★5——シンクタンク2005・日本は、自民党系のシンクタンクとして2006年に創設されたが、必ずしも十分な機能を持たないまま、2011年には解散されたのであり、シンクタンクの制度化に失敗した事例、あるいは本格的に取り組まなかった事例ということができよう。

★6——実際に全立候補者を含めて主成分分析を行った場合には、固有値1以上の主成分は、安全保障と経済政策が連動する1軸のみが48%の寄与率で現れるが、このような一次元の対立は少なくとも現代日本の議会レベルの政党政治を反映してはいないだろうというのが本書の捉え方である。

★7——第3主成分、第4主成分については、散布図表記によって明らかなほど強い効果は見られなかったので、ここでは図を示していない。これについては別稿を参照（建林, 2015）。

★8——比例代表区でのいわゆる復活当選議員については、立候補した小選挙区のデータを当てている。なお比例単独の候補はサンプルから除かれてしまう結果となるが、比例単独候補で調査に答えていた議員は4名のみである。

★9——得票マージンは、当該議員の得票率−次点得票率という値を用いている。なお復活当選議員については、小選挙区における得票率−選挙区での当選議員の得票率、を当てている。

★10——たとえば経済問題については有権者の選好が単峰的でなく、穏健化が票に結びつかないといった可能性があるかも知れない。

★11——新人議員がもともとそうした政策指向を有していた可能性もある。2012年選挙の新人議員の経歴などから彼らの元々の選好を考察することが有益かも知れない。

★12——ただ分析技術上は選挙区レベルの有権者選好を捉えることは非常に困難である。アメリカの場合にも大統領選挙における特定候補者の得票率を利用するなどのやや問題ある操作化を行わざるを得ないようだが、議院内閣制の日本においてはそうしたデータさえ存在しないため、より難しい問題だと言えよう。

★13——残念ながら本章の分析で利用したデータについては、利用可能な過去のデータは存在しなかった。

第 4 章

数量分析が示す
政官関係の変化
──政権と官僚の相剋

　衆議院に導入された小選挙区比例代表並立制は、政党政治の枠組みを大きく変化させた。大政党の政党組織を集権化し、衆議院における政党間競争を二大政党制化したのである。本章ではこのような政党間競争の変化が、政官関係にどのような影響を及ぼしたのかを政権党を本人とし、官僚をその代理人と捉えるプリンシパル・エージェント（PA）モデルの分析枠組みを用いて検討する。

　本章の結論を先取りすれば、選挙制度改革以前には、自民党の半永久政権という期待のもとで、官僚の「自己選択」や省庁内の「相互選別」、すなわち元々自民党と考え方の近い若者が官僚という職業を選択すること、また入省後に官僚同士が、省庁組織という共通利益を守るために、政権与党に近い考えの人物を相互に選別して幹部に昇進させていくといったメカニズムが機能し、プリンシパルたる自民党は自らの政策選好に近い幹部官僚をいわば自動的に選別することに成功してきたと思われる。すなわちPAモデルでいうところの「事前のコントロール（ex ante control）」を有効に用いることができ、その結果「事後のコントロール（ex post control）」、すなわちエージェントの活動を監視し、その内容如何に応じて彼らに賞罰を加えるという手段をそれほど重視することなく、政策形成、執行の局面での裁量を大きく認めることができたと考えられる。

　これに対して選挙制度改革後の二大政党制化の状況下では、自民党が政権

を掌握している場合にも、将来的な政権交代の可能性が想定され、旧制度の下での官僚の「自己選択」や「相互選別」は機能しにくくなった。旧来の事前のコントロールが機能しなくなったために、第一に、事後のコントロールを強化し始めたように思われる。具体的には、省庁再編に象徴されるような組織デザインの変更を行い、個々の政策活動に関して法律をより詳細に制定し、行政手続法のような意思決定、執行のルール化（その変更）を行い、あるいは予算等の制約（予算編成過程の改変）を通じて官僚の裁量に制約を加えてきたと思われる。第二に、新たな事前コントロールの手段を模索し始めることになった。2014年の国家公務員法等の改正により内閣官房に内閣人事局が設置され、省庁幹部官僚の人事が総理大臣の下で一元的に管理されることとなったのは象徴的な変化だが、こうした人事制度改革は、自民党の半永久ともいうべき長期安定政権が可能にした事前コントロールの手法が、もはや機能しなくなったことに対応するものであり、その意味で選挙制度改革による二大政党制化の帰結だと思われる。

　このように選挙制度改革後においては、政権交代の可能性が生じる中で、政権党と官僚制の関係は変化してきたように思われる。以下で詳述するように、PAモデルの枠組みからいえば、事前コントロールと事後コントロールは一定の代替性を持つはずである。事前のコントロールが十分機能し、適切なエージェントを選択できた場合には、事後のコントロールを弱めて裁量を与えることが効率的だからである。事前と事後の両方で強いコントロールを課すことは過剰なコントロールというべきであり、エージェントの能力の非効率的な利用につながるだろう。選挙制度改革によって自民党が集権化し、日本の執政権力がかなりの程度強化されたことは、第2章でも見てきたが、選挙制度改革が同時にもたらした二大政党制化と政権交代の可能性は、官僚制の過剰なコントロールを生じさせ、政権党による官僚制の利用を非効率化した可能性があるのではないか。本章では選挙制度改革を挟んだ政官関係の変化にかかわるこのような仮説について、1976年から77年と2001年から02年に行われた2度の政治家と官僚に対する調査（以下1977（77）年調査、2002（02）年調査と呼ぶ）データの分析から明らかにしようとする[1]。

1 ▸ 理論的検討

（1）政治家による複数の官僚コントロール手段

　本章では、政治家と官僚の関係を、PAモデルによって捉えようとする。PAモデルにおいては、エージェントは、プリンシパルを出し抜いて自らの利益を追求する主体であり、プリンシパルは様々な手段を通じてエージェントの逸脱行動を阻止し、エージェントを適切にコントロールしようとする。具体的に政治家と官僚の関係については、次のような手段が考えられるだろう。

　第一に、採用、昇進（政治的任用）といった人事である。政治家は有能で忠実な人材、自らの政策指向と近い考えを持つ人材を取り立てようとする。逆に言えば、採用や昇進を望む官僚は、そうした政治家に擦り寄ることも考えられるのであり、政治家は人事を通じて官僚の政策指向を操作することができる。

　第二に、省庁間関係、省庁内組織のデザインである。組織内の権限配分（垂直的分業）や管轄業務の割り当て（水平的分業）などを、個々の政策を横断する一般的な形で設計することで、官僚の行動をコントロールすることが可能になる（Horn, 1995）。

　第三に、個々の政策活動に関して法律を制定し、意思決定、執行の手続き（関連団体等、第三者の関与も含め）を指示し、予算等の資源を付与し、政策活動の授権を行うことができる。政策の形成執行における官僚制の裁量は、その質量ともにこのような政治家の選択によって決められることになる。

　そして第四に、官僚の政策活動を監視し、結果に応じて賞罰を与える、というコントロール手段が考えられる。代理人としての官僚の政策活動に関する情報を、政治家は国会の委員会等を通じた直接監視、政策の受け手となる市民、企業、団体等の民間アクターや、調整官庁、ライバル官庁等の公的アクターによる間接監視によって獲得し、それをもとに賞罰を加える。賞罰自体は、第一のコントロール同様に人事権を通じて行われるが、政策指向の操

作が個別の政策活動より以前に行われる事前のものであるのとは対照的に、それは政策活動の結果に対する見返りとして事後に行われる[2]。

（2）事前のコントロールと事後のコントロールの代替性

　このような政治家による4つの行政コントロール手段は、基本的には時間の流れを伴う、すなわち第一から第四の順に進むものと考えられる。また前述した「事前のコントロール」と「事後のコントロール」については、論理的にはある委任行為に関する相対的な前後関係であり、この4段階のすべてについて妥当するが、以下の本章の分析において注目するのは、第一の人事によるコントロールと、第三の法律や予算による個別的な裁量付与という2つであり、ここでは前者を「事前のコントロール」後者を「事後のコントロール」と呼んでいる[3]。

　これらの手段を、政治家の選択肢として、時間軸の中で捉えるならば、その互換性、代替性が浮かび上がるだろう。すなわち仮に第一のコントロールが機能し、官僚個々の政策選好を何らかの方法で政治家のそれと全く同じにすることが出来れば、他のコントロール手段は取る必要がない。あるいは第三のコントロール手段が機能し、個別法によって意思決定手続きをうまく操作できれば、事後に積極的な監視や賞罰の付与を行う必要はなくなるのである（McCubbins and Schwartz, 1984）。複数のコントロール手段を併せて利用する状況も想像されるが、過剰なコントロールはプリンシパルにとって不利益をもたらすだろう。政治家の選好と極めて近い選好を持つ忠実な官僚の行動を、様々な形で拘束し監視することは、無駄なコストというべきであり非効率的な選択なのである。一般的には、複数コントロール手段の間には代替的関係が想定されるだろう。

（3）コントロール手段の利用可能性——閉鎖型任用制における事前のコントロール

　では以上のような官僚コントロール手段の一般的な代替性が存在するとして、各国の政治家はどのような官僚コントロール手段を選択しようとするのか。次に政治家の官僚コントロール手段の選択を規定する制度条件について

検討しよう。その上で、選挙制度改革前後の日本のケースでは、いかなる官僚コントロール・ミックスが予想されることになるのか、選挙制度改革によってもたらされた官僚制コントロール、政官関係の変化について理論的な予想を導こう。政治家の官僚コントロールを制約する制度条件としてここで注目する第一の要素は、それぞれのコントロール手段の利用可能性である（Huber and Shipan, 2002）。前述した4つの官僚コントロール手段類型は、いわば理念型としてのそれであり、実際にはすべての選択肢がすべての政治家に同じ程度に開かれているわけではないだろう。たとえば大統領制の下では、大統領と議会でとりうる選択肢は異なってくると思われる。大統領は採用、昇進という手段を、議会は法律による授権という手段をある程度排他的に用いることができる。また組織デザインや監視・賞罰は、大統領と議会が共有する手段と見ることができよう。ボーンは、アメリカ連邦議会議員について、監視・賞罰という事後コントロールの利用可能性は、関係する委員会のメンバーと、当該委員会に所属しない一般議員とでは異なるとして、後者のグループが法制定を通じた事前コントロールへの指向性をより強く持つことを示した（Bawn, 1997）。

　このように選択肢の利用可能性の違いは、プリンシパルの選択に強く影響を与えるだろう。またこのような利用可能性の違いは、実際に用いられる官僚コントロール手段に、アクター間ばかりでなく、国ごと、あるいは制度環境ごとにも、かなりの程度異なるパターンを生じさせると思われる。

　具体的に、前述した4つの官僚コントロール手段の利用可能性を規定する制度としては、次のようなものを挙げることができる。すなわち第二の制度デザインという選択肢については、省庁内部組織をどの程度法律によらずに改変できるか、という行政組織に関わる制度に、第三の法制定によるコントロールは、政治家が法律を作成しうる能力の程度等に依存しているといえるだろう（Huber and Shipan, 2002）。また第四の監視・賞罰というコントロールの利用可能性については、政治家が官僚に賞罰を付与する制度的権限を持つことに加え、裁判所や団体など、政治家に代わって行政を監視する第三者機関の能力や制度配置が重要な規定要因となるだろう（McCubbins, Noll, and

Weingast, 1987）。

　本章の分析において注目するのは、第一の採用、昇進を通じた官僚の選好操作についてであるが、これについても制度や環境条件でその利用可能性にかなりの違いが生じるものと思われる。たとえば官僚の中途採用が多く、政治的任用が広く認められている開放型任用制に比べて、政治的任用の適応範囲が限定されており、組織内部での人材育成、登用を基本原則とする閉鎖型任用制の下では、官僚の選好操作は一般的により難しいコントロール手段だといえるだろう [4]。またそうした手段の利用可能性は、単に公務員任用制度のみならず、外部労働市場の性格にも依存しているだろう。

　日本では、少なくとも2014年に内閣官房に内閣人事局が設置され、各省庁の幹部人事の一括管理が導入されるまでは明確に閉鎖型任用制を取り、開放型任用制に比べて官僚の選好操作を行いにくい状況にあった。ただ本章ではこのような閉鎖型任用制の下でも、議院内閣制において単独政党による安定政権という条件を伴う場合には、開放型の場合に匹敵する選好操作が機能しうると主張する。すなわち単一の安定的なプリンシパルのもとでは、官僚というエージェントは「自己選択」と「相互選別」というメカニズムを働かせ、政権党の政策選好に近づいてくると考えるのである。より詳しく説明しよう。「自己選択」とは、政権党と自らの政策選好に隔たりがあると認知した学生が、官僚という職業選択を自主的に敬遠するメカニズムを指す。学生本人には、仮に採用されたとしても、将来的には政権党の政策選好とのギャップに悩む、あるいは事後にそれが露見することで、出世を阻まれる危険性が事前に察知できるからである。またこれはいったん採用された官僚についても当てはまるだろう。官僚としてのキャリアを積む過程で、自らの政策選好と政権党のそれとのずれを認識した場合には、官僚は早期退職を自ら希望し、第二の人生を選択するかもしれない。

　他方、官僚の「相互選別」とは、仮に「自己選択」が行われず、異なる政策選好を持った若手官僚が紛れ込んだ場合にも、省庁官僚が「相互監視」によってそうした異端分子を見つけ出し、排除する傾向を持つということである。仮にそうした官僚が昇進し、幹部として政策活動に関与した場合に

は、省庁組織が政権党による制裁を受ける可能性がある。所属官僚にとっての省庁はある種の公共財だと思われるが、「相互選別」とは官僚が、そうした公共財を守ろうとする行為である。「自己選択」「相互選別」を経て内部昇進を遂げた省庁の幹部は、政権党のそれと近い政策選好を持つことになるだろう。このように「自己選択」や「相互選別」は、採用や昇進の局面で頻繁に発生する可能性の高い、極端な情報の非対称性を克服するメカニズムであると言えよう。官僚や官僚志望の学生にとって、その政策選好は秘匿情報であるが、ある種の条件が整えば、彼らはそれを自らすすんで提供するのである。

「自己選択」「相互選別」を可能にする条件とは、第一に、プリンシパルの選好が明確であることである。プリンシパルの選好が明確でなければ、官僚あるいは学生がそれを基準に職業選択を行うことは期待できないだろう。この点で政権構成が大きな意味をもってくるだろう。すなわち単独政権であれば、プリンシパルの選好は明確だが、連立政権ではそれは不明確になるだろう。第二に、プリンシパルが将来的にも変わらないという期待である。長期的な安定政権が予測される場合に、はじめて官僚は自己と政権党の将来を重ね合わせ、戦略的に行動するようになると考えられる。政権が将来的に不安定であれば、内心の政策選好を隠して採用され、将来の政権交代に賭けるという戦略も、また十分に魅力的なものとなるのである。

以上の検討から、本章の注目する採用、昇進という事前コントロール手段の利用可能性を規定する条件とその行使の特徴について、次のような仮説を導くことができるだろう。

【仮説1】単独政党による安定政権の (短期的な政権交代が予期されない) 場合には、閉鎖型任用制においても「自己選択」「相互選別」のメカニズムが機能し、事前のコントロールが働きやすい。他方、連立政権、もしくは不安定政権の (短期的な政権交代が予期される) 場合には、そうした事前のコントロールは働きにくい。したがってこの点について、日本政治においては、選挙制度改革を挟んで変化が

生じたものと思われる。すなわち選挙制度改革以前の自民党単独安定政権の下では、「自己選択」「相互選別」を通じて幹部官僚になるほど、その政策選好は、自民党のそれに近いものになっていたのではないかと思われる。これに対して二大政党制化によって政権交代の可能性が生じ、また連立政権が常態となった選挙制度改革後には、そうした傾向はみられなくなったのではないか。

（4）官僚の裁量と官僚コントロールの効率性

　政治家による官僚コントロール手段の選択を規定する制度要因の第一のものとして、ここでは二重プリンシパルの問題を取り上げる。すなわち官僚が従うプリンシパルが単独であれば、官僚コントロールは効率的に行われることになるだろうが、プリンシパルが複数存在する場合には、それぞれが自らの有利な手段を駆使して官僚をコントロールしようとする、すなわち官僚コントロールをめぐるプリンシパル同士の競争が生じ、コントロール手段の重複、過剰な官僚コントロールが生じる可能性があるだろう。

　二重プリンシパルの典型は、大統領制である。大統領制においては大統領と議会がそれぞれに自らの政策目標を実現しようとして、官僚制をコントロールしようとするのである (Ramseyer and Rosenbluth, 1993; Hammond and Knott, 1996)[5]。他方、議院内閣制においては行政の長と議会とは一体であり、相対的には官僚制のコントロールはより効率化するだろう。しかしながら議院内閣制の下でも、連立政権の場合や不安定政権の場合には、大統領制と類似の状況が生じることになる。異なる政策選好を持つ複数の政党が連立を組んだ場合には、政権与党はそれぞれに連立パートナーとの競争関係の中で官僚をコントロールしようとするだろうし、不安定政権とは、二重プリンシパルの問題を時間軸上に展開したものと言うことができるだろう。短期的に政権交代が予想される状況下では、与党は相対的に事前のコントロール手段を好むだろう。一般的に、それは持続性が強く、事後に変更の困難な選択肢だと思われるからである。現在の政権党は、事後に変更しがたい制度を埋め込むことで、将来の政権党の政策選択をより強く拘束しようとする。ある

いは短期的に政権を失う可能性がある場合には、逆に官僚制を中立化し、政治から隔離する選択を行うこともあり得よう（Geddes, 1994）。いずれにせよ潜在（将来）的なライバルとの競争関係は、官僚コントロール手段の競合的選択をもたらし、その代替的、効率的な選択を阻害することになるだろう。以上の検討から、議院内閣制における与党の官僚コントロール手段について、次のような仮説を一般的な形で導くことができると考える。

【仮説2】議院内閣制において、単独政党による安定政権の場合には、複数の行政コントロール手段には代替的関係が生じる。他方、連立政権、もしくは不安定政権の場合には、プリンシパルの間にライバルとの対抗関係が生じ、複数の行政コントロール手段間の代替関係は生じにくい。したがってこの点について、日本政治においては、選挙制度改革を挟んで変化が生じたものと思われる。すなわち選挙制度改革以前の自民党単独安定政権の下では、行政コントロール手段の代替性が存在した。また【仮説1】によれば、同時期には事前のコントロールが機能していたために、相対的により大きな裁量が官僚制に与えられていたものと思われる。これに対して二大政党制化によって政権交代の可能性が生じ、連立政権が常態となった選挙制度改革後には、行政コントロールの代替性は失われたであろう。【仮説1】が正しければ、事前のコントロールも弱まったと考えられるため、事後のコントロールはより強化され、官僚制の裁量は狭められることになったと予想される。

2 ▶ 事前のコントロールは機能していたのか ——【仮説1】の検証

　以下では、政治家と幹部官僚のそれぞれに対する1977年調査と2002年調査を比較検討することで、上記の仮説を検証しようと試みる。【仮説1】の検証のためには、政権与党たる自民党と幹部官僚との政策距離を測定する必要

がある。

（1）政権与党と官僚の政策距離（1977年調査と2002年調査）

　本章では、政治家と官僚に向けられた同一の質問項目から両者の政策距離を算出する手法を試みた。具体的には、1977年調査の質問項目に「日本国民にとって、今重要であると考えておられる問題を次の中から3つあげていただけませんか。……」というものがある。回答は「近化社会の病理を明らかにし、これに対処すること」「国家と民衆の新しい関係のもち方」など、16の項目から選択する形式である[6]。そこでこの質問に対するそれぞれの回答について、第一番目に選択された回答に3点、第二の選択に2点、第三の選択に1点を与え、当該質問への回答を点数化した。個々の政治家、官僚についてそれぞれ16の変数を作成したことになる。その上で図4-1は、所属政党、所属省庁というグループごとの平均得点を示したものである。図では、総平均点（政治家と官僚）の低い項目から順に左から右へと並べている[7]。

　個別の項目については、自民党と社会党の位置取りなどが注目される。両党は⑬安全保障、⑧教育などでは大きく隔たっているが、⑭経済活動、①近代社会、⑥エネルギー、などについては類似した平均得点を示している。また労働省が、④公共政策、①近代社会、②国家と民衆、などといった項目について、自民党の平均値から大きく離れていることも注目される。こうした各グループの位置取りは、われわれの直感的な認識にも合致するものであり、ここで扱う政策得点が実態をある程度反映したものとなっていることを示しているように思われる。

　次に自民党からの「政策距離」であるが、まず各項目における自民党議員の平均得点を、自民党全体の政策選好（政策理想点）を示すポイントと考え、項目ごとに個々の議員や官僚の得点と、自民党の平均得点との距離（差の絶対値）を求めた上で、全16項目について合計したものを自民党からの「政策距離」とした[8]。したがってこの「政策距離」は、個々の議員や官僚ごとに求められる変数ということになる。

　2002年調査についても同様の形式で「日本国民にとって、今重要である

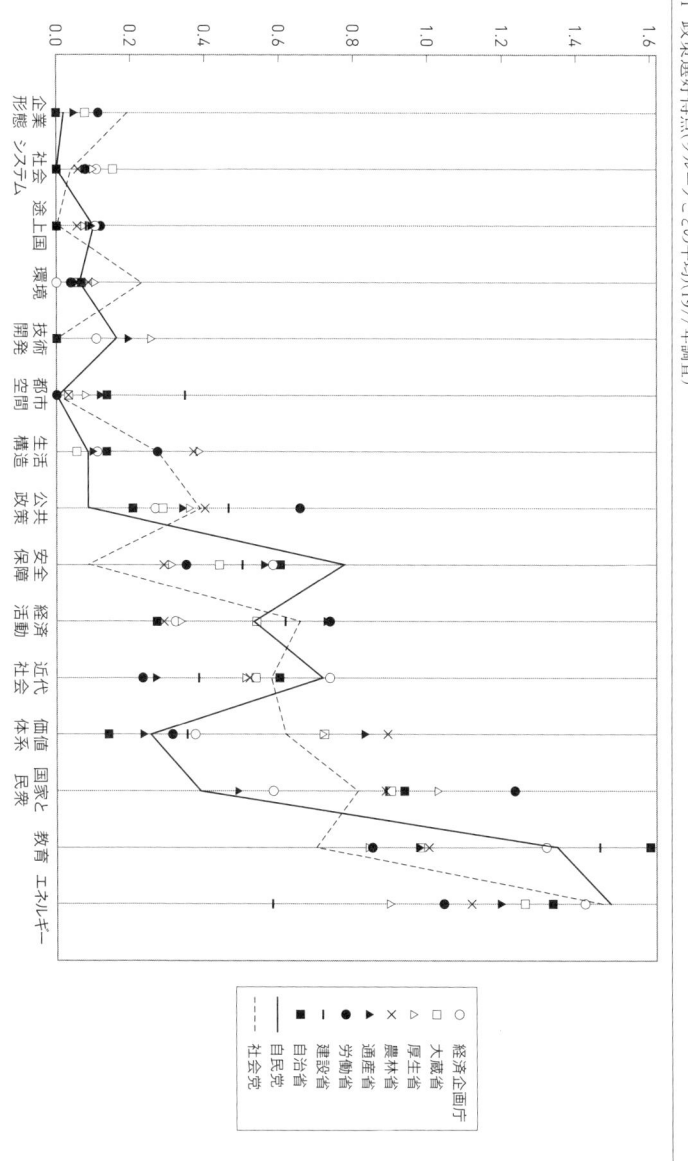

図4-1 政策選好得点（グループごとの平均）(1977年調査)

と考えておられる問題」を尋ねる設問が存在するため、1977年調査と同様の手続きで個々の政治家、官僚の政策位置変数 (2002年調査については8つの変数) を作成した上で、それをもとに与党自民党からの「政策距離」を算出した。ただ以下の分析において注意が必要なのは、1977年調査と2002年調査では、設問形式やリード文こそほぼ同一であるものの、選択肢の内容や数が異なっていることである[9]。特に選択肢の数が2002年調査では8つと、1977年調査の半分しか設定されていないことは重要で、1977年調査の方が、議員や官僚の選択がばらつき、政策距離が大きくなることが想定される。要するに、その選択肢が異なるために、2回の調査の政策距離を直接比較することは難しいと思われるのである。

　図4-2は、2002年調査について、8つの選択肢の議員や官僚の言及得点について、所属政党、所属官庁ごとの平均得点を表示したものである。また図4-3は政策距離を直感的に捉えるために、自民党からの政策距離について、所属政党ごと、省庁ごとの平均値を求め、77年調査の政策距離を横軸に、02年調査を縦軸にとって散布図表示したものである[10]。なお前述のように、選択肢数の違いから77年調査の政策距離が大きくなってしまうため、各調査における全官僚の政策距離の平均値で除し、相対化した値を表示している[11]。

　図4-3からは、いくつかの興味深い特徴が見出せる。第一に、野党第一党の位置は劇的に変化している。自民党の政策選好位置 (実際には自民党議員の平均得点) からの民主党議員の平均距離は、自民党議員のそれよりも小さい。このような一般的な設問項目を通じて導き出した、潜在的な選好を基準とする限り、自民党議員と民主党議員の選好の近接性が示されているといえるだろう。第二に、2回の調査を通じて、経済企画庁と大蔵省は、自民党に比較的近く、また対角線上に位置づけている、すなわち自民党との距離を変えていないのに対し、厚生省、建設省、農林省の3省は、自民党から離れた位置にある。第三に、自治省は、自民党から遠くへ、逆に通産省と労働省は、自民党の近くへとその位置取りを変化させている。

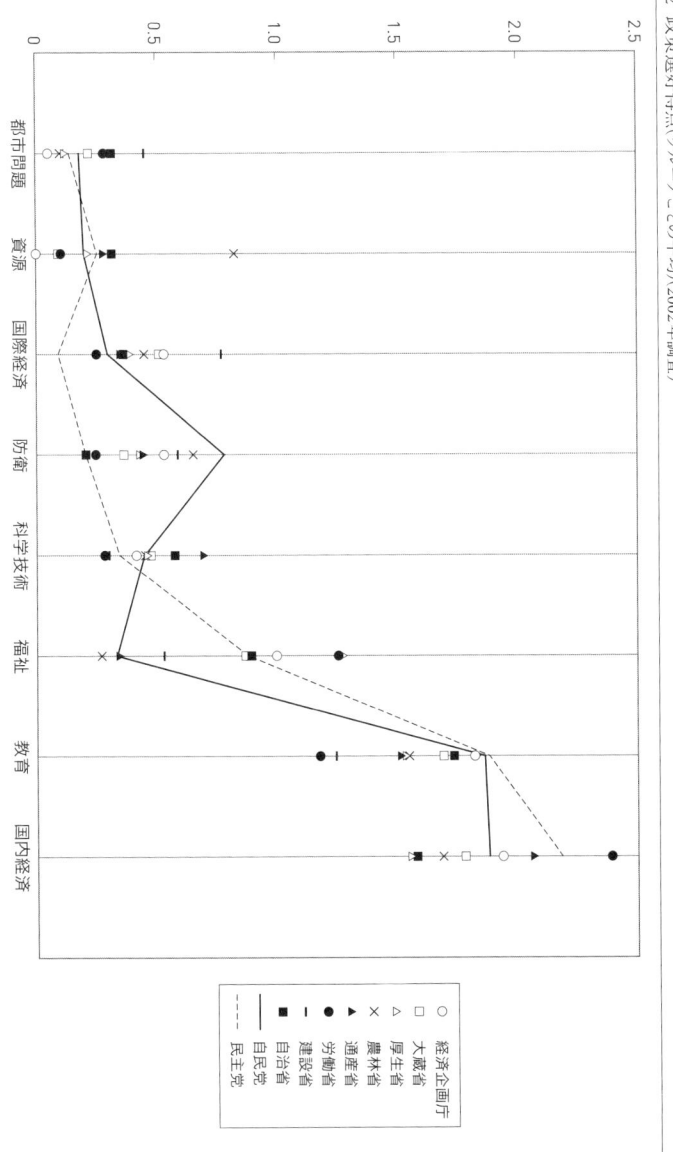

図4-2　政策選好得点（グループごとの平均）（2002年調査）

凡例:
- ○　経済企画庁
- □　大蔵省
- △　厚生省
- ×　農林省
- ▲　通産省
- │　労働省
- ●　建設省
- ■　自治省
- ──　自民党
- ----　民主党

横軸項目（左から）: 都市問題　資源　国際経済　防衛　科学技術　福祉　教育　国内経済

縦軸: 0　0.5　1.0　1.5　2.0　2.5

図4-3 自民党からの政策距離(横軸は1977年調査、縦軸は2002年調査)

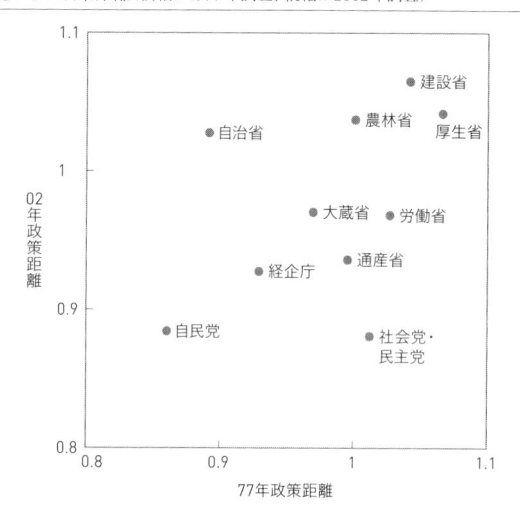

(2) 官僚ポストと自民党との距離

　【仮説1】は、自民党単独の安定政権の下では、官僚の「自己選択」「相互選別」によって幹部官僚ほど自民党の政策選好に近づいていたのに対し、二大政党制化や連立政権によって不安定化した選挙制度改革後の自民党政権下ではそうした選別が働きにくくなることを予想した。このような仮説が正しければ、77年調査から得られた政策距離にも官僚ポストごとの違いがみられるはずである。他方で、02年調査においては、そうした関係は見られない(あるいは弱まる)はずである。

　表4-1は、これを確認するために「幹部(次官・局長・審議官)」と「課長」というグループごとに、自民党との政策距離平均と、彼らの政党支持態度についての回答を比較したものである。

　まず政策距離については、77年調査については幹部官僚の方が明らかに自民党により近い政策選好を持つことが示されている (T検定：p<0.001)。他方、02年調査については、そうした違いは見いだされない。前述したよう

表4-1 官僚ポストと自民党との政策距離、政党支持態度との関係(1977年調査・2002年調査)

	1997年調査							
	支持する政党							政策距離の平均
	自民党	社会党	民社党	その他	支持なし	無回答	合計	
次官・局長・審議官	56 72.7%	0 0.0%	2 2.6%	2 2.6%	7 9.1%	10 13.0%	77 100.0%	7.2035 (1.4359)
課長	82 47.1%	2 1.1%	10 5.7%	2 1.1%	44 25.3%	34 19.5%	174 100.0%	8.0158 (1.6252)
合計	138 55.0%	2 0.8%	12 4.8%	4 1.6%	51 20.3%	44 17.5%	251 100.0%	7.7586 (1.6099)

	2002年調査							
	支持する政党							政策距離の平均
	自民党	社会党	民社党	その他	支持なし	無回答	合計	
次官・局長・審議官	32 45.1%	1 1.4%	0 0.0%	0 0.0%	30 42.3%	8 11.3%	71 100.0%	5.8443 (1.6332)
課長	98 44.7%	2 0.9%	5 2.3%	1 0.5%	99 45.2%	14 6.4%	219 100.0%	5.7984 (1.6515)
合計	130 44.8%	3 1.0%	5 1.7%	1 0.3%	129 44.5%	22 7.6%	290 100.0%	5.8094 (1.6444)

( )内は標準偏差

に、政策距離変数を作成するための元データが異なっており、測定誤差が同水準とは言えないので単純な比較は難しいが、「自己選択」「相互選別」にもとづく政策選好のコントロールは、かつてはうまく機能したが、選挙制度改革後にはうまく機能しなくなっているといえよう。

　次に政党支持態度についてだが、表4-1からはやはり明らかな違いが読み取れる。すなわち77年調査においては、支持政党として自民党を選択する官僚は課長よりも幹部官僚に多いが、02年調査では両グループにほとんど違いが見られない。なお「政策距離」と「自民党支持」との間には、直接的な共変関係は見いだされず、2つの数値は別の意味内容を表していると思われる[12]。安定的な自民党政権の下では、官僚は出世に伴って、潜在的にも(政策距離)、顕在的にも(自民党支持)、自民党へと近づいていったのである。

最後にこのような関係を確認するために、77年調査と02年調査データを
プールし、それぞれ自民党からの「政策距離」と「自民党支持ダミー」を従
属変数とする2種類の回帰分析を行った。独立変数としては、次官・局長・
審議官等の幹部を1、その他の課長を0とする「幹部ダミー」、「77年ダミー」
と両者の交差項を、また官僚の属性に関するコントロール変数として「東大
法学部出身者ダミー」、「各所属省庁ダミー」（参照カテゴリーは大蔵省）と「15
歳時の暮らしぶり」変数[13]を加えた。

　表4-2は、政策距離を従属変数とする重回帰分析 (OLS) の結果を示してい
る。まず幹部ダミーは有意ではなく、77年ダミーは正の有意な係数を示し、
両者の交差項は負の有意な係数を示している。77年ダミーについては、前
述したように設問方式の違いを反映したものと思われるが、交差項に示され
た係数は、表4-1の関係を再確認させるものと言えよう。官僚の属性による
コントロール変数にはほとんど効果が見られないため、変数無視のバイアス
の恐れは残るものの、77年には幹部ほど自民党との政策距離が近いが、02
年にはそのような関係は見られなくなったといえよう。

　次に表4-3は、自民党支持ダミーを従属変数とするロジット回帰分析の結
果である。77年ダミーは正に有意であり、ポストに関わらず、77年におけ
る方が、自民党支持である確率が高かったことを示している。またコント
ロール変数については、建設省ダミーが正に有意であり、大蔵官僚に比べて
自民支持の確率が高いことを示している。また「15歳時の暮らしぶり」に
ついても、10%水準ではあるが、モデル3では負の係数を示しており、豊か
な家庭に育った官僚が、自民党支持となる傾向が高いことを示している。本
章における中心的関心である幹部ダミーについては、交差項のみが正に有意
であり、予想通り77年調査においてのみ、幹部ほど自民党支持が多くなる
という傾向を示したものと思われる。ロジット回帰分析における交差項の
解釈は直感的には難しいので、モデル3の分析結果をもとに、「幹部ダミー」
と「77年ダミー」以外の変数を平均に固定した上で、「幹部ダミー」すなわ
ち昇進・出世の効果を示したのが図4-4である。77年においては、幹部ほ
ど明瞭に自民党支持を強めているが、02年においてはほとんどそうした違

表4-2 自民党からの政策距離を従属変数とする重回帰分析(OLS)

	model 1	model 2	model 3
幹部ダミー	0.046	0.091	0.138
	0.200	0.400	0.600
77年ダミー	2.217	2.248	2.262
	13.26***	13.26***	13.20***
幹部ダミー×77年ダミー	−0.858	−0.864	−0.873
	−2.70***	−2.71***	−2.73***
東大法学部出身者ダミー		−0.226	−0.180
		−1.550	−1.170
15歳時の暮らしぶり		−0.017	−0.038
		−0.160	−0.340
経企庁ダミー			−0.384
			−1.180
自治省ダミー			−0.058
			−0.180
厚生省ダミー			0.418
			1.640
農林省ダミー			0.208
			0.780
通産省ダミー			−0.104
			−0.420
労働省ダミー			0.113
			0.410
建設省ダミー			0.472
			1.86*
constant	5.798	5.918	5.792
	52.65***	23.31***	19.74***
N	521	518	518
R2乗	0.2816	0.2836	0.3006
調整済みR2乗	0.2775	0.2766	0.284

* p<0.1, ** p<0.05, *** p<0.01

いは見出せない。

　官僚個々の自民党からの政策距離と自民党支持の分析からは、2つの調査の間で政権党と官僚制の関係に大きな変化が生じたことが明らかになったと言えよう。【仮説1】をある程度支持する結果が得られたものと思われる。

表4-3 自民党支持か否かを従属変数とするロジット回帰分析

	model 1	model 2	model 3
幹部ダミー	0.120	0.091	0.119
	0.420	0.410	0.680
77年ダミー	0.434	0.435	0.551
	1.96**	1.94*	2.33**
幹部ダミー×77年ダミー	1.162	1.138	1.084
	2.47**	2.41**	2.24**
東大法学部出身者ダミー		-0.055	0.045
		-0.280	0.210
15歳時の暮らしぶり		-0.205	-0.260
		-1.370	-1.66*
経企庁ダミー			0.069
			0.150
自治省ダミー			0.175
			0.420
厚生省ダミー			0.576
			1.610
農林省ダミー			-0.181
			-0.480
通産省ダミー			-0.286
			-0.860
労働省ダミー			-0.132
			-0.350
建設省ダミー			1.302
			3.52***
constant	-0.088	0.333	0.125
	-0.630	0.980	0.310
N	475	475	475
カイ2乗	29.7364	31.6427	58.432
p	0	0	0

* $p<0.1$, ** $p<0.05$, *** $p<0.01$

図4-4 自民党支持を従属変数とするロジット回帰分析の結果(モデル3)に基づいた
　　　昇進の持つ効果の予測

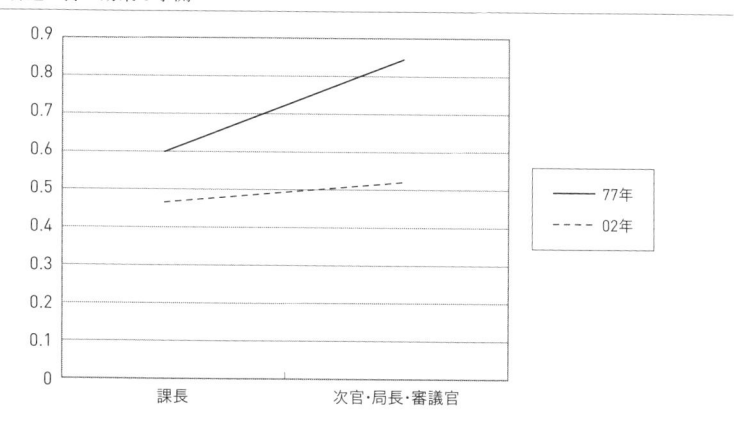

3 ▸　官僚の裁量は小さくなったのか──【仮説2】の検証

　では【仮説2】についてはどうだろうか。以下では、77年調査と02年調査をもとに、官僚制に付与された裁量とその変化についての【仮説2】の検証を試みる。

（1）官僚制の裁量変化

　前節の分析によって【仮説1】は一定の証拠を得たと思われるが、【仮説1】を前提にすれば前述のように、【仮説2】からは、選挙制度改革を挟んだ官僚制の裁量の縮小が予測されることになる。官僚制の裁量については、その程度や大きさを問う形式での設問が、2つの調査に継続して設定されていないため、その変化を捉えることは難しいが、まず官僚制の影響力に関する継続設問を利用して時系列の変化を検証する★14。

　すなわち「現代の日本において、国の政策を決める場合に、最も力をもっているのは、次の中どれだと思われますか。……」という問いに対し、「政党」「行政官僚」「裁判所」など11の選択肢の中から3つを選ぶ設問が、2回の調

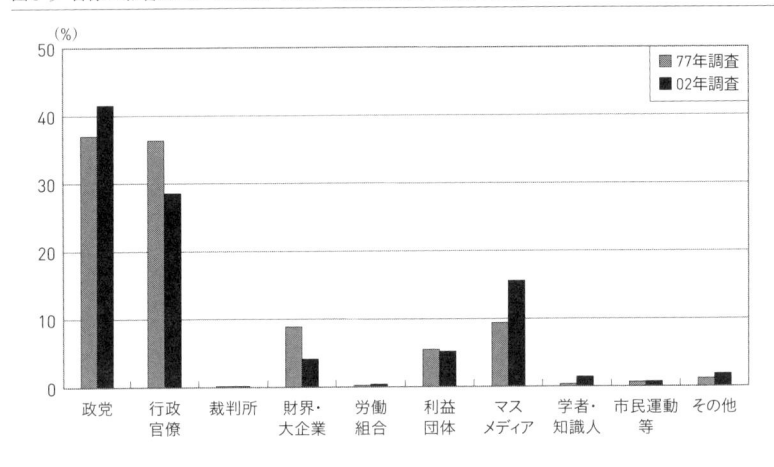

図4-5 官僚の影響力はどの程度か（1977年調査と2002年調査の変化）

査で全く同じ形式で問われているため、ここから官僚の影響力認知の変化を捉えようとする[15]。具体的には、第2章で政治家調査の集計の際に用いた手法と同様に、それぞれの選択肢について、第一順位として選んだものを3倍、第二順位としたものを2倍に重みづけし、第三順位に選択したものと足し合わせて延べ人数を求め、他の選択肢との総合計を100%とした場合の比率を求めた（したがってすべての官僚がある選択肢を第一順位として選択した場合、いわば満点は50%である）。図4-5はこれを表示したものである。官僚の影響力認知が2つの調査で大きく低下していることがわかる[16]。

　もう1つの利用可能なデータは、官僚の将来の影響力に関する予想について、官僚自身に尋ねた設問である。すなわち2回の官僚調査に共通して「官僚の影響力は、近い将来において増大すると思われますか。それとも減少すると思われますか。」との問いが設定されている。図4-6はこの問いに対する「非常に増大」から「非常に減少」までの5段階での回答分布を比較したものだが、02年調査においては、その将来の影響力について、官僚がより悲観的に捉えていることが示されているだろう。ただここで実際に知りたいのは、現状の官僚影響力に対する評価であり、データによって示された将来

図4-6 官僚の将来の影響力

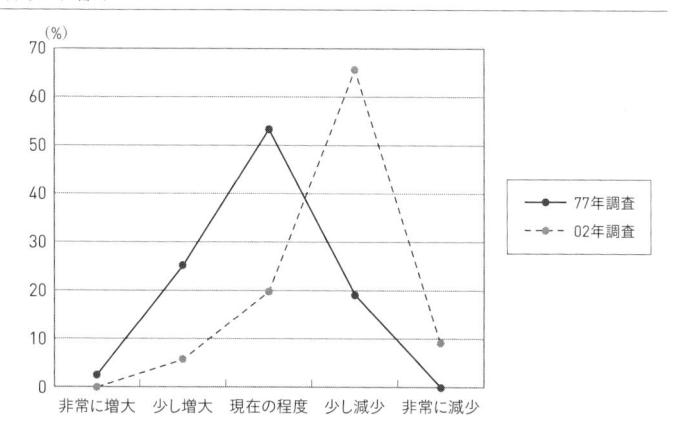

の影響力に対する予測からどのように現状の影響力認知を読み取るかについては一義的には明らかではない。現状の影響力を低いと見なすが故に将来はより強くなると期待する場合もあれば、逆に現状の影響力を強いと見るが故に、将来は一層強くなると予測する場合も考えられるからである。ただここでは後者のように思考する官僚が相対的にはより多いだろうと考える。前者の発想をする者も一定程度存在するだろうが、やや捻くれた捉え方というべきであり、後者がより自然だと思われるからである。そうした想定に基づけば、官僚の将来の影響力に関する予測は、現状の影響力評価と正の相関を持つのであり、図4-6に示された結果は、図4-5の結果と同様に、選挙制度改革後の02年において、官僚影響力の認知がより低下したことを示していると思われる。

（2）事前のコントロールと事後のコントロールの代替性
❖政策分野ごとの官僚の影響力(77年調査)

　前節の分析では、【仮説2】で予想したように、選挙制度改革後の政権の不安定化にともない、事前のコントロールが弱まり、官僚制が政権党たる自民

党から距離を取り始める中、それに対応して事後のコントロールが強化され、官僚の裁量が抑制されるようになっていることが示された。

　では選挙制度改革前の安定政権下ではどうだったのだろうか。【仮説2】は、事前のコントロールが機能していたこの時期には、政権党たる自民党は、事後のコントロールを緩めることができ、自らと考え方の近い官僚にある程度の裁量を付与することができたと予想した。このような仮説を検証するために、ここでは77年調査にだけ設定されている政策領域ごとに官僚の影響力を問う設問を用いる。具体的には「産業政策（独禁政策を含む）」「農業政策（米価決定を含む）」「医療政策（健保問題を含む）」という「3つの国政の重要問題に対して、行政官僚がどの程度影響力を持っているとお考えですか」との質問である。回答は「ない」から「非常に」までの7段階尺度を選択する形式であり、以下の分析にも都合のよいデータである★[17]。図4-7は、データの概要を示すため、回答の分布を示したものである。いずれの政策分野についても官僚は、自分たち行政官僚がある程度の影響力を持っていると考えているようであるが、政策領域ごとの違いも顕著である。すなわち産業政策では、官僚の影響力をより高く評価しているのに対し、医療政策では最も低く、農業政策では両者の中間的な評価を与えている。

　この政策分野別影響力を用いて以下で検証を試みる作業仮説は、事前のコントロールの結果を操作化した前述の「政策距離」と「政策分野別影響力」との間に負の関係を予想するというものである。政策距離が近い官僚ほど、自民党政権はより大きな裁量を与える（したがって官僚は自身が大きな影響力を持つと認知する）という関係を見出すことで、事前のコントロールと事後のコントロールの代替性という【仮説2】を、個々の官僚を分析単位として実証しようとするのである。

　ただここで一点説明が必要なのは、こうした分析の前提として、「政策分野別影響力」のある種の読み替えを行っていることである。すなわち政策分野別影響力の設問は、個々の官僚が、官僚組織全体の影響力をどう評価しているかというものだが、ここではそれを当該官僚個人の影響力や裁量に関する自己評価を示すデータとして利用している。両者は明らかに別の意味内容

図4-7 政策領域ごとの官僚の影響力評価

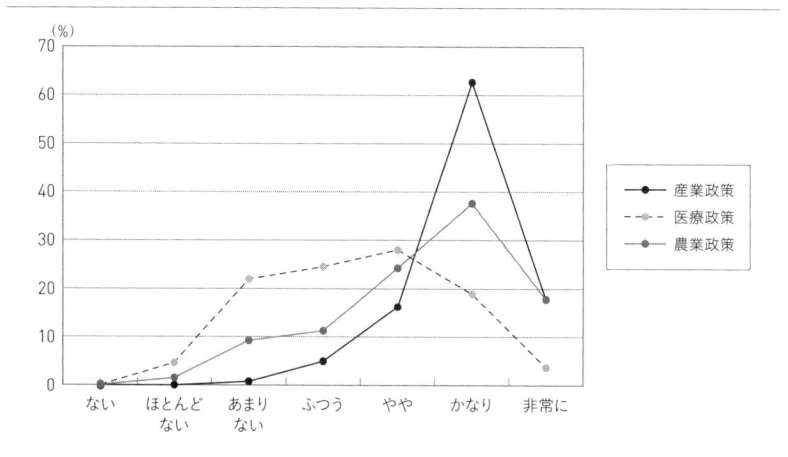

を持つが、官僚制全体に対して個々の官僚が持つ評価は、個々の官僚の自己評価を反映している（両者は正の相関を持つ）という想定のもとで、前者を後者の操作変数とするのである。

❖順序ロジット回帰分析による検証

　表4-4は、産業政策における官僚影響力、農業政策における官僚影響力、医療政策における官僚影響力のそれぞれを従属変数とし、自民党との政策距離を独立変数とする回帰分析の結果である。分析モデルとしては、従属変数が絶対量に特段の意味がない順序変数であるために順序ロジットモデルを用いている。

　またその他のコントロール変数として、「幹部ダミー」と、当該政策を所管する省庁への所属を示す「通産省ダミー」「農林省ダミー」「厚生省ダミー」を加え、それぞれ3つのモデルを検討している。これらの変数に関しては、幹部官僚の方が、より大きな影響力を持つと認知しているのではないか、また当該政策を実際に担当する官僚の方が、自身の影響力をより強く認知するのではないかと予想する★18。

表4-4 政策分野ごとの官僚影響力に関する順序ロジット回帰分析(1977年調査)

	産業政策			医療政策
	model 1	model2	model3	model1
自民党との政策距離	-0.194	-0.193	-0.169	-0.150
	-2.37**	-2.36**	-2.02**	-2.03**
通産省ダミー		0.656	0.694	
		1.90*	2.00**	
厚生省ダミー				
農林省ダミー				
幹部ダミー			0.401	
			1.400	
cut1	-7.024	-6.929	-6.623	-4.315
	-5.84***	-5.75***	-5.42***	-6.41***
cut2	-4.676	-4.580	-4.274	-2.208
	-6.34***	-6.20***	-5.55***	-3.72***
cut3	-2.898	-2.795	-2.483	-1.168
	-4.34***	-4.17***	-3.52***	-2.01**
cut4	0.059	0.200	0.532	0.081
	0.090	0.310	0.780	0.140
cut5				2.222
				3.36***
N	239	239	239	238
カイ2乗	5.659	9.2709	11.2338	4.1608
p	0.0174	0.0097	0.0105	0.0414

* p<0.1, ** p<0.05, *** p<0.01

　分析結果は、農業政策については仮説に沿うものではなかったが、産業政策、医療政策については、仮説を支持するものであった。まず産業政策における官僚影響力については、自民党との政策距離が負の係数を示しており、事前の予想通り、自民党に近い官僚が、より大きく影響力を認知していることが示された。またコントロール変数を加えたモデル2モデル3でもその結果は維持された。通産省ダミーは正に有意な係数を示し、他省庁の官僚に比べて通産官僚が、産業政策における影響力、裁量をより大きく評価する傾向が伺えた。

	医療政策		農業政策		
	model2	model3	model1	model2	model3
	−0.225	−0.192	−0.060	−0.057	−0.005
	−2.99***	−2.50**	−0.830	−0.780	−0.070
	1.712	1.768			
	5.06***	5.22***			
				2.102	2.142
				5.79***	5.82***
		0.553			0.756
		2.15**			2.86***
	−4.765	−4.353	−4.833	−4.668	−4.086
	−6.93***	−6.12***	−5.97***	−5.75***	−4.90***
	−2.599	−2.173	−2.570	−2.390	−1.788
	−4.31***	−3.43***	−4.29***	−3.96***	−2.81***
	−1.490	−1.044	−1.748	−1.544	−0.922
	−2.54**	−1.68*	−2.99***	−2.62***	−1.480
	−0.121	0.344	−0.659	−0.379	0.272
	−0.210	0.550	−1.150	−0.650	0.440
	2.151	2.634	1.056	1.587	2.275
	3.24***	3.76***	1.83*	2.67***	3.55***
	238	238	239	239	239
	30.9428	35.5827	0.6953	37.1974	45.551
	0	0	0.4044	0	0

　医療政策における官僚影響力についても、産業政策同様、3つのモデルを通じて政策距離が仮説に沿う負の係数を示している。また医療政策については、厚生省ダミー、幹部ダミーのいずれも正の係数を示し、他省庁に比べて厚生省の官僚ほど、また幹部官僚ほど、医療政策における官僚の影響力を強く評価することが示された。

　また農業政策における官僚影響力については、本章の主たる関心である、自民党との政策距離変数はほとんど効果を持たなかった。ただ2つのコントロール変数はいずれも強い正の係数を示し、農林省の官僚ほど、また幹部官

図4-8 医療政策における影響力についての順序ロジット回帰分析の結果(モデル3)をもとにした
　　　自民党との政策距離の効果予測

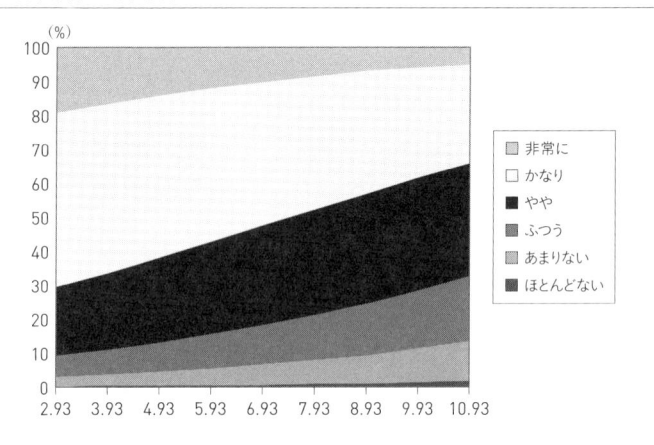

僚ほど農業政策における官僚の影響力を高く評価する傾向が見られた。

　最後に、順序ロジット回帰分析の係数は直感的には把握しにくいので、その効果を見るために行った分析を図4-8に示している。ここでは医療政策における官僚影響力を分析したモデル3の結果をもとに、厚生省の課長であったと仮定した上で、自民党との政策距離を最小値から最大値まで変化させた場合に、官僚影響力に関する各回答の確率がどのように変化するかという予測値を示している。図からは、政策距離が影響力評価にかなり大きな効果を持つものであることが示されているだろう。

　以上の分析結果から【仮説2】を裏付ける一定の証拠が得られたものと思われる。農業政策における官僚影響力については、十分な結果が得られなかったが、産業政策、医療政策のいずれについても官僚影響力と自民党の政策距離の間には負の関係が見られ、自民党と距離の近い官僚ほど、自民党政権によってより大きな裁量を付与されていることが裏付けられたように思われる。選挙制度改革以前の自民党単独の安定政権下では、事前のコントロールと事後のコントロールは代替性を維持していたのである。

4 ▶ 政権交代の可能性と官僚コントロールの非効率化

　本章では、PAモデルに依拠して、選挙制度改革前後の政官関係とその変化を分析した。官僚に対する二度のサーベイ調査結果を利用し、選挙制度改革以前の自民党単独による安定政権の下では、自民党政権は、自らの政策選好に近い官僚を登用し、事前のコントロールを働かせることで、官僚に大きな裁量を与えることに成功してきたと思われる。官僚制は有能かつ忠実な自民党のエージェントとして、政策形成執行に影響力を行使してきたのである（Ramseyer and Rosenbluth, 1993）。自民党と政策的な考えが近い官僚ほど、より大きな影響力を保持してきたとの分析結果は、このような認識を裏付けるものであった。

　他方で、政権が不安定化した選挙制度改革後において、入口選抜の閉鎖型任用制が維持される中で、自民党は事前コントロールの手段を失い、政策的により近い官僚を幹部に取り立てることができなくなったと思われる。結果的に、事後のコントロールをより強化することになり、官僚の裁量は狭められることになったと考えられる。

　官僚制に対する統制の強化は近年、内閣人事局の創設に象徴される人事制度改革にも及び、政権与党は事前のコントロールについてもこれを強めようとしているようである。民間大企業が新卒一括採用、終身雇用を基本的には維持している中で、政治的な任用を取り入れた開放型任用制への変革がどの程度の実効性を持つのかは少なくとも現段階では定かでないが、自民党も民主（民進）党も官僚統制強化の方向については一致しているようであり、前述したような、（潜在的）プリンシパル間の競争による官僚コントロールの重複（redundancy）が生じつつあるようにも思われる。第1章、第2章でも論じてきたように、選挙制度改革は自民党を集権化し、二大政党制化をもたらすことで、有権者によるリーダーシップ選択の効率化（efficiency）をある程度実現してきた。しかしながらその結果、執政を支える官僚制との関係にはある種の非効率性が持ち込まれることになったのである。エージェントとしての官僚を過剰にコントロールすることは、その能力を十分に生かし難くするので

あり、執政権力を抑制する効果を持つと思われる。主権者たる国民から見れば、政権選択の自由を得たことに伴う一種のコストということができよう。

註

★1——本章の分析で使用するサーベイデータは、村松岐夫京都大学名誉教授を中心とする3次のエリート調査によるものである（官僚調査については、第1回1976年〜77年、第2回1986年、第3回2001年から02年、また議員調査については、第1回1978年、第2回1987年、第3回2002年）。このうち本章で利用したのは、第1回と第3回の官僚調査、議員調査データである。なお本章では政治家と官僚に対する共通の質問項目を利用する都合から、そうした項目が設定されていなかった第2回調査については利用していない。
　　なお官僚のサンプルは、大蔵省（41〔77年〕59〔02年〕）、通産省（42〔77年〕43〔02年〕）、経済企画庁（19〔77年〕17〔02年〕）、農林省（35〔77年〕29〔02年〕）、建設省（〔77年〕53〔02年〕）、労働省（27〔77年〕28〔02年〕）、厚生省（42〔77年〕41〔02年〕）、自治省（19〔77年〕20〔02年〕）の8省庁について、本省課長以上のポストを担当する幹部官僚から選ばれている（計251〔77年〕290〔02年〕）。省庁再編後については、第1回、第2回に調査対象としたポストの移転先ポストの任にある者を調査対象としている。
　　また議員のサンプルは、1978年については自民党（50）、社会党（26）、公明党（12）、民社党（5）、共産党（4）、新自由クラブ（4）であり（計101）、2002年については、自民党（61）、公明党（7）、保守党（2）、民主党（46）、自由党（7）、共産党（6）、社民党（5）、無所属の会（2）である（計136）。
★2——官僚の政治的コントロールをこのように4つの段階に区分する上では、曽我（2005; 2013）を参考にした。
★3——ただ既存のPAモデルによる官僚制研究においては、政策の具体的執行のタイミングを挟んで、第一から第三の手段を「事前のコントロール」と呼び、第四の手段を「事後のコントロール」と呼ぶことが多いようである。
★4——閉鎖型任用制と開放型任用制の対比については、西尾（2001）を参照。
★5——既存のPAモデルを適用した官僚制研究においては、官僚コントロール手段の代替的関係についての実証分析は、ボーンやエプスタイン・オハラハンらの研究、フーバー・シッパンによる研究など少数の重要な例外はあるものの、充分に蓄積されてきたとは言い難い。実証研究が未開拓となっている一つの大きな要因は、PAモデルによる官僚制研究が、主にアメリカ（のみ）を対象にして発展してきたことだと思われる。大統領制において必然的に生じる二重プリンシパルが、複数コントロール手段間の代替性を顕在化させなかったのである（Bawn, 1997; Epstein and O'Halloran, 1999; 曽我, 2005）。
★6——①「近化社会の病理を明らかにし、これに対処すること」②「国家と民衆の新し

い関係のもち方」③「日本の社会システムの特質を明らかにすること」④「公共政策の意思決定の探究」⑤「将来の望ましい企業形態（産業組織のあり方）」⑥「資源・エネルギー問題」⑦「日本の技術開発戦略」⑧「教育の新しい目標と制度の改革」⑨「都市空間利用の総合計画」⑩「将来の生活構造のあり方の探究」⑪「新しい価値体系の探究」⑫「環境の質と生態系の管理」⑬「日本の安全保障」⑭「経済活動の国際的適応」⑮「開発途上国との交流」⑯「先進産業国との交流」

★7——たとえば16項目中、最も選択率の低いのは「先進産業国との交流」である。ただしこの項目については、すべてのサンプルについて選択がゼロのため、図からは省略されている。他方、最も言及率が高いのは「資源・エネルギーの問題」である。

★8——なお分析の過程においては、自民党からの政策距離について、各項目における差の2乗を足し合わせ、平方根を取るいわゆる多次元空間距離値も試みたが、結果に大きな違いはなかったため、より単純な絶対値合計の値を取ることとした。また各項目の得点を3点、2点、1点と区別せず、すべてを1点とした上で主成分分析を行い、主成分得点をもとに寄与率で重みづけしつつ距離を求める方法（第5章の分析において用いた方法（章末註3、p.139））についても試みたが、これについても本章で試みた回帰分析（表4-4）の結果とほとんど違いがなく、また有力な主成分が析出できず（77年の場合には固有値1以上の主成分は8つ、また02年の場合には5つ）主成分の解釈がほとんど不可能であったため、本章のような素データによる分析を選択することとした。

★9——すなわち「日本国民にとって、今重要であると考えておられる問題を、次の中から重要な順に3つあげていただけませんか。」という質問に対して、①「都市問題」②「科学技術の開発」③「防衛問題」④「国際経済」⑤「資源・エネルギー」⑥「教育」⑦「福祉問題」⑧「国内経済」という8つの項目から選択する形式となっている。

★10——このような相対化は直感的な理解を助けるための便宜的なものであり、前述したような選択肢の数の違いによってもたらされる77年調査と02年調査の政策距離の大きさの違いを補正する手段として完全なものではないと思われる。

★11——なお各政策ポイント、政策距離の所属政党、所属省庁ごとの平均値等、記述統計データについては別稿を参照（建林、2005）。

★12——自民党支持かどうかというグループを基準として政策距離の平均値を比較した場合にも、77年調査、02年調査のいずれにおいても有意差は見られない。

★13——それぞれの官僚が15歳の時点において「あなたのお宅のくらしむきは、次の5つに分けるとすればどれに当たるでしょうか。当時のふつうのくらしむきとくらべてお答えください。」との設問に対し、1. 非常に豊か、2. やや豊か、3. ふつう、4. やや貧しい、5. 非常に貧しい、という5段階の選択による回答。

★14——行政の役割や他のアクターとの接触頻度などに関する設問も継続して問われており、利用可能性を検討したが、裁量に関する現状評価の測定変数として用いることは難しく、利用できなかった。行政裁量については、フーバー・シッパンの研究のようにサーベイ調査以外のデータから把握する手法もあり得よう。今後の課題である（Huber and Shipan, 2002）。

★15——この設問については、政治家調査とも共通の設問であり、集計に政治家データを加えることも可能であったが、政治家調査の結果の一部は、第2章で紹介したため、こ

こでは官僚調査のみを集計した。

★16 —— 1987年調査の結果も含めたより詳細な分析については村松（2010）を参照。

★17 —— なお実際の調査票では、1.「非常に」〜7.「ない」の順に並んでいるが、直感的な量的理解に沿うように分析の上では順番と数値を1.「ない」〜7.「非常に」へと逆転させている。

★18 —— なお当該政策を実際に担当する官僚と、担当しない官僚とでは、官僚制全体の裁量評価と各自の裁量の自己評価の近似の程度が異なる可能性があり、各官僚個人の属性である政策距離の効き方に違いが生じるかもしれない。このような可能性に配慮して、政策距離と所属官庁ダミーの交互作用を投入する分析モデルも検討したが、ほとんど効果が見られないためここでは割愛している。なお別稿ではこの交互作用項を加えて検討している（建林、2005）。

第 **5** 章

議員の政策選好と自律性
—— アリーナと選挙制度の異同を手がかりに

　日本の政党政治においては、これまで衆議院というアリーナにおける競争ばかりが注目され、しばしばそれのみが日本の政党システムと政党組織を形作っているかのように捉えられてきた。しかしながらいわゆるねじれ国会が顕かにしたように、法律や予算の実現を通じた政策実行能力を備えた政権は、参議院の多数を必要としたのであり（あるいは衆議院の3分の2）、衆議院において過剰規模連立となる自民党と公明党の連立などの現象は、参議院における多数派形成という目的抜きには説明不能であった。また1989年以降の、自民党が参議院で過半数割れした時期ばかりでなく、自民党結党以前の諸内閣が、参議院における法案審議、多数派形成に大きな困難を抱えていた事実は、自民党結党以降、自民党が参議院で安定的な多数を維持していた時期についても、参議院の影響力についての慎重な再検討を求めるものであった（Druckman et al., 2005; 竹中, 2010）。

　さらに従来指摘されてきた、日本の地方政治において党派性の働きが弱いという現象は、それ自体は二元代表制と議会の中・大選挙区制という地方政治の制度ミックスからかなりの程度説明可能であったが、地方政治の特徴であったばかりでなく、国政レベルの政党政治を大きく規定してきたと思われる（建林編, 2013）。地方議員は地方政治レベルで多数派をめざすという地方政治家としての顔だけでなく、国政政党の活動家としての二重の顔を持つ存在なのであり、2つの政治競争アリーナのずれによって生じる地方議員のジ

レンマが、国政政党の与野党対立関係を曖昧にし、政党本位の政治の成立を難しくしてきたからである。

　要するに日本の主要政党は、衆議院という中心的なアリーナのみならず、参議院や地方政治アリーナでも激しく争ってきたのであり、そうしたマルチレベルの競争が、日本の政党政治を特徴づけてきたと思われるのである（Deschouwer, 2003; 2006; 建林, 2012; Detterbeck, 2013）。本書第1章では、このような観点から参議院や地方政治のアリーナが、政党システムや政党組織にどのような影響を及ぼすかについて、理論的な考察を加えたが、以下の3つの章では、議員サーベイデータを用いてその実証を試みる。具体的には、第1章で詳しく検討したように、衆議院アリーナについては、選挙制度改革によって政党システムの二大政党制化、政党組織の集権化という変化が生じることになったが、参議院や地方政治のアリーナでは、多党制や分権性をもたらす制度が維持されたのであり、こうした参議院や地方政治の制度がどのような効果を持っていたのか、どのようなインセンティブを政治家に付与し、その結果、政党政治や政党組織にどのような特徴をもたらすことになったのかを検討していく。具体的には、衆議院議員、参議院議員、地方議会議員の3者を対象にしたサーベイ調査を用い、参議院議員や地方議員の政策指向が、衆議院議員といかに異なるのかを分析する。また参議院の選挙制度が参議院議員の政党組織に対する態度をいかに規定しているかを分析する。

1▸　データの概要

　本章の分析で用いる議員サーベイは2種類のものである。第一は、2009年11月に衆議院議員と参議院議員に対して行われた早稲田大学・読売新聞社共同「国会議員アンケート」調査であり、第二は筆者を含む政治学者の研究グループによって2010年2月から3月にかけて行われた「2010年全国都道府県議会議員調査」である[*1]。いずれの調査もその時点におけるすべての現職議員に対して前者はファックスと郵送、後者は郵送によって行ったものである。回収率は衆議院議員が約59％、参議院議員が約39％、都道府県議

が約34%とやや偏りがある。また都道府県議については、都道府県間のバラつきが大きく、都市部のサンプルがやや少ないことにも注意を要するが、衆議院、参議院、都道府県議のそれぞれについて、政党別の比率は、実際のそれとほぼ対応したものとなっており、十分に有効な分析の可能なデータだと思われる[2]。なお本章で利用した質問項目は、巻末に示している通りである。

2 ▸ 議員の政策選好と政治競争アリーナ

　まず政党中枢からの政策距離、凝集性を分析するための準備として、各議員、諸政党の政策選好を検討しよう。用いるのは以下の6つの政策に関する問いであり、いずれも各議員に5段階での回答を求めている。なお設問文に関するここでの説明はあくまでも要約抜粋であり、回答の選択肢を含め、正確な文言については、巻末資料を参照されたい。すなわちQ1「現行憲法はそのまま維持すべきだという意見に賛成ですか、反対ですか」（1. 賛成 … 5. 反対）、Q2「国の予算を決められるとしたら、公共事業と社会福祉のどちらにより多く予算を配分しますか」（1. 公共事業 … 5. 社会福祉）、Q3「輸入をより自由化することについて、あなたの意見はどちらに近いですか」（1. よい … 5. よくない）、Q4「日本の政府のあり方について、あなたの意見はどちらに近いですか」（1. 小さい政府 … 5. 大きい政府）、Q5「「夫婦別姓」の導入に賛成ですか、反対ですか」（1. 賛成 … 5. 反対）、Q6「永住外国人に地方参政権を与えるべきだとの意見について賛成ですか、反対ですか」（1. 賛成 … 5. 反対）、という6つの政策に関する問いである。

　これらの設問は、上記2つの異なる調査に共通の質問項目として加えられたものである。図5-1には、6つの設問に対する所属政党ごとの回答平均値が示されている。一見したところ、民主党と公明党、社民党と共産党の位置が近く、自民党が異なる態度をとる争点が多いようである。具体的には、Q1現行憲法の維持、Q5夫婦別性導入、Q6外国人の地方参政権という、体制や価値にかかわる非経済争点については自民党と共産党、社民党が激しく

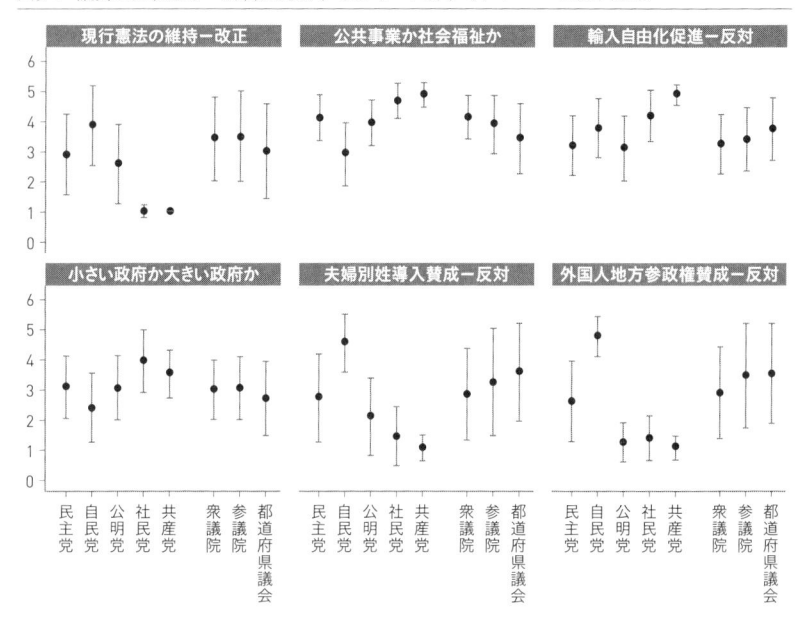

図5-1 議員の政策選好—所属政党別平均とアリーナ別平均(エラーバーは標準偏差)

対立し、民主党と公明党がその中間の位置を占めている。対してQ2公共事業vs.社会福祉、Q3輸入自由化促進、Q4小さい政府vs.大きい政府か、という経済的な問題については、党派間の違いが相対的に小さいことがまず特徴的であり、Q2公共事業vs.社会福祉、Q4小さい政府vs.大きい政府の争点については、非経済争点同様に自民党と共産党、社民党に挟まれる形で公明党と民主党が位置づけているのに対し、Q3輸入自由化の問題については、共産党が最も保護主義的である一方、公明・民主両党が最も自由主義的であり、自民、社民両党が中央を占める、というように政党間の対立関係に違いがみられることも興味深い。

　また図5-1には、衆議院議員、参議院議員、都道府県議のそれぞれの平均値も示されている。前述のように、各サンプルの党派構成比は、ほぼ実際の構成を反映しており、党派的な歪みはそれほど大きくないものと思われる

が、争点ごとに平均値の違いが確認できる。衆議院議員と都道府県議の回答平均値はすべての問いについて、1%水準の有意差 (T検定) を示している。また参議院議員と都道府県議は、Q1〜Q4について、衆議院議員と参議院議員については、Q2、Q5、Q6について5%未満の有意差が見られている (分析結果は省略)。前述のように日本の内閣は、衆参を包括するような多数派によって形成されてきたと思われるが、ここに示されたように衆議院と参議院の平均的な政策指向が異なっているという事実は、政権の政策指向を捉えようとする場合にも、単に衆議院の多数派のみから捉えることには問題があることを示唆しているだろう。

3 ▸ 政策対立軸の抽出

　6つの政策はそれぞれ似た要素があり、それらを個々に論じることは難しいので、以下では主成分分析を用いて政策対立軸を導き、政治競争アリーナや、選挙制度等の効果を検討する。表5-1は、国会議員と都道府県議すべてのサンプルについて、6つの設問の主成分分析を示している。第1主成分は、Q3以外の5つの設問が大きな値を示している。すなわち憲法改正、公共事業支出、小さな政府、別姓反対、外国人参政権反対という指向に対して、憲法維持、社会福祉支出、大きな政府、別姓賛成、外国人参政権賛成という指向が対置されており、リベラル (−) −保守 (+) の軸というべきものが見いだされる。これに対して、第2主成分は、Q3の輸入自由化に対する態度のみが大きな値を示しており、市場開放 (−) −保護主義 (+) の軸と見ることができよう。

　また図5-2はそれぞれの議員の主成分得点を所属政党ごとに散布図表示したものである。自民党は主に右側 (第1、第4象限) に、民主党は主に左側に (第2、第3象限) 分布しており、公明党は左下を中心に、共産党、社民党は左上に極めて類似した分布を示している。国政レベルにおける自公の協力関係は、15年以上の長期に及ぶものであり、安定的だとの評価もあるが (Ehrhardt et al, 2014)、地方議員を含めた場合の政策選好は自民党とかなり異なってお

表5-1 政策選好の主成分分析

	第1主成分	第2主成分
Q 1　現行憲法の維持	0.667	-0.237
Q 2　公共事業か　社会福祉か	-0.720	-0.177
Q 3　輸入の自由化促進	0.017	0.961
Q 4　小さい政府か　大きい政府か	-0.552	0.209
Q 5　夫婦別姓導入	0.859	0.097
Q 6　外国人の地方参政権	0.872	0.054
寄与率(%)	46.09	17.77

図5-2 議員の所属政党別政策位置

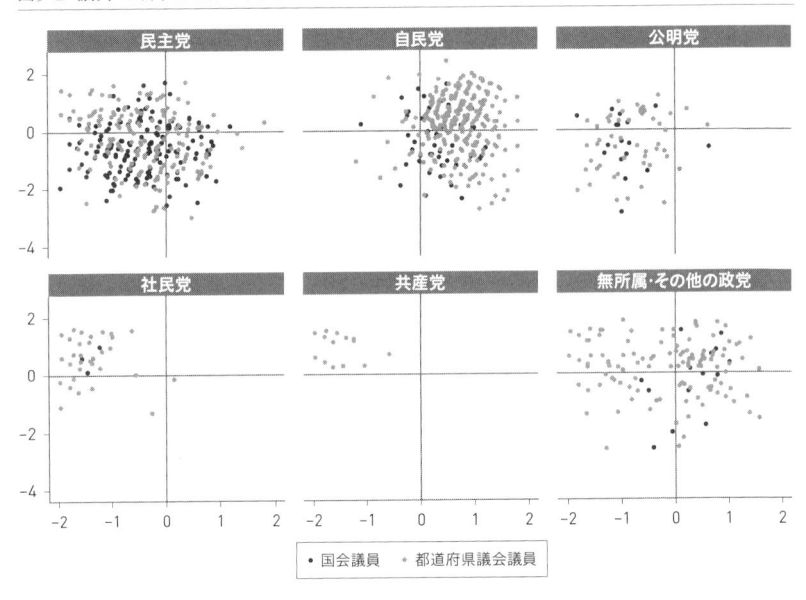

り、マルチレベルの政治競争を射程に入れた場合には、その脆弱性が示唆されているように思われる。

4 ▸ 政党からの政策距離

　では各議員は、政党の政策ポジションとどのように異なった政策位置を取るのだろうか。また政党からの政策距離はどのような要因に規定されているのだろか。選挙制度や政治競争アリーナの違いは、いかなる効果を持つのか。このような観点から、本節では所属議員の平均得点から政党中枢の政策位置を求め、各議員の政策位置との間の政策距離を求めた上で、その政策距離を従属変数とする重回帰分析を行う[3]。なお独立変数としては、次のような変数を用いている。

（1）所属政党ダミー

　「自民党ダミー」「公明党ダミー」「共産党ダミー」「社民党ダミー」「その他の政党ダミー」「無所属ダミー」の各変数であり、民主党を参照カテゴリーとしている。所属政党ダミーについては、公明党、共産党、社民党という組織政党については、凝集性が強いのではないか、すなわち政策距離が小さいのではないかと予測する。

（2）政治競争アリーナ・選挙制度ダミー（制度変数）

　本章の分析において中心的関心となる変数であり、以下本章ではこの変数を制度変数と呼ぶ。具体的には、「衆院比例単独」「衆院比例復活」「参院小選挙区（定数1）」「参院中選挙区（定数2以上）」「参院比例区」「県議小選挙区（定数1）」「県議中選挙区（定数2〜5）」「県議大選挙区（定数6〜）」の各ダミー変数を用い、衆院小選挙区選出の議員をベースカテゴリーとしている。

　ここで想定する仮説は、第一に、政治競争のアリーナの違いが議員に異なるインセンティブを与え、政党中枢とは離れた政策指向を持たせるのではないか。すなわち参議院議員、都道府県議会議員は、衆議院議員に比べて政党中枢から離れた政策位置を取ることになるのではないかというものである。1994年に導入された衆議院の小選挙区比例代表並立制は、議員個人が個人投票を競い合う中選挙区制と異なって小選挙区部分も比例代表（クローズ

ドリスト）部分も政党同士の競争を促す選挙制度であり、衆議院議員に関しては、政党中枢への集権化が生じ、政党本位の選挙を通じて議員の政策選好の凝集性を強めるものと考えられた。これに対して参議院は内閣創出機能を持たず、与党中枢からの解散権による統制も機能しないのであり、有権者レベルの政権選択投票の誘因はより低くなるであろう。相対的に個人本位の投票選択を行いやすいと思われる。また都道府県は異なる政府レベルであることに加えて二元代表制であるために、衆議院選挙に比べれば有権者の政党投票誘因は抑制され、個人投票誘因が働くものと思われる。ヨーロッパ各国の国会議員、地方議員のサーベイデータを分析したヴァンヴォンノらは、スイス以外の国々では、地方議員は国会議員と同等、あるいは国会議員以上に政党中枢と政策的見解が一致することを明らかにしたが、政党が社会的亀裂をそれほど明瞭には反映していない日本においては、中央と地方の政治制度のずれを反映して、地方議員の自律性は相当程度高いと予想される（van Vonno et al., 2014）[★4]。

　第二に、参議院議員や都道府県議については、衆議院とは異なって、個人本位の投票を促すような選挙制度が採られているために、個人投票の獲得に適合的な個別主義的な政策サービスをアピールする可能性や、政党中枢から政策的に離れた位置取り（position taking）を行う可能性がある。すなわち同じ参議院議員、都道府県議でも小選挙区選出の議員については「均一な」選挙制度の下で、所属政党中枢と近い政策を掲げ、より政党本位の選挙を展開するかもしれないが、参議院の中選挙区選出議員や比例区（オープンリスト）選出議員、あるいは都道府県議会議員の中・大選挙区の議員らについては、より個人本位に、独自の政策的立場を取るのではないかと予想される（上神, 2013）。

　第三に、衆議院の並立制は、前述のように小選挙区部分も比例代表（クローズドリスト）部分も政党本位の選挙を通じて議員の政策選好も凝集性を強める制度であるが、小選挙区制は、直接的には、候補者個人を選択する制度であるために、敢えてどちらかといえば比例代表部分の方がそうした効果をより強く持つものと思われる。したがって衆議院比例単独候補は、小選挙区

組よりは、政党中枢との連携を強め、政策距離はより小さくなるものと予想する (Stratmann, and Baur, 2003; Crisp, 2007)。また重複立候補の比例復活組については、小選挙区組と比例代表単独組の中間的な性格を持つのではないか、したがって小選挙区組との違いはそれほど明瞭には表れないのではないかと予想する。比例復活組に関しては、小選挙区での当選を強く望む議員については、小選挙区組と変わらない態度を取るであろうが、そもそも小選挙区で勝つ見込みのない議員も多く存在すると思われ、後者の議員については比例単独組と類似した態度を取ると思われるからである。

（3）年齢、当選回数、選挙での強さ

「年齢」は議員の将来性を示す変数であるといえよう。すなわち年齢を重ねた議員は、政党中枢に評価されることによって人事上の見返りをはじめ、様々な便益を受ける将来的な期待度が小さいのであり、政党中枢からより高い自律性を持つのではないかと考えられる。

「当選回数」も年齢同様に、議員の将来を示す変数だと思われる。ベテラン議員ほど政党中枢から受ける将来的な見返りが少なくなると思われるのであり、自律性がより大きくなるのではないかと思われる。

選挙での強さを示す「得票マージン (marginality)」に関しては、小選挙区、中大選挙区選出の議員については、いずれも定数 (M) をもとに、絶対当選ライン（クォータ）$(Q = 1/M + 1)$ を求め、各議員の相対得票率をVとしたときの、marginality $= (V - Q)/Q$ を用いている。また衆議院の比例復活組については、選挙区での得票にもとづいた marginality を用いた。これに対して衆議院の比例単独候補と参議院の比例候補については、やや複雑な操作化を行っている。すなわち衆議院の比例単独組については、①もし当該候補よりも比例名簿の上位に復活当選者が存在する場合には、その直近上位の復活当選者の marginality と同じ値を当該候補の marginality とし、②名簿のより上位に復活当選者がいない場合には、すべて0を充てることとした。また参議院の比例組については、所属政党名簿の個人名票 (選好投票) の総合計に占める当該議員個人票の相対得票率Pを求めた上で、所属政党名簿の比例当

選者総数Nからクォータ（Q＝1/N＋1）を求め、選挙区のケースと同様に marginality＝（P－Q）/Qの値を算出した。選挙の強さについては、特に所属政党中枢からの政策距離に影響を持つのではないかと考えられる。すなわちより強い議員は政党からの自律性をより強く保つことができるのではないかと予想する。

（4）都市度

都市度を表す変数としては選挙区の「農林漁業者人口比」を用いている。なお衆議院の重複立候補者については、立候補した小選挙区の値を、衆議院の比例単独当選者については、各比例ブロックの農林漁業人口比を充てている。また参議院議員の場合には、地方区選出の議員は各都道府県の値としたが、比例区選出議員については、各議員個人の選好投票（個人票）の都道府県別の得票比率をもとに、都道府県の農林漁業人口比を加重平均した値を算出した。オープンリストの参議院比例区については、特定の地域から集中して得票するいわゆる「ご当地候補」が存在するために[5]、こうした操作化を行うこととした。なお選挙区の都市度については、コントロール変数として投入しているが、事前に特段の予想を持つものではない。日本の主要政党は基本的に全国的に展開している政党であるために、選挙区の社会経済的特性によって凝集性、政策距離に違いが出るとは考えにくいからである[6]。

（5）政策距離の分析結果

前述のように本章の問題関心は、政治アリーナの違い、選挙制度の違いが政党システムや政党組織にいかなる影響を及ぼすかにあるが、そうした制度変数が及ぼす政党組織への効果は、政党ごとに異なる可能性があるだろう。そこで本章では、全サンプルの分析（モデル1）に加えて、政党ダミーを除いたその他の変数を独立変数として、民主党のみ（モデル2）、自民党のみ（モデル3）をサンプルとする分析を行った[7]。表5-2は重回帰分析の結果を示したものである。まず「自民党ダミー」「公明党ダミー」「共産党ダミー」「社民党ダミー」というすべての政党ダミーが有意な負の係数を示しており、民主

表5-2　政策距離の重回帰分析（OLS）

	全部	民主のみ	自民のみ
自民党ダミー	-0.122 -5.59***		
公明党ダミー	-0.085 -2.43**		
共産党ダミー	-0.428 -9.55***		
社民党ダミー	-0.230 -5.30***		
その他の政党ダミー	0.091 1.69*		
無所属ダミー	0.154 4.89***		
衆院比例単独	0.043 0.880	0.137 1.88*	-0.049 -0.310
衆院比例復活	0.036 0.860	-0.036 -0.630	0.058 0.760
参院小選挙区	0.030 0.480	-0.017 -0.180	-0.048 -0.470
参院中選挙区	0.050 0.870	0.056 0.640	-0.042 -0.440
参院比例区	0.116 2.05**	0.210 2.27**	0.161 1.560
県議小選挙区	0.008 0.190	-0.025 -0.280	-0.099 -1.480
県議中選挙区	0.059 2.12**	0.076 2.03**	-0.040 -0.700
県議大選挙区	0.058 1.89*	0.111 2.26**	-0.098 -1.610
農林漁業人口比	-0.225 -0.750	0.409 0.680	0.077 0.180
得票マージン	0.029 0.720	0.065 0.850	0.058 0.870
当選回数	-0.003 -0.630	0.004 0.350	-0.009 -1.190
年齢	0.003 2.57**	0.003 1.640	0.004 2.38**
constant	0.397 8.26***	0.350 4.85***	0.309 3.39***
N 調整済みR2乗	1040 0.167	340 0.0442	404 0.0227

* p<0.1,　** p<0.05,　*** p<0.01

党の凝集性の弱さを顕著に示している。次に本章の注目する政治競争アリーナ・選挙制度ダミーについては、事前の予想どおり、参議院の比例区選出議員、都道府県議の中選挙区・大選挙区選出組が、衆議院小選挙区組よりも政党の平均値から有意に離れた政策位置をとっており、選挙制度のもたらす個人投票誘因の強さが議員の自律性に結びついているのではないかと思われる。また「年齢」についても予想通り、年長の議員ほど、政策距離が遠いという傾向がみられる。民主党、自民党のそれぞれにサンプルを限定した分析については、民主党についてはほぼ全体サンプルと同様の結果が見られるが、自民党については「年齢」以外には有意な変数がなく、制度変数の効果は十分に確認することができなかった。

5 ▸ 議員は政党や支持者をどのように捉えているのか

　本章におけるもう1つの分析は、衆議院議員と参議院議員を対象にした、議員と政党との関係、また議員と選挙区、支持団体との関係についての設問への回答を従属変数とする回帰分析である。ここでの関心は、前述のように議員と政党との関係にあるが、議員と選挙区、議員と支持団体との結びつきの強さ（弱さ）は、議員と政党の関係の弱さ（強さ）を間接的に示す指標として用いることができるものと考える。具体的には、早稲田読売共同「国会議員アンケート」調査の中の、Q7「所属政党のマニフェストとあなたの主張とが異なった場合、あなたはどうされますか。」(1. マニフェストを優先 … 5. 自らの主張を優先)、Q8「所属政党のマニフェストとあなたを支持する有権者や支持団体の利益とが対立する場合、あなたはどうされますか。」(1. マニフェストを優先 … 5. 支持者や支持団体を優先)、Q9「国民の代表である国会議員は、国会活動を地元選挙区での活動より優先すべきだとの意見について、賛成ですか、反対ですか。」(1. 賛成 … 5. 反対)、Q10「国会開会中 (現在)、地元にどのくらいの頻度で帰りますか。」(1. 毎日 … 5. 月1回以下) という4つの質問に対する5段階の回答を従属変数とする (正確には巻末の質問文を参照のこと)。
　回答は5段階の順序変数なので、分析モデルとしては、順序プロビット

回帰を用いている。また独立変数としては、前節の分析同様、「所属政党ダミー」「政治競争アリーナ・選挙制度ダミー(制度変数)」「年齢」「当選回数」「都市度」「選挙での強さ」をそれぞれ投入するとともに、「性別ダミー」(女性＝1、男性＝0) を加えている。また民主党のみのサンプル (モデル2)、自民党のみのサンプル (モデル3) についても、それぞれ別々に分析を加えている。

(1) 所属政党

　所属政党については、前節の分析同様、公明党、共産党、社民党という組織政党については、組織基盤の弱い民主党に比べて、政党組織、マニフェストを相対的に重視し、自身の考えや、選挙区サービスを軽視する傾向を持つのではないかと予想する。したがって「公明党ダミー」「共産党ダミー」「社民党ダミー」については、Q7、Q8を従属変数とする分析において負の係数が示されるものと予想する。

(2) 政治競争アリーナ・選挙制度ダミー(制度変数)

　本節の分析においては、「衆院比例単独」「衆院比例復活」「参院小選挙区(定数1)」「参院中選挙区 (定数2以上)」「参院比例区」の各ダミー変数を投入しており、衆議院小選挙区を参照カテゴリーとしている。ここでの予測は、第一に、政党本位な衆議院議員に比べて、参議院議員は政党やマニフェストを軽視し、自身の考えや支持団体を重視し、議員それぞれが政党からの自律性を保持しがちだろうというものであり、第二に、同じ参議院の中でも、1人区では党本部からの統制が機能しやすいのに対し、中選挙区、比例区選出 (オープンリスト) の議員は、政党から自律的に振る舞い、自身の考えや支持団体を重視する傾向を持つだろうというものである (André et al., 2014)。したがってQ7、Q8について「参院小選挙区」「参院中選挙区」「参院比例区」のそれぞれについて正の係数を予想する。また後の2変数については、より強い効果が示されるのではないかと考える。また衆議院の小選挙区制と比例代表制 (クローズドリスト) は、共に政党投票を促し、規律と凝集性を強める制度だが、小選挙区制は個人を選ぶ選挙であるために、比例代表部分の方がそ

の傾向をより強く持つだろう。したがって政策距離の分析同様、衆院比例単独組に関しては、小選挙区組よりも、政党の考えをより重視するものと予想する。すなわちQ7、Q8について「衆院比例単独」は負の係数を示すだろう。また比例復活組については、やはり政策距離の分析同様に、小選挙区組と比例単独組の中間的な性格を示すのではないか、したがって小選挙区組との明瞭な違いは表れないのではないかと予測する。

第三に、衆議院の比例単独組、参議院の比例組は、狭い選挙区を持っておらず、選挙区利益を重視する代表観に否定的な立場を取るのではないか。したがって、「衆議院比例単独」「参議院比例」の変数について、Q9の分析について負の係数を、Q10の分析については正の係数を予想する。比例復活組については、この点についても小選挙区組と比例単独組の中間的な態度を取るのではないかと予想する。

（3）年齢、当選回数、選挙での強さ、性別

「年齢」「当選回数」「得票マージン」という3つの変数については、いずれも前節の分析同様、それぞれの議員は、年齢が高いほど、当選回数が多いほど、選挙で強いほど、政党から自律性を持つと考える。こうした傾向は、選挙区や支持団体に関しても同様であろう。すなわち年齢が高いほど、当選回数が多いほど、選挙で強いほど、選挙区や支持団体からの自律性を強めるものと予想する（André et al., 2015）。その上で、政党と選挙区、支持団体のいずれを重視するのか、という相対的な比重については、これら3変数は特に効果を持たないのではないか。したがってQ7、Q10については正の係数を、Q9については負の係数を予想するが、Q8については特段の効果は想定していない。また「性別」に関しては、コントロール変数として分析に含めているが、事前に特段の仮説を持つものではない。

（4）都市度

都市度については、一般に都市部では選挙区の利益が多様化しており、農村部では選挙区の利益が一枚岩的なのではないか、またその結果、選出議員

に対する政策委任も明確になり、議員への圧力が強くなるのではないかと考える。したがって選挙区の農村度が高いほど、選挙区や支持団体の影響を受けやすくなるのではないかと予想する。すなわちQ8、Q9では「農林漁業人口比」について正の係数を、Q10では負の係数を予想するが、Q7には特段の予想は持たない。

6 ▶ 政党に対する意識の分析結果

（1）政党マニフェストか、あなたの主張か

　従属変数ごとに結果を検討しよう。表5-3は順序プロビット回帰分析の結果を示したものである。なおQ7のモデル3、Q8のモデル2については、モデル全体が有意な結果とならなかったために表示していない。すべての議員をサンプルとする分析においては、自民党、社民党、その他の政党、無所属が正に有意な係数を示しており、民主党議員よりも、マニフェストを相対的に軽視しているのに対し、組織政党としての公明党は事前の予想通り、マイナスに有意な係数を示しており、政党マニフェストをより重視している。共産党については、係数はマイナスであるものの、有意な水準にはなく、また社民党についても予想とは逆にプラスであることは興味深い結果であるが、政党組織の集権度を示す結果というだけでなく、いわゆるマニフェスト選挙それ自体が、民主党の選挙戦略の一環であったということを反映しているかもしれない。

　次に本章の分析の主たる関心である、政治競争アリーナ・選挙制度変数であるが、事前の予想に添う形で、参議院中選挙区、参議院比例区の議員が衆議院小選挙区組に比べて、自身の主張を重視する立場を取っていることがわかる。また年齢については、予想とは反対に、年長者ほど政党を重視するという結果が示された。これら3つの独立変数の効果については、民主党のみをサンプルにする分析でも同様の結果が示されている。

　順序プロビット回帰分析では、係数によって効果の大きさが判断できないために、全体サンプルの推定結果をもとに、他の変数を平均値に固定して、

表5-3 政党や支持者に対する考え方を従属変数とする順序プロビット回帰分析

	Q7. マニフェスト(−)か あなたの主張(+)か		Q8. マニフェスト(−)か 支持者や支持団体(+)か	
	全部	民主のみ	全部	自民のみ
自民党ダミー	0.990		0.753	
	6.29***		4.65***	
公明党ダミー	−0.485		−0.441	
	−1.65*		−1.460	
共産党ダミー	−0.359		0.336	
	−0.550		0.590	
社民党ダミー	0.756		0.103	
	1.93*		0.250	
その他の政党ダミー	1.131		−0.397	
	3.47***		−1.220	
無所属ダミー	0.969		1.021	
	1.93*		2.05**	
衆院比例単独	0.211	−0.187	0.565	1.245
	0.920	−0.540	2.37**	1.93*
衆院比例復活	0.129	0.070	0.296	0.684
	0.720	0.280	1.610	1.84*
参院小選挙区	0.077	0.036	0.448	0.538
	0.310	0.110	1.76*	1.120
参院中選挙区	0.604	0.718	0.749	1.063
	2.40**	1.91*	2.88***	2.18**
参院比例区	0.726	0.975	1.047	1.439
	2.94***	2.65***	4.08***	2.47**
農林漁業人口比	0.405	2.377	7.204	17.899
	0.130	0.570	2.25**	2.87***
得票マージン	0.004	0.082	0.432	1.377
	0.010	0.150	1.380	1.560
当選回数	0.059	0.008	0.030	−0.081
	1.74*	0.150	0.840	−1.050
年齢	−0.019	−0.017	−0.013	−0.012
	−2.84***	−1.93*	−1.89*	−0.790
性別	−0.209	−0.149	0.256	−0.125
	−1.110	−0.590	1.310	−0.290
cut1	−1.948	−2.089	−1.322	−1.884
	−6.12***	−5.24***	−4.14***	−2.32**
cut2	−0.623	−0.639	0.066	−0.960
	−2.03**	−1.67*	0.210	−1.210
cut3	0.226	0.383	1.440	0.948
	0.740	1.010	4.49***	1.200
cut4	1.248	1.465	2.545	2.095
	3.98***	3.52***	6.97***	2.54**
N	358	210	355	92
カイ2乗	93.5652	17.6578	75.3014	22.0352
p	0	0.061	0	0.0149

* p<0.1, ** p<0.05, *** p<0.01

	Q9. 国会活動(−)か 地元活動(+)か			Q10. 地元に帰る頻度 多(−)か 少(+)か		
	全部	民主のみ	自民のみ	全部	民主のみ	自民のみ
	−0.429			0.093		
	−2.71***			0.540		
	0.549			−0.499		
	1.83*			−1.530		
	0.474			−0.046		
	0.980			−0.090		
	−0.182			0.924		
	−0.470			2.03**		
	−0.544			0.341		
	−1.580			0.910		
	0.074			0.132		
	0.160			0.270		
	−0.620	−0.697	−0.184	0.494	0.490	0.373
	−2.60***	−2.00**	−0.340	1.97**	1.360	0.610
	−0.298	0.000	−0.270	0.249	0.411	0.260
	−1.580	0.000	−0.730	1.220	1.470	0.650
	−0.090	0.275	−0.172	0.282	0.196	0.692
	−0.360	0.810	−0.380	1.020	0.540	1.300
	−0.669	−1.012	−0.243	0.241	−0.146	0.842
	−2.59***	−2.64***	−0.520	0.860	−0.370	1.570
	−0.461	−0.987	0.094	1.739	2.107	2.299
	−1.84*	−2.51**	0.170	5.85***	4.64***	3.36***
	6.690	1.512	8.851	23.973	21.891	21.747
	2.15**	0.370	1.480	6.40***	4.58***	3.08***
	0.150	−0.586	1.780	1.247	1.510	1.861
	0.480	−1.040	2.06**	3.61***	2.46**	1.90*
	−0.157	−0.130	−0.144	0.081	0.018	0.144
	−4.28***	−2.61***	−1.85*	1.98**	0.320	1.610
	−0.001	−0.008	0.007	0.001	0.001	−0.008
	−0.140	−0.840	0.480	0.080	0.050	−0.460
	0.296	0.319	0.782	−0.174	−0.090	−0.450
	1.580	1.250	1.92*	−0.840	−0.340	−0.920
	−1.221	−1.616	−0.165	−0.195	−0.330	−0.509
	−3.85***	−4.04***	−0.210	−0.570	−0.790	−0.590
	−0.510	−0.899	0.681	0.566	0.440	0.267
	−1.630	−2.30**	0.850	1.67*	1.060	0.310
	1.026	0.793	1.777	3.348	3.043	3.158
	3.22***	2.01**	2.19**	8.32***	6.11***	3.34***
	1.657	1.517	2.262	4.134	3.511	
	4.86***	3.56***	2.69***	8.89***	6.28***	
	368	213	97	369	216	94
	74.6779	36.6265	20.1308	109.9569	55.1734	25.9311
	0	0.0001	0.028	0	0	0.0038

図5-3 順序プロビット回帰分析の結果にもとづく予測値(Q7・Q8・Q9)

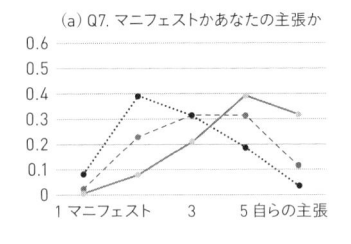

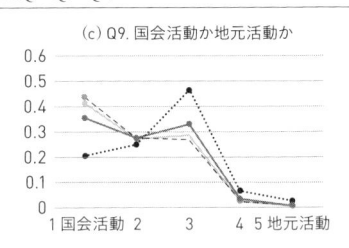

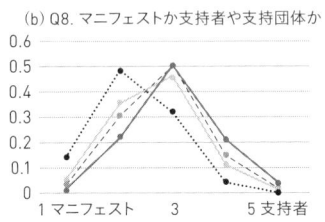

議員の当選カテゴリーのみを変化させた場合の回答分布予測を表示したのが図5-3(a)である。衆院小選挙区組に比べ、参院中選挙区組の場合には1ポイント、参院比例区組の場合には2ポイント、そのピークが右へずれていることがわかる

(2) 政党マニフェストか、支持者や支持団体か

　この従属変数については、政党ダミーについて、自民党、無所属が有意にプラスの係数を示し、民主党議員よりも支持者、支持団体の声をより重視するとの態度が示された。また政治競争アリーナ・選挙制度変数については、全体サンプルについては、衆院比例単独、参院小選挙区、参院中選挙区、参院比例区がいずれもプラスの係数を示している。参議院についてはいずれも予想通りの結果であり、参議院議員、特に中選挙区組や参院比例組は、政党マニフェストよりも自身の支持者や支持団体を重視する傾向を持っていることがわかる。ただ衆院比例単独組については事前の予想とは逆の結果であることを確認しておかねばならない。またこの傾向は自民党のみをサンプルと

する分析でも同様に示されている。衆院比例単独組は、政党とより強く一体化しているのではないかと考えられたが、必ずしもそうではなかった。この結果は比例単独候補が、特定の支持団体の推薦候補などというように、政党よりも特定の支持団体と強く結びついた候補である可能性を示唆しているかもしれない。表5−2の政策距離の回帰分析においても、民主党のみをサンプルとする分析においては、10%水準ではあるが衆院比例単独組が、政党中枢からより自律的だという、予想とは逆の結果が示されており、このQ8の分析結果とも符合している。

　これ以外の変数については、全体サンプル、自民党サンプルのいずれについても、選挙区の農林漁業人口比がプラスの有意な結果を示しており、地方選出の議員ほど支持者や支持団体の声を重視する傾向がうかがえる。図5−3（b）は、図5−3（a）同様、全体サンプルの分析結果をもとに、制度変数の効果をシミュレートしたものである。Q7ほどではないが、それぞれのグループが衆院小選挙区組に比べて1ポイントほどそのピークをずらしており、制度変数の効果の大きさが窺える。

（3）国会活動か、地元選挙区での活動か

　この設問については、政党ダミーについて、自民党がマイナスに有意、公明党がプラスに有意であり、民主党議員に比べて、自民党が国会活動を重視し、公明党が選挙区活動を重視するという傾向が見出せる。また政治競争アリーナ・選挙制度変数については、全体サンプルについて、衆議院の比例単独組、参議院の中選挙区組、比例代表組がマイナスに有意な係数を示しており、衆議院小選挙区組よりも、国会活動を重視する傾向が見える。また都市度変数については、農村選出議員ほど選挙区活動を重視するという傾向が見られ、当選回数の多い議員ほど、国会活動を重視する傾向が窺える。

　制度変数の結果は、前項のQ8の結果と対比すると興味深いものである。すなわちQ8においては、相対的に、政党よりも自身の支持者や支持団体を重視すると答えたグループがQ9については、地元選挙区というよりは、国会活動と答えているからである。ここからは、衆院比例単独組、参院中選挙

区組、比例代表組にとっての支持者や支持団体が、特定の選挙区を離れた全国レベルの企業、組合、団体を意味している可能性が窺える。またそうした議員にとっての支持者や支持団体の利益のための活動としては、選挙区での活動ではなく、国会における意見表明や法案作成、予算編成をはじめとした政策的サービス等が想定されているということかもしれない。またこの点については、衆院比例単独組、参院比例単独組の行動準則としては理解しやすいとしても、参院中選挙区組が同様の態度を示していることも興味深い。すなわち参院中選挙区組は独自の選挙区を持ってはいるものの（参院小選挙区組とも異なって）、衆院小選挙区組ほどには選挙区との結びつきが強くないのである。図5–3 (c) は制度変数の効果をシミュレートしたものである。図5–3 (a) や図5–3 (b) とは形状が異なっているが、衆院比例単独組、参院中選挙区組、比例区組は、国会活動をより重視する傾向が示されている。

　民主党サンプルについては、都市度変数を除いて全体サンプルとほぼ同じ分析結果を示しているのに対し、自民党については、制度変数は有意でなく、他のモデルと同様に、当選回数がマイナスに有意であるのに加え、選挙での強さがプラスに効いており、当選回数が少ないほど、また選挙で強いほど、地元選挙区の活動を重視するという結果が示されている。当選回数については予想通りだが、選挙の強さについては予想とは逆の結果である。この結果自体は興味深いが、これをもって自民党の特徴ということには慎重であるべきかもしれない。すなわち2009年総選挙後の自民党は、選挙の敗北により野党となった自民党なのであり、それ以前の自民党ともそれ以後の自民党とも性格を異にしていた可能性があることに注意すべきだと思われる。

(4) 地元へ帰る頻度

　この従属変数は、国会の開催中に地元へ帰る頻度を問うものである。選挙区と国会活動の重要性を主観ではなく、行動レベルで把握しようとするものということもできよう。分析結果としては、まず政党ダミーについては、社民党が正の有意な係数を示しており、民主党議員よりも地元へ帰る頻度が少ないことがわかる。また制度変数としては、すべてのモデルについて、参院

比例区の議員が、またモデル1については衆院比例単独組も有意な正の係数を示している。参院比例区は全国区であり、選挙区としての地元を持たないためにこうした結果が導かれているのだろう。実際にオープンリストの順位を決める選好投票は、多くの議員については、特定の地域に集中しているが、そうした票田を地元として認識するかどうかは別問題なのだと思われる。また衆院比例単独組については、Q8、Q9、Q10と衆院小選挙区組との態度の違いが有意に表れていることは興味深い。衆議院の比例代表制は、参議院のそれとは異なって基本的にはクローズドリストであるために、政党本位という意味では小選挙区組と類似したインセンティブのもとにあると思われるが（Q7の結果）、これらの結果からは、地元選挙区、支持者利益といったものに対する認識が小選挙区組とは異なっていることが示されており、並立制が政党内部にもたらす潜在的対立軸だといえよう。最後に選挙区の農村度は、地元への帰還頻度を有意に引き下げており、Q8やQ9で示された選挙区や支持団体を重視する態度といわば対照的な結果となっていることが注目されるが、これはおそらく東京との物理的距離を反映したものではないかと考えられる。

7 ▸ 参議院議員と地方議員の自律性

　本章では、国会議員や都道府県議会議員の政党からの政策距離や、政党組織に対する（その反対としての選挙区や支持者に対する）認識は、議員の属する政治競争アリーナ（衆議院、参議院、地方議会）や、それぞれの議員が選出された選挙制度ごとに異なるのではないかとの仮説を、議員に対するアンケート調査をもとに検証し、一定の証拠を得た。表5-4は、それぞれの回帰分析について、政党ダミー、性別ダミーを除く分析結果を、仮説と照らし合わせて整理したものである。すなわちそれぞれ上段は仮説の方向性を示しており、下段は p<0.1 の水準で有意な結果が導かれた場合の係数を示しており、仮説通りの結果が導かれた場合に網掛けを施している。

　必ずしもすべての分析について予想通りの結果が得られたわけではない

表5-4 仮説と分析結果の整理

	政策距離 全体	民主	自民	Q7 全体	民主	Q8 全体	自民	Q9 全体	民主	自民	Q10 全体	民主	自民
衆院比例単独		−		−		−			−			+	
		+				+	+	−	−		+		
衆院比例復活							+						
参院小選挙区		+		+		+							
						+							
参院中選挙区		+		+	+	+							
				+	+	+	+						
参院比例区		+		+	+	+						+	
	+	+		+	+	+	+				+	+	+
都道府県議小選挙区		+											
都道府県議中選挙区		+											
	+	+											
都道府県議大選挙区		+											
	+	+											
農林漁業人口比									+			−	
						+	+	+			+	+	+
選挙での強さ		+		+					−			+	
										+	+	+	+
当選回数		+		+									
				+				−	−				
年齢		+		+									
	+		+	−		−							

が、本書の注目する制度変数については、かなりの程度予想に近い結果が導かれているように思われる。参議院の中選挙区や比例区の議員、都道府県議会議員の中・大選挙区選出議員については、政党からの政策距離や政党マニフェストの重視度などが、衆議院小選挙区組とは異なっていたといえよう。

　衆議院の選挙制度改革は、政党間の競争の性格を変え、政党組織を集権化し、日本の執政を強化するものと思われた。衆議院における競争の重要性とその規定力の強さは、そうした変化がある程度予想に見合う形で日本の政党政治に生じてきたことからも明らかであろう。しかしながら政党間競争は参議院選挙でも地方議会選挙でも争われ、政党はそれらの競争をよりよく戦う

ために組織化されるのである。参議院選挙や地方議会選挙のあり方、関連する諸制度は、衆議院選挙のそれと同様に、政治家のインセンティブを形作り、政党間競争と政党組織を特徴づけると思われる。自民党や民主党には、政党中枢に対して忠実な衆議院小選挙区組とは異なって、自律的な参議院中選挙区組、比例組が存在し、地方においてはやや政策距離の離れた地方議員がその組織を支えてきたのである。そうした考え方の違いが実際の組織運営、政策形成にどのように反映されていたのかについてはさらなる研究が必要であろうが、本章の分析で明らかにした参議院議員や都道府県議の特徴的な態度は、衆議院中心の政党政治観に一定の修正を求めるものであろう。

註

★1——2010年全国都道府県議調査については、2010年2月から3月にかけて、(株) 日本リサーチセンターへの委託を通じて、郵送調査として実施した。当初は各議員の事務所宛てに調査票を郵送し、1ヵ月後、回答を得られていない議員に対して、都道府県議会事務局を通じ、各議員のポスト宛てに配布してもらう形で督促を行った。最終的には、2712名へ送付し、1016名 (37.5%) の回答を得た。このうち回答者のIDが付された形での回答は950名であった。さらに所属政党等、データの精度等から利用不能なものを除いた総数が933名分 (34%) であった。なお全国都道府県調査の質問票、記述統計など調査結果の詳細については、品田・曽我・建林 (2013) を参照。

★2——サンプル数と調査時点における総議員数 (実数) の政党別構成比は、以下の通りである (【 】内は総議員数に基づく実際の比率)。

都道府県議員：民主党19.9%【15.8%】、自民党49.8%【47.2%】、公明党6.5%【7.7%】、社民党4.6%【2.2%】、共産党4.4%【4.2%】。

衆議院議員：民主党64.9%【64.2%】、自民党20.9%【24.8%】、公明党6.0%【4.4%】、社民党2.5%【1.5%】、共産党1.8%【1.9%】。

参議院議員：民主党38.3%【47.5%】、自民党40.4%【33.9%】、公明党7.5%【8.7%】、社民党2.1%【2.1%】、共産党3.2%【2.9%】。

★3——政策距離は、次のような計算式により、それぞれの主成分の寄与度による重みづけを行った形で算出している。

$$\sqrt{0.4609\left(f_{1i}-\overline{f_1}\right)^2+0.1777\left(f_{2i}-\overline{f_2}\right)^2}$$

★4——ただし、ここでヴァンヴォンノらのデータは、議員が政党とどの程度意見の一致があるかという主観的評価を尋ねた質問であり、本章の分析のような政策距離によるものではないことには注意を要する。

★5 ——たとえば朝日新聞2007年5月14日朝刊を参照。

★6 ——逆に言えば、明確に都市や農村を基盤にする政党が存在する場合には、地域ごとに凝集性に差が現われるという結果も想定できよう。

★7 ——民主党、自民党以外の政党についてはサンプル数が十分でなく、本章で注目する異なる政治競争アリーナ・選挙制度ダミー変数について、十分なばらつきが得られないため、サンプルを分けた分析は行っていない。

第 6 章

地方議員にとっての政党ラベル
——選挙制度と再選戦略

　本章では、都道府県議会議員に対するサーベイ調査の結果を用いつつ、地方議員にとって全国政党の組織、そのラベル（看板）がいかなる意味を持つのかを分析する。第1章で詳しく検討したように、マルチレベルの制度論の理論予測に従えば、日本では、異なるレベルの選挙制度と執政制度の組み合わせによって、地方レベルの政治家は、国政レベルの政党からは高い自律性を持つはずであった。国政レベルの政党組織に積極的に所属し、その規律に服そうとはしないのである。地方政治家は、多くの国々においては、国政政党の活動家層をなす、政党組織の基盤であり、こうした地方政治家の国政政党への弱いコミットメントが、日本の政党政治を強く特徴づけてきたというのが本書の主張である。日本の地方政府は、執政制度は二元代表制、議会の選挙制度は非常に大きな定数を含むSNTVという組み合わせを採っており、地方議員に強い個人投票獲得誘因を与える制度配置であった。またそのSNTVは選挙区ごとの定数のばらつきが大きいという意味でもユニークな選挙制度であるために、こうした政治制度のもたらす効果については、個々の議員の態度、行動を比べることで検証可能だと思われる。本章では、このような観点から、地方レベルの政治制度と地方議員の政党組織に対する態度との関係を実証的に明らかにしようとする。

1▶ 都道府県議会議員の行動様式——仮説の提起

(1) 当選ライン低下仮説

政治制度と地方議会議員の行動の関係については、第一に、都道府県レベルの選挙制度と執政制度の組み合わせから次のような仮説を導くことができる。すなわち選挙区の定数が大きいほど、当該議員の所属政党への依存度は低まり、個人本位化が進むと考えられる【仮説1】。ケリーとシュガートは、選挙制度の投票方式 (ballot structure) が候補者方式や選好投票方式で、有権者が政党ではなく、特定政党内の個々の議員を選択できるような場合には、選挙区定数が大きくなるほど個人投票誘因が強くなるだろうと論じたが (逆に政党方式であれば定数が大きくなるほど政党投票誘因が強まる)、日本の地方議会において中・大選挙区制 (SNTV) が政党組織に及ぼす効果は、このケリーとシュガートの仮説を検証することによって明らかにすることができるだろう (Carey and Shugart, 1995; 建林・曽我・待鳥, 2008)。

第二に、国政レベルの政党システムと、都道府県レベルの選挙制度、執政制度との組み合わせから次のような仮説が導かれる。国政レベルの政党システムは、衆議院の並立制、参議院の地方区、全国区のミックスによって、衆議院や参議院の小選挙区で十分に戦いうる比較的大規模な政党を含む穏健な多党制というべきものになっている★1。要するに、地方議員には4〜5程度の利用可能な有力な国政政党ラベルが存在しているが、このような国政の政党システムは、都道府県レベルの選挙制度 (相対多数、小〜大選挙区) との間にずれを生じさせている。すなわち、4〜5を超える選挙区定数の下で、国政政党ラベルを利用しようとした場合には、同一政党から複数の候補が立候補せざるをえず、政党ラベルは当選に必要な看板機能を果たさない可能性がある★2。議員は政党名に依存せず、政党から自律的な選挙戦を展開することになる【仮説1′】。因果メカニズムは異なるが、作業仮説としては前述の【仮説1】と同じであり、選挙区定数が大きいほど、議員は個人本位になり、政党からの自律性を保持すると予想する。定数が大きくなることで、当選に必要な得票率が低下することが、個人本位化の因果メカニズムの一部を構成し

ているため、以下の分析においてはこのような【仮説1】【仮説1′】を併せ、「当選ライン低下仮説」と呼ぼう。

（2）小選挙区個人化仮説

　第三に、国政レベルの政党システムと、都道府県レベルの選挙制度、執政制度との組み合わせからもう1つの仮説が導かれる。すなわち有力な国政政党ラベルが4～5の状況では、定数の小さい選挙区、特に1人区では国政レベルとのずれが生じ、国政政党のラベルは効果を弱めるというものである【仮説2】。日本の第三政党以下は、なお一定の得票提供能力を伴う政党ラベルを維持している。アメリカの二大政党などとは異なって、自民党、民主党という国政レベルの二大政党は、単独で絶対多数の得票を提供しうる政党ラベルを形成し切れてはいない。

　衆議院選挙の小選挙区の場合には、議院内閣制の政権選択誘因、すなわち有権者が議会全体の多数派を形成しようと考えて二大政党のいずれかを選ぼうという誘因が働くために、自民党や民主党の候補者はある程度の得票の上積みを期待できる。あるいはそもそも議会での多数派形成、議会活動のために政党が形成されており、特定の政党へのコミットメントが必要となる[3]。

　これに対して地方政治の場合には、二元代表制を採るために地方議会選挙において政権選択誘因は働かない。また議会活動においても、国政ほどには多数派形成が重要な問題とならないのであり、候補者は特定政党への強いコミットを必要としないし、有権者も議会多数派を意識することなく、単に選挙区の代表を選択しようとするだろう。こうした状況において、地方議会選挙の小選挙区で、当選ラインの得票率が上昇した場合には、特定の国政政党ラベルは、むしろ各候補の選挙戦の邪魔になる可能性がある (Hijino, 2013)。多数の支持獲得を目指す候補者は、選挙区内の広範な支持を集めねばならないからである。候補者は候補者個人をアピールすることで特定政党へのコミットを弱め、国政における敵対政党の支持者からも得票しようとするだろう。

　あるいは都道府県政治においては、全県一区の小選挙区で知事選挙が行わ

れるために、知事、あるいは知事候補を中心として、国政レベルの政党連合とは異なる知事（候補）派が形成される可能性がある。都道府県議会の小選挙区においては、国政政党のラベルは頼りにならず、むしろ知事派か非知事派（知事与党か否か）かという知事選挙の対立軸が選挙戦のラベルとして有効になる。この場合にも議員は国政政党からの自律性を手に入れるだろう。ただ知事派が強く組織化され、ある種の地方政党を形成する可能性も考えられる。この場合には議員は、国政政党からは自律的だが、知事政党からの規律を新たに受けることになるだろう。

　要するに、地方政治の二元代表制の下で、小選挙区選出の地方議員は、多数の支持を調達する必要があるが、国政政党ラベルがその供給に十分でない場合には、国政政党ラベルへの依存を減らし、国政政党からの自律性を高めるのではないかと思われる【仮説2】。以下では、このような仮説を、【仮説1】の「当選ライン低下仮説」と区別するために「小選挙区個人化仮説」と呼ぼう。

2 ▸　仮説の操作化

　本章では、以下の分析において、地方議員の政党組織観、地方議員が自身と政党との関係をいかなるものと捉えているのかについての回答を従属変数とする回帰分析を行う。

　まず前節で検討した、選挙区定数が大きいほど個人本位化が強まると予想する「当選ライン低下仮説」と、選挙区定数1の選挙区において個人本位化が強まると予想する「小選挙区個人化仮説」という2つの仮説、すなわち選挙区定数について、ある程度逆の効果を持つと思われる仮説を同時に検証する必要があるために、以下の3種類の変数（以下本章では、下記①②③の独立変数を併せて選挙区変数と呼ぶ）を用いる。

　　①「選挙区定数」：定数が大きくなるにつれて、国政政党からの自律性
　　　が高まり、個人本位化が強まる

②「選挙区定数の2乗」：「選挙区定数」と同時に回帰分析に投入することで、上に凸の放物線的に、定数の大きい選挙区と、非常に小さい選挙区で、同様に国政政党依存を低めることを検証する。

③「1人区（小選挙区）ダミー」「2〜3人区ダミー」「6〜10人区ダミー」「11〜19人区ダミー」（参照カテゴリーは「4〜5人区」）：小選挙区選出の議員については国政政党からの自律性が高まる。ただ小選挙区制については、国政政党依存の代わりに知事（個人、会派、地域政党）への依存が強まる可能性もある。他方、定数の大きい選挙区についても相対的に国政政党依存が減り、個人本位化が増すものと考えられる。

選挙区定数変数については、これら3つを用いることとし、以下の回帰分析においては、「選挙区定数」のみを含むモデル1、「選挙区定数」「選挙区定数の2乗」を含むモデル2、4つの選挙区定数ダミーを含むモデル3という3種の分析モデルを検討する。また個々の議員にかかわるその他の変数としては以下のものを用いる。

④「選挙区の農林漁業人口比」：選挙区の都市度を測る変数として用いる。政党の支持基盤等に依存する面も大きいとは思われるが、一般には、都市においては組織化された政党が形成されやすく、農村部では候補者個人のネットワークがそれを代替するものと思われる。

⑤「当選回数」：当選回数が増すにつれて選挙基盤が安定し、政党からの自律性を高めるものと思われる。

⑥「年齢」：年齢が増すほど選挙基盤が安定し、また国会議員等さらなる政治的キャリアへ挑戦する機会も限られてくるために、政党からの自律性を高めるものと思われる。

⑦「得票マージン」：選挙で強い候補ほど、政党からの自律性は大きいだろう。なお得票マージン $(V_i - Q)/Q$ は、いわゆるドループ・クォータ $Q = 1/(M+1)$（Mは選挙区定数）を基準として、各議員 i の得票率 V_i からの超過分として操作化している[4]。

⑧「無所属ダミー」「民主党ダミー」「公明党ダミー」「社民党ダミー」「共産党ダミー」「他政党ダミー」：所属政党をコントロールするダミー変数。政党の統制力、議員の自律性は、個々の政党ごとに異なるだろう。参照カテゴリーは、自民党である。

さらに都道府県議会議員の特性は、各都道府県の社会経済状況によって異なる可能性があるだろう。そのような都道府県レベルの違いをコントロールする変数として、以下の2つを用いる。

⑨「都道府県人口密度（対数）」：2006年時点のデータ。選挙区個々の農村度と同様、都市部ほど政党本位であり、地方ほど個人本位ではないかと考えられる。
⑩「農林漁業人口比の標準偏差」：2005年のデータを基礎に、都道府県内の、市区町村（政令指定都市については区を単位とする）を基本単位として標準偏差を求めたものであり、都道府県内の経済社会状況の多様性、バラつきを測る変数である。これに関しては必ずしも強い仮説ではないが、多様性が大きいと、政党ラベルが機能しやすく、集団による利害表出が容易となるのに対し、多様性が小さいと、個人ネットワークによる利益代表が中心となるのではないかと予想する。

3▶ 都道府県議会議員にとっての政党の重要性

　都道府県議会議員は、国政レベルの政党をどのようなものと認識しているのだろうか。また議員の政党認知にはどういった要因が影響を与えているのだろうか。都道府県議会議員調査では、政党の役割に関する6つの評価、すなわち「地域での政治活動」「議会活動」「選挙」のそれぞれについて、「一般的に」または「あなたにとって」政党が重要であるという見解に対して、「そう思わない（1）」から「そう思う（5）」までの5段階評価を尋ねた設問がある。図6-1は、それぞれの見解について、所属政党グループごとの平均得点を示

図6-1 都道府県議会議員にとっての政党の重要性

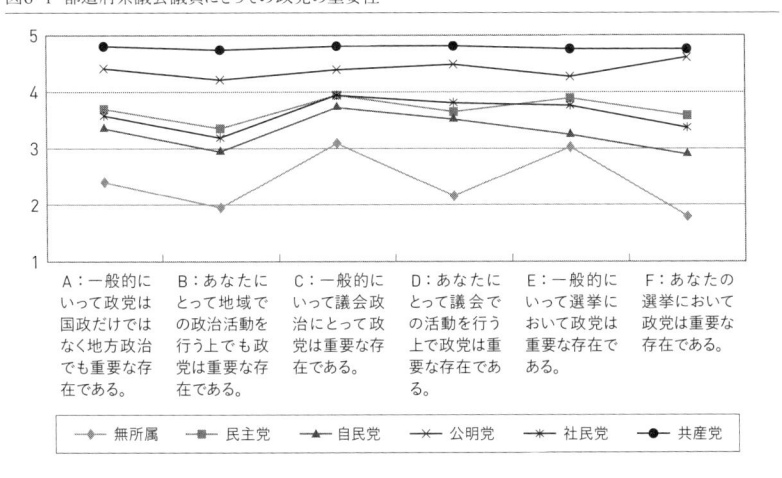

図6-1 都道府県議会議員にとっての政党の重要性

したものである。当然の結果ともいえようが、所属政党なしのグループでは概して政党に対する評価が低く、政党に所属する議員については、一般に政党を高く評価する傾向が見られる。また公明党と共産党が政党を極めて高く評価する一方で、自民党、民主党、社民党は、やや低い評価を与えている。ただ所属政党なしグループだけではなく、自民党、民主党、社民党についても、「あなたにとって」の重要性が「一般的」な重要性を下回る傾向が見られ、地方政治の現場における政党の存在感の小ささが示されていると言えよう。

　では、こうした政党への評価を議員の属性から説明することはできるだろうか。特に選挙区定数には何らかの効果が見いだされるだろうか。

　表6-1は、「地域での政治活動」「議会活動」「選挙」のそれぞれについて「あなたにとって」の政党の重要性についての5段階の評価を従属変数とする順序ロジット回帰分析の結果を示したものである。まず所属政党ダミーについては、自民党議員に比べて、公明党、共産党の議員がすべての設問について、政党の役割をより高く評価していることが確認できる。図6-1では、自民党と社民党、民主党の類似性が観察できたが、回帰分析からは確かに社民党に関して自民党との有意差は見られないが、民主党議員については、「地

表6-1 政党の重要性認識についての順序ロジット回帰分析

	地域での政治活動を行う上での政党の重要度		
	model 1	model 2	model 3
無所属ダミー	-1.7038	-1.7059	-1.7434
	-8.74***	-8.83***	-9.16***
民主党ダミー	0.4459	0.4019	0.3862
	2.68***	2.49**	2.41**
公明党ダミー	2.0051	1.9487	1.9159
	5.50***	5.49***	5.67***
社民党ダミー	0.0541	0.0095	-0.0011
	0.17	0.03	0
共産党ダミー	4.0941	4.0032	3.9976
	6.51***	6.31***	6.43***
他政党ダミー	-0.0255	0.0034	0.1787
	-0.08	0.01	0.6
選挙区の農林漁業人口比	0.4039	1.4315	2.1052
	0.19	0.7	0.98
得票マージン	0.0172	0.1599	0.2866
	0.05	0.47	0.83
年齢	0.0164	0.0175	0.0192
	2.03**	2.12**	2.23**
当選回数	-0.0185	-0.0279	-0.0421
	-0.41	-0.61	-0.88
選挙区定数	0.0142	0.1712	
	0.91	3.21***	
選挙区定数2乗		-0.0091	
		-3.10***	
1人区ダミー			-0.7544
			-3.08***
2〜3人区ダミー			-0.3037
			-1.6
6〜10人区ダミー			0.4228
			1.91*
11〜19人区ダミー			-0.2893
			-1.42
都道府県の人口密度（対数）	0.4519	0.5369	0.5665
	2.17**	2.65***	2.86***
都道府県の農林漁業人口比標準偏差	7.1353	7.4344	6.9095
	2.64***	2.80***	2.58***
cut1	0.8596	1.5306	0.9633
	1.06	1.80*	1.18
cut2	2.038	2.7181	2.1654
	2.54**	3.22***	2.68***
cut3	3.1354	3.8223	3.2837
	3.86***	4.44***	3.98***
cut4	4.3634	5.0559	4.5299
	5.48***	6.02***	5.61***
N	772	772	772
カイ2乗	296.2733	284.6189	261.7016
P	0	0	0

* p<0.1, ** p<0.05, *** p<0.01
なお標準誤差は、都道府県をもとにしたクラスタロバスト標準誤差(clustered robust standard error)である。

議会活動を行う上での政党の重要度			選挙における政党の重要度		
model 1	model 2	model 3	model 1	model 2	model 3
-2.1616	-2.1615	-2.1863	-2.2009	-2.195	-2.205
-10.82***	-10.94***	-11.22***	-8.86***	-8.81***	-8.79***
0.0886	0.0491	0.0806	0.89	0.861	0.8656
0.5	0.28	0.45	4.30***	4.11***	4.11***
1.9583	1.9195	1.9411	3.349	3.3076	3.3033
5.35***	5.38***	5.68***	8.78***	8.71***	8.96***
0.3829	0.3439	0.3846	0.4769	0.4529	0.5003
0.92	0.83	0.95	1.33	1.29	1.41
3.8999	3.8157	3.8396	4.307	4.239	4.2397
5.62***	5.49***	5.64***	7.31***	7.10***	7.21***
-0.4822	-0.4781	-0.3464	-0.0851	-0.0704	0.0556
-1.32	-1.29	-0.97	-0.21	-0.17	0.15
0.0886	0.9569	1.1544	-2.2623	-1.5351	-1.386
0.04	0.47	0.56	-1	-0.65	-0.6
-0.1255	-0.0072	0.1087	0.0957	0.1931	0.3142
-0.48	-0.03	0.41	0.33	0.64	0.99
0.0092	0.0104	0.0116	0.0154	0.0164	0.0178
1.21	1.36	1.5	2.00**	2.14**	2.32**
-0.0149	-0.0223	-0.0288	-0.0236	-0.0293	-0.0369
-0.36	-0.53	-0.67	-0.63	-0.76	-0.92
-0.0208	0.1104		0.0028	0.1147	
-1.31	2.06**		0.15	1.6	
	-0.0075			-0.0065	
	-2.40**			-1.55	
		-0.1742			-0.4745
		-0.75			-1.46
		-0.2577			-0.4088
		-1.37			-2.09**
		0.3793			0.2034
		1.70*			0.92
		-0.5577			-0.4668
		-2.58***			-2.00**
0.255	0.3231	0.3269	0.5884	0.6567	0.6744
1.14	1.49	1.54	2.47**	2.68***	3.01***
6.1763	6.359	5.877	9.7108	9.8889	9.7968
2.40**	2.47**	2.18**	3.39***	3.38***	3.63***
-0.9889	-0.4195	-0.7577	1.0955	1.6096	1.1551
-1.12	-0.46	-0.94	1.21	1.62	1.43
0.0833	0.6539	0.3192	2.2993	2.8155	2.3666
0.1	0.75	0.41	2.59***	2.88***	2.97***
1.1212	1.6946	1.3685	3.5281	4.0471	3.6083
1.32	1.94*	1.76*	3.94***	4.10***	4.47***
2.4692	3.0506	2.7401	4.9094	5.4332	5.007
2.92***	3.50***	3.52***	5.65***	5.67***	6.36***
770	770	770	773	773	773
317.3651	326.7706	366.0053	345.9166	361.286	368.941
0	0	0	0	0	0

域での政治活動」と「選挙」について、自民党議員より政党を高く評価していることがわかる。また「地域での政治活動」と「選挙」については、年齢も有意な正の係数を示しており、年齢が高い議員が、政党を高く評価する傾向が確認できた。

都道府県レベルの変数については、いずれの従属変数に対しても、かなりの影響を及ぼしているようである。「議会活動」における重要性を従属変数とする分析において、人口密度が有意でなかった以外は、すべて予想した方向の効果を持つといえよう。

ではここでの中心的関心である、選挙区変数についてはどうだろうか。モデル1の「選挙区定数」については、3つの従属変数のいずれについても有意ではなく、選挙区定数と政党評価に線形の関係は確認できない。他方で、モデル3については、すべてが有意なわけではないが、3つの従属変数すべてについて、小選挙区ダミーと11〜19人区ダミーが共に負の係数を示しており、小選挙区と、定数の大きな選挙区のそれぞれで政党評価が相対的に低くなっていることがわかる。またモデル2についても「地域の政治活動」「議会活動」のそれぞれについて、選挙区定数の2乗項が負、一次項が正に有意な係数を示しており、選挙区定数が政党評価に対して、上に凸の放物線状の効果を持つことを示している。

順序ロジットモデルでは、2乗項の効果を直感的に把握することは難しいので、「地域の政治活動」における政党評価を従属変数とするモデル2について、この回帰分析の結果をもとに、他の変数を平均値に固定したうえで、選挙区定数を変化させた場合に、議員の5段階評価の確率がどのように変化していくかを図示したのが図6-2である。定数の小さい選挙区と、定数の大きい選挙区の議員ほど政党を低く評価する確率が高いことを表す図となっており、政党評価が最も高くなるのが、国政レベルの有力政党の数に対応する選挙区定数4〜5辺りではなく、9辺りであることは事前の予想とは異なるが、基本的には「当選ライン低下仮説」と「小選挙区個人化仮説」を同時に支持する結果だと思われる。

図6-2 地域の政治活動を行う上での政党の重要性についての
　　　順序ロジット回帰分析(モデル2)をもとにした選挙区定数の効果予測

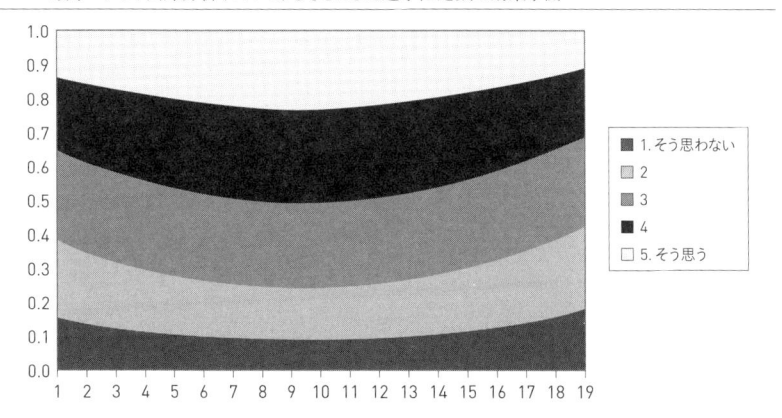

凡例:
- ■ 1.そう思わない
- ▨ 2
- ▨ 3
- ■ 4
- □ 5.そう思う

4 ▶ 選挙において、政党ラベルはどの程度機能したのか

　都道府県議会議員は、選挙において国政政党のラベルがどの程度有効に機能したと考えているのだろうか。また都道府県議会議員の答えに違いをもたらす要因はいかなるものだろうか。次に選挙における政党ラベルの有効性に関する質問項目を検討しよう。

（1）当選のために有効な政治活動

　これに関連して第一に取り上げるのは、「あなたが前回選挙で当選する上で、当選するために有効な政治活動（選挙期間に入る前の活動）はどのようなものだったとお考えでしょうか。得票するのに効果的だったと思われる順に5つまで番号をお書きください」という設問に対する「政党の公認・推薦の獲得」という選択肢の選択状況である。すなわち都道府県議会議員は、この問いに対して「その他」も含めて12の選択肢の中から、1位から5位までを答えているが、そのうち「政党の公認・推薦の獲得」を1位とした場合には、5点、2位とした場合には4点、以下3位〜3点、4位〜2点、5位〜1点、選

図6-3　当選のために政党の公認・推薦が有効だったか

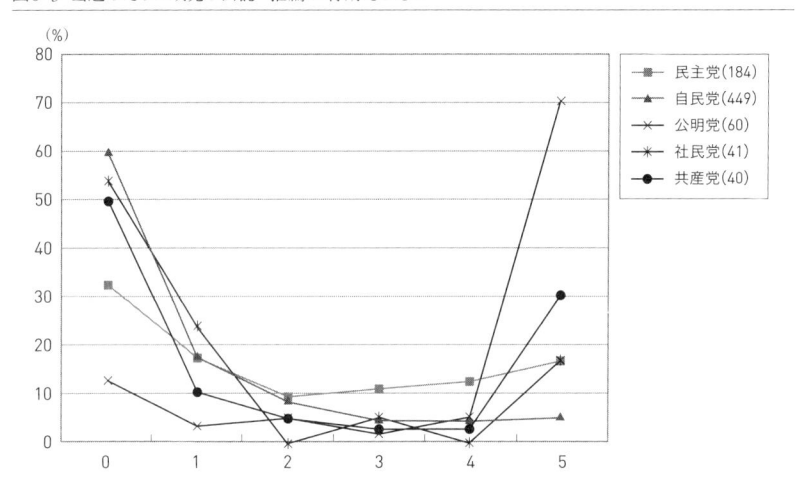

外〜0点というように6段階に得点化したものを検討する。

　図6-3は、所属政党ごとの得点分布を示したものであり、表6-2は、各自の得点を従属変数とする順序ロジット回帰分析の結果である。図6-3からは、公明党議員、共産党議員について、政党公認・推薦への評価が高いことが明らかだが、順序ロジット回帰分析からは、自民党と比べた場合に、民主党議員も政党公認・推薦を有意に高く評価していることがわかる。これに対して、社民党議員の場合には自民党議員との類似性が見られ、自民党議員との間に有意差は確認できない。

　選挙区変数に関しては、モデル1、モデル3において、やや弱いが「選挙区定数」が大きいほど、政党の公認・推薦の有効性が弱まる傾向が示されており、「当選ライン低下仮説」を支持する結果が得られたものと思われる。他方でモデル2の2乗項は有意ではなく、モデル3の小選挙区ダミーは、マイナスの係数を示してはいるが、有意水準に遠く及ばないものであり、「小選挙区個人化仮説」についての十分な証拠は得られなかった。それ以外の変数としては、都道府県の人口密度のみが正に有意であり、都市部ほど政党の

表6-2 当選のために政党の公認・推薦は有効だったか（順序ロジット回帰）

	当選のための政党公認・推薦の効果		
	model 1	model 2	model 3
無所属ダミー	-1.6396	-1.6421	-1.6384
	-6.69***	-6.66***	-6.53***
民主党ダミー	1.203	1.214	1.1834
	7.26***	7.26***	6.86***
公明党ダミー	3.5229	3.541	3.5601
	8.17***	8.06***	7.93***
社民党ダミー	0.2217	0.2345	0.2047
	0.64	0.68	0.59
共産党ダミー	0.8784	0.908	0.9286
	2.07**	2.11**	2.18**
他政党ダミー	-0.6698	-0.6778	-0.589
	-0.91	-0.92	-0.78
選挙区の農林漁業人口比	0.7936	0.6044	0.8763
	0.37	0.28	0.37
得票マージン	-0.5158	-0.5507	-0.5763
	-1.28	-1.28	-1.34
年齢	0.0142	0.0141	0.0142
	1.15	1.15	1.18
当選回数	0.0361	0.0379	0.0344
	0.66	0.68	0.61
選挙区定数	-0.0398	-0.0744	
	-1.89*	-1.05	
選挙区定数2乗		0.002	
		0.58	
1人区ダミー			-0.0035
			-0.01
2〜3人区ダミー			0.2832
			1.09
6〜10人区ダミー			-0.0626
			-0.23
11〜19人区ダミー			-0.4517
			-1.66*
都道府県の人口密度（対数）	0.5492	0.5366	0.5387
	2.44**	2.32**	2.33**
都道府県の農林漁業人口比標準偏差	5.1976	5.1656	5.0728
	1.42	1.43	1.42
cut1	2.9317	2.8077	3.1253
	3.18***	2.92***	3.38***
cut2	3.6782	3.5542	3.8751
	3.96***	3.68***	4.16***
cut3	4.1103	3.9866	4.3103
	4.42***	4.14***	4.60***
cut4	4.4932	4.3701	4.6964
	4.79***	4.50***	4.97***
cut5	5.0901	4.9675	5.2972
	5.53***	5.22***	5.65***
N	759	759	759
カイ2乗	184.5787	203.2215	265.6159
P	0	0	0

* $p<0.1$, ** $p<0.05$, *** $p<0.01$
なお標準誤差は、都道府県をもとにしたクラスタロバスト標準誤差（clustered robust standard error）である。

第6章・地方議員にとっての政党ラベル　　153

公認・推薦の効果が強まることが示されている ★5。

（2）得票源

第二に、「前回のご自身の選挙の際、あなたは次のA〜Dのそれぞれから、どの程度、得票されたとお考えでしょうか。獲得された票の全体を100％として、およその比率（パーセント）をお答えください。」という設問に対する回答が利用できる。設問は「あなたご自身の支持者」「あなたの政党の支持者」「他の政党の支持者」「その他」という項目にそれぞれ数字を記入してもらう形式だが、記入した値の合計が100（％）にならない議員の回答は無効なものとして分析から除外している。図6-4は所属政党ごとの平均を示したものであるが、所属政党ごとに得票パターンの大きな違いがあることが見て取れる。

表6-3はそれぞれの答えを従属変数とした重回帰分析（OLS）の結果である。まず「あなたの政党の支持者」の分析結果を見よう。自民党に比べて、民主党、社民党、公明党、共産党の議員、特に公明、共産の所属議員が、政党支持者票により多く依存していると認識していることがわかる。選挙区の都市度については、必ずしも強い結果ではないが、予想通り都市の方が政党に依存した票の比率が高くなる。「当選回数」「年齢」についても予想通り、若手の議員ほど政党票に依存している。

では選挙区変数についてはどうだろうか。「選挙区定数」のみを投入したモデル1では、1パーセント水準で有意な負の係数が示されており、定数が大きいほど政党票の比率が減ることが示されている。「当選ライン低下仮説」については確認されたと言えるだろう。他方で「小選挙区個人化仮説」については、モデル3において、「小選挙区ダミー」は負の係数を示してはいるが、有意水準にはなく、2乗項を含むモデル2についても有意な結果が示されておらず、小選挙区での脱政党依存は確認できなかった。

次に「あなた自身の支持者」の分析結果を見よう。まず所属政党、都市度、当選回数、年齢に関しては、「あなたの政党の支持者」と裏腹の結果が示されているといえよう。すなわち民主党、公明党、社民党、共産党に比べて自民

図6-4 前回選挙における主観的得票源

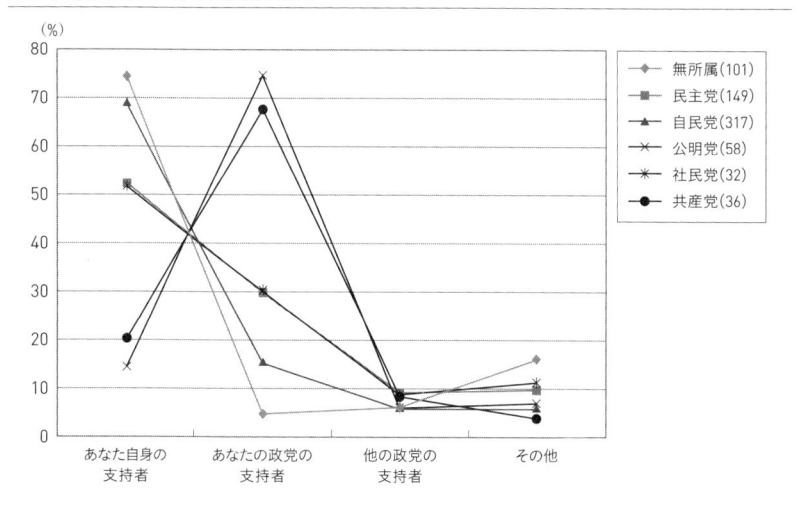

党所属議員が、都市選出に比べて地方選出の議員が、また当選回数や年齢を重ねた議員が、個人票により大きく依存して選挙戦を勝ち抜いたようである。

　選挙区変数については、モデル1では政党票依存と逆のパターン、すなわち「選挙区定数」が多いほど個人票依存が増えることが示されており、「当選ライン低下仮説」を裏付ける証拠が得られたとみることができる。興味深いのは、モデル3とモデル2の結果であり、モデル3では10%水準ではあるが、小選挙区ダミーが負の係数、モデル2では、選挙区定数の2乗項が負、一次項が正の有意な係数を示し、上に凸の放物線状の効果があることが示されており、「小選挙区個人化仮説」の予想とは逆に小選挙区において、個人票依存が減るという傾向が示されているように思われる。図6-5は、モデル2の結果をもとに、他の変数を平均値に固定した上で、選挙区定数の効果を示したものだが、定数の小さい選挙区で、個人投票の割合が低くなっており、やはり「小選挙区個人化仮説」とは異なる結果であることが読み取れる。

　ただこうした結果は、もう1つの従属変数である「その他の政党の支持者」からの得票の分析結果と併せて解釈する必要があるように思われる。政治学

表6-3 主観的得票源の重回帰分析(OLS)

	あなたの政党の支持者（%）		
	model 1	model 2	model 3
無所属ダミー	-11.1295	-11.1214	-11.2589
	-7.89***	-7.86***	-8.08***
民主党ダミー	12.5853	12.5112	12.1488
	7.12***	6.96***	6.90***
公明党ダミー	57.0552	56.9374	56.5646
	22.11***	22.31***	21.65***
社民党ダミー	16.1055	16.0151	15.5628
	4.77***	4.80***	4.61***
共産党ダミー	52.1063	51.9309	51.8027
	16.97***	16.82***	16.75***
他政党ダミー	-0.0207	0.0212	0.6922
	-0.01	0.01	0.19
選挙区の農林漁業人口比	-27.8188	-26.33	-21.8091
	-1.81*	-1.65	-1.32
得票マージン	2.9623	3.1842	3.254
	0.97	1.07	1.08
年齢	-0.1639	-0.1623	-0.1517
	-2.46**	-2.45**	-2.27**
当選回数	-0.5913	-0.6027	-0.716
	-1.99*	-2.04**	-2.35**
選挙区定数	-0.319	-0.0773	
	-2.49**	-0.19	
選挙区定数2乗		-0.0139	
		-0.7	
1人区ダミー			-2.4323
			-1.01
2～3人区ダミー			0.6682
			0.41
6～10人区ダミー			-1.2557
			-0.78
11～19人区ダミー			-4.0556
			-2.44**
都道府県の人口密度（対数）	4.558	4.6819	4.7799
	2.10**	2.11**	2.16**
都道府県の農林漁業人口比標準偏差	46.8736	47.3286	44.7953
	1.58	1.59	1.53
constant	13.9883	12.9518	12.4119
	1.74*	1.54	1.62
N	709	709	709
R2乗	0.6735	0.6736	0.6753
調整済みR2乗	0.6674	0.667	0.6678

* p<0.1, ** p<0.05, *** p<0.01
なお標準誤差は、都道府県をもとにしたクラスタロバスト標準誤差（clustered robust standard error）である。

あなた自身の支持者 (%)			他の政党の支持者 (%)		
model 1	model 2	model 3	model 1	model 2	model 3
5.4619	5.5005	5.579	-0.2751	-0.3105	-0.304
2.22**	2.24**	2.28**	-0.28	-0.3	-0.3
-13.4841	-13.8375	-13.9167	1.3967	1.7201	1.763
-7.63***	-8.09***	-8.48***	2.07**	2.50**	2.53**
-53.4744	-54.0359	-53.4795	-0.1269	0.387	0.2517
-19.78***	-19.57***	-19.79***	-0.08	0.24	0.16
-20.5929	-21.024	-20.8884	2.0084	2.4029	2.2632
-4.93***	-5.05***	-5.15***	1.38	1.72*	1.63
-48.8351	-49.6709	-49.3442	2.0682	2.8331	2.6175
-16.89***	-16.55***	-16.73***	2.06**	3.08***	2.81***
-3.1436	-2.9439	-3.145	5.3575	5.1747	4.902
-0.66	-0.6	-0.64	1.94*	1.91*	1.84*
51.7271	58.821	56.745	-9.3928	-15.8856	-15.273
1.45	1.64	1.59	-0.89	-1.70*	-1.53
-4.005	-2.9477	-3.5896	2.6024	1.6347	1.7251
-0.9	-0.67	-0.81	1.48	0.93	0.98
0.3981	0.406	0.3994	-0.1207	-0.128	-0.126
5.01***	5.07***	4.87***	-2.89***	-2.92***	-2.89***
1.244	1.1894	1.2085	0.0342	0.0842	0.0834
2.64**	2.58**	2.66**	0.17	0.41	0.42
0.9359	2.0879		-0.4071	-1.4614	
4.69***	3.04***		-3.82***	-5.50***	
	-0.066			0.0605	
	-1.95*			4.20***	
		-6.049			4.8219
		-1.74*			4.06***
		-0.8183			2.5717
		-0.44			3.12***
		4.8431			-1.2064
		2.30**			-1.3
		9.1123			-2.2404
		3.93***			-1.96*
-2.5625	-1.972	-2.384	0.525	-0.0154	0.2643
-0.78	-0.57	-0.72	0.61	-0.02	0.31
-40.1344	-37.9665	-41.3124	2.5564	0.5722	3.0326
-0.86	-0.8	-0.9	0.21	0.05	0.25
46.2277	41.2888	49.649	13.6596	18.1799	11.3359
3.65***	2.99***	4.33***	4.01***	5.02***	3.72***
709	709	709	709	709	709
0.521	0.5234	0.5227	0.1061	0.1299	0.1254
0.512	0.5138	0.5117	0.0893	0.1123	0.1052

図6-5　主観的得票源(あなた自身の支持者)に関する分析結果(モデル2)をもとにした
　　　　選挙区定数の効果予測(95%信頼区間)

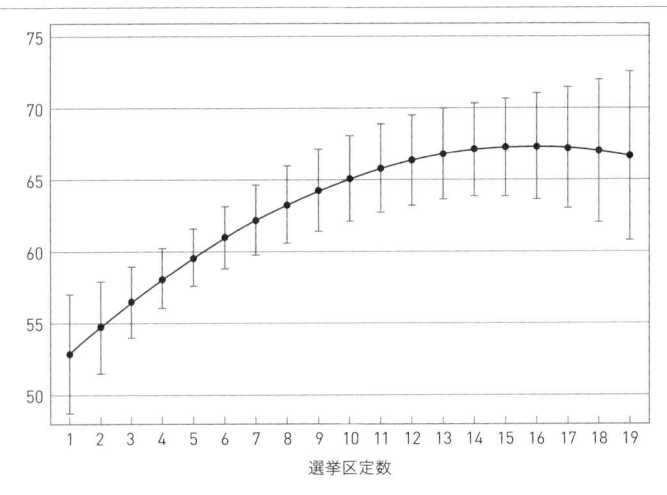

における「個人投票 (personal vote)」は、「政党投票 (party vote)」との二項対立的な概念だが、この場合の政党投票は、当然自分自身の所属政党のことであり、ここでいう「その他の政党の支持者」は、本来は、個人投票という概念に含まれるはずのものだからである。そしてこの従属変数については、まず所属政党について、自民党に比べて民主党、共産党議員がより高い数値を答える傾向が見出せる。また年齢の若い議員が「他の政党の支持者」からより多く得票したと考えていることがわかる。

　では選挙区変数についてはどうだろうか。まずモデル1からは定数が大きくなればなるほど、「他の政党の支持者」からの得票が減る傾向が見られる。またモデル3では小選挙区ダミーが正の係数、選挙区定数が負の係数を示しており、小選挙区部分で、「他の政党の支持者」への依存がより強くなることが示されている。さらにモデル2でも、選挙区定数が下に凸の放物線をとり、同様の結果が示された。図6-6は、選挙区定数の効果をより効果的に把握するため、モデル2の分析結果をもとに、他の独立変数を平均値に固定

図6-6　主観的得票源(他の政党の支持者)に関する分析結果(モデル2)をもとにした
　　　　選挙区定数の効果予測(95%信頼区間)

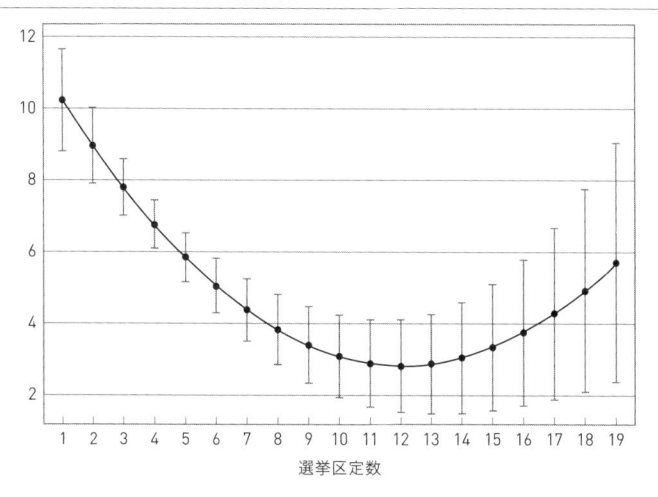

選挙区定数

し、選挙区定数のみを変化させた場合の従属変数の変化を示したものである
が、他党の支持者票への依存が定数の小さい選挙区で大きいことがわかる。
このような結果は「小選挙区個人化仮説」を支持していると考えられ、得票
源に関する3つの分析を併せて考えた場合には、「当選ライン低下仮説」「小
選挙区個人化仮説」をともに支持する結果が得られたものと思われる。

(3) 無所属立候補の経験

　第三に「都道府県議会議員選挙に立候補される際、いずれかの政党の「公
認」を受けられましたか。」という形で、選挙における無所属立候補の経験
を問う設問がある。この設問については、有効サンプルが443名と、全回答
数の5割に満たない回答率となっている点が問題だが、これはおそらく調査
票のレイアウトによるものであり、特定のバイアスを持つものではないと考
えて分析に加えている。

　表6-4は、無所属経験のある議員を1、毎回いずれかの政党の公認を受け

表6-4 無所属経験のロジット回帰分析

	無所属経験の有無		
	model 1	model 2	model 3
選挙区の農林漁業人口比	9.239	6.1075	6.8846
	2.16**	1.4	1.52
得票マージン	-0.7159	-1.246	-1.1203
	-1.35	-2.06**	-1.91*
年齢	-0.0028	-0.0074	-0.0086
	-0.21	-0.54	-0.65
当選回数	-0.0965	-0.0869	-0.0624
	-1.2	-1.06	-0.79
選挙区定数	-0.0112	-0.4347	
	-0.31	-3.57***	
選挙区定数2乗		0.0239	
		3.67***	
1人区ダミー			0.9122
			1.78*
2〜3人区ダミー			0.3811
			1.01
6〜10人区ダミー			-0.4373
			-1.01
11〜19人区ダミー			0.2842
			0.62
都道府県の人口密度 (対数)	-0.6864	-0.8829	-0.7946
	-1.6	-2.14**	-2.00**
都道府県の農林漁業人口比標準偏差	-8.9538	-9.3137	-8.6887
	-1.3	-1.42	-1.27
constant	2.3929	4.3066	2.6629
	1.39	2.56**	1.68*
N	378	378	378
カイ2乗	12.1942	26.349	19.9774
p	0.0944	0.0009	0.0295

* $p<0.1$, ** $p<0.05$, *** $p<0.01$
なお標準誤差は、都道府県をもとにしたクラスタロバスト標準誤差 (clustered robust standard error) である。

ている議員を0としてロジット回帰分析を行った結果である。まずモデル1について「選挙区の農林漁業人口比」の係数が正に有意であり、農村部において、無所属経験を持つ議員が多いことがわかる。他方、都道府県の都市度

図6-7　無所属経験のロジット回帰分析結果（モデル2）にもとづく
　　　　選挙区定数の効果の予測（95％信頼区間）

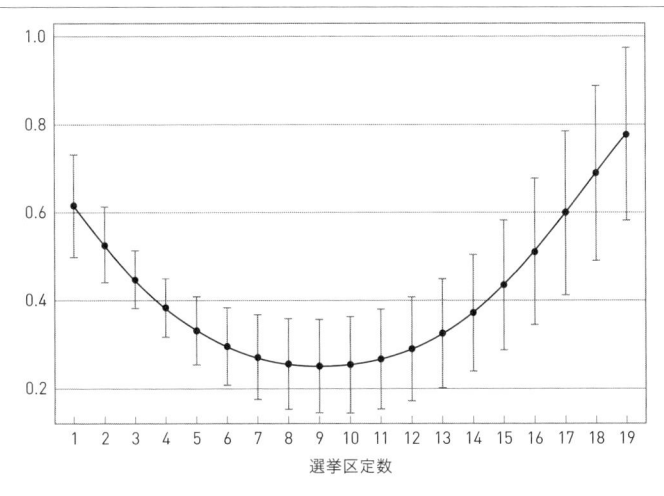

は、モデル1については有意水準にはないが、すべてのモデルについて負の
係数を示しており、都市度の効果は選挙区レベルと都道府県レベルとでは異
なることがわかる。すなわち都市部の都道府県ほど無所属経験者が多いが、
都道府県の都市度レベルが同等であった場合には、選挙区が農村部であるほ
ど無所属経験が多いという傾向がある。またモデル2、モデル3については、
選挙で弱い議員の方が、無所属経験が多いという関係も見られる。

　選挙区変数の効果はどうだろうか。モデル1については、有意な結果は得
られず、選挙区定数の線形の関係は確認できなかったが、モデル3では小選
挙区ダミーが10％水準ではあるが有意となり、小選挙区で無所属経験が増
えることが示された。さらにモデル2は、選挙区定数の2乗項が正、1次項
が負で有意であり、定数の小さい選挙区と、定数の大きい選挙区で無所属経
験が多くなることを示している。図6-7はこの効果を確認するために、モデ
ル2の結果をもとに他の独立変数を平均値に固定し、選挙区定数のみを変化
させた場合に、無所属経験者である確率がどのように変化するかを示したも

のだが、「当選ライン低下仮説」と「小選挙区個人化仮説」が共に支持されていると思われる。

5 ▸ 都道府県議会議員の自律性

　最後に検討するのは、議員が政策決定などにおいて、どの程度の自律性を有しているかという問題である。政策決定の際、議員の態度決定に影響を与えるのはどのようなアクターだろうか。図6-8は、「あなたの都道府県の政策決定において、あなた自身の態度を決める際に、以下の人たちの意見をどの程度重視していますか。以下のA〜Qそれぞれについて、5段階で評価してください。」との設問に対する所属政党グループごとの回答平均を図示したものである。全体的な傾向としては、まず「自身の意見」を最も重視しており、「所属会派」「選挙区民」の意向が続いている。また「支持団体」「世論」「自分のスタッフ」「地元代議士」「政党本部」「県連」「知事」の考えも、ある程度重視されているようである。逆にあまり重視されていないものとしては、「参議院議員」「市町村長・議員」「メディア」「学者・専門家」「中央省庁」「都道府県職員」などがあげられる。

　では本章の仮説に関連して、選挙区変数と所属政党や知事（個人、会派、地域政党）からの自律性や規律との間に何らかの関係が見いだせるだろうか。表6-5は、「自身の意見」「政党本部」「所属会派」「知事」「市町村長」のそれぞれに対する5段階の重要性評価を従属変数として、順序ロジット回帰分析を行った結果である（モデル2については、いずれの分析についても選挙区定数の2乗項、1次項が有意とならなかったため表示していない）。

　なお本章で検証している2つの仮説「当選ライン低下仮説」と「小選挙区個人化仮説」は、いずれも都道府県議会議員と政党との関係、それを規定する政治制度に関するものであり、「知事」や「市町村」の影響力については、各仮説との関係が問題となるだろう。この点に関しては、本章の1節2項で「小選挙区個人化仮説」の因果メカニズムの一部として、小選挙区選出の地方議員には知事のコートテールが働きうること、そこから知事個人や知事会

図6-8 政策態度の決定に際して、誰の意見を重視するのか

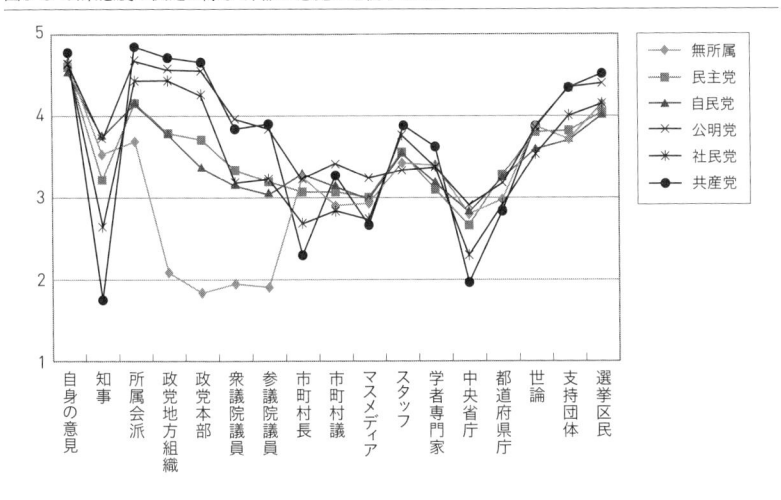

派からの規律が生じ、国政政党に所属する議員が政党からの自律性を持つ可能性があると論じており、ここでの「知事」の影響力は、「小選挙区個人化仮説」を支える一つの傍証と捉えられることになる。すなわち定数の小さい選挙区(特に小選挙区)の議員について、知事の影響力がより強まると予想し、これを検証する。また市町村長についても、選挙区の重なり合い具合次第で、知事同様の連携が小選挙区選出の地方議員との間に生じると考えられ、知事同様の予想を検証することになる。

　個々に分析結果を検討しよう。第一に「自身の意見」についてであるが、共産党以外の政党ダミーは、有意水準には達していないが負の係数であり、自民党議員が基本的に自分自身の考えを重視し、自律的な存在であることが示されている。共産党ダミーが正の有意な係数を示し、自民党議員以上に自身の意見を重く見ているという結果が示されていることは非常に興味深いが、これまでの分析や、後述する設問についても共産党議員が政党の役割を大きく捉え、所属会派や政党本部の影響を強く受けていることは明らかであり、この結果については自律性というよりも、そもそもの選好の一致、凝集

表6-5 政策態度決定の際の影響力に関する順序ロジット回帰分析（全都道府県議）

	自身の意見		政党本部	
	model 1	mode 3	model 1	mode 3
無所属ダミー	0.2292	0.2389	-3.2713	-3.2801
	0.8	0.84	-10.74***	-10.54***
民主党ダミー	-0.0459	-0.0149	0.4868	0.5074
	-0.2	-0.06	3.52***	3.48***
公明党ダミー	-0.1047	-0.0161	2.344	2.39
	-0.34	-0.05	11.18***	11.62***
社民党ダミー	-0.1368	-0.1016	1.4812	1.4886
	-0.42	-0.31	4.24***	4.18***
共産党ダミー	1.0824	1.0953	3.0271	2.9976
	2.27**	2.30**	6.51***	6.22***
他政党ダミー	-0.7053	-0.7938	-0.4323	-0.3668
	-1.81*	-2.02**	-0.83	-0.68
選挙区の農林漁業人口比	-3.4657	-3.8488	-1.6569	-1.4774
	-1.06	-1.18	-0.72	-0.57
得票マージン	0.1902	0.1211	0.2657	0.366
	0.54	0.33	0.79	1.12
年齢	-0.0233	-0.024	0.0106	0.0112
	-2.08**	-2.16**	1.24	1.31
当選回数	0.054	0.0589	-0.0866	-0.091
	0.79	0.85	-1.92*	-2.02**
選挙区定数	0.064		0.0141	
	3.66***		0.68	
1人区ダミー		0.1529		0.1162
		0.52		0.43
2～3人区ダミー		0.2725		0.2367
		1.19		1.17
6～10人区ダミー		0.6174		0.7684
		2.00**		2.96***
11～19人区ダミー		0.9074		0.189
		2.97***		0.71
都道府県の人口密度（対数）	0.366	0.3685	0.2132	0.2455
	1.49	1.49	1	1.23
都道府県の農林漁業人口比標準偏差	2.0257	2.1879	3.6673	3.514
	0.64	0.67	1.62	1.68*
cut1	-4.8889	-4.8777	-1.9541	-1.6786
	-4.53***	-4.60***	-2.32**	-2.11**
cut2	-4.2941	-4.2823	-0.6815	-0.4021
	-4.01***	-4.06***	-0.82	-0.51
cut3	-2.6201	-2.607	1.1669	1.4601
	-2.67***	-2.74***	1.47	1.92*
cut4	-0.7203	-0.7039	3.0581	3.3709
	-0.71	-0.72	3.87***	4.54***
N	746	746	694	694
カイ2乗	51.6899	50.9531	372.9188	478.4084
p	0	0	0	0

* p<0.1, ** p<0.05, *** p<0.01
なお標準誤差は、都道府県をもとにしたクラスタロバスト標準誤差（clustered robust standard error）である。

会派		知事		市町村長	
model 1	mode 3	model 1	mode 3	model 1	mode 3
-0.7074	-0.7171	-0.1807	-0.1893	-0.2758	-0.2822
-2.22**	-2.22**	-0.74	-0.78	-1.26	-1.26
-0.0467	-0.0546	-0.8311	-0.8153	-0.371	-0.3654
-0.3	-0.35	-2.17**	-2.09**	-1.79*	-1.71*
1.5147	1.5025	-0.0983	-0.0861	-0.0296	-0.0209
5.01***	4.80***	-0.41	-0.34	-0.12	-0.08
0.623	0.5985	-1.7244	-1.7337	-0.9944	-0.9976
1.48	1.39	-6.53***	-6.38***	-4.08***	-3.88***
3.3367	3.3227	-3.0702	-3.0678	-1.4551	-1.4483
4.52***	4.52***	-8.60***	-8.58***	-3.35***	-3.30***
0.0926	0.1234	-0.8986	-0.9093	0.3613	0.4033
0.2	0.27	-1.65*	-1.68*	0.93	1.06
-1.8663	-1.2128	-3.9856	-3.8566	3.763	3.688
-0.64	-0.41	-1.54	-1.35	1.36	1.27
0.3252	0.3433	-0.2442	-0.2667	0.0049	-0.0438
1	1.07	-0.83	-0.92	0.02	-0.17
0.0113	0.0121	0.0183	0.0189	-0.0104	-0.0096
1.37	1.46	2.16**	2.20**	-1.33	-1.22
-0.0752	-0.0826	-0.0002	-0.0039	-0.0661	-0.0698
-1.68*	-1.87*	0	-0.1	-1.52	-1.61
-0.0314		-0.0462		-0.0666	
-2.01**		-2.89***		-3.88***	
	0.0348		0.3214		0.307
	0.1		0.95		0.98
	0.2525		0.3208		0.3352
	1.4		1.48		1.3
	0.0672		0.0299		-0.1421
	0.26		0.15		-0.57
	-0.1506		-0.2248		-0.5637
	-0.67		-1.05		-2.48**
0.371	0.4056	-0.3683	-0.3578	-0.4971	-0.5137
1.54	1.62	-1.64	-1.55	-2.69***	-2.48**
4.1214	3.9492	-3.3876	-3.5518	-3.5687	-3.8023
1.55	1.45	-1.07	-1.14	-1.29	-1.32
-2.2961	-1.9313	-3.5971	-3.1858	-5.2843	-4.9074
-2.59***	-2.13**	-3.89***	-3.62***	-6.50***	-5.86***
-1.772	-1.4069	-2.7098	-2.2969	-4.1381	-3.7576
-2.00**	-1.55	-3.06***	-2.73***	-5.04***	-4.47***
-0.1173	0.2482	-1.001	-0.5875	-2.2259	-1.843
-0.14	0.28	-1.12	-0.69	-2.82***	-2.27**
1.9156	2.2826	0.5297	0.9433	-0.1478	0.2384
2.22**	2.55**	0.59	1.1	-0.18	0.29
724	724	732	732	734	734
61.3545	61.2342	178.0534	199.0199	133.5268	139.08
0	0	0	0	0	0

性の強さが示されているのではないか。また年齢が負の有意な結果を示しており、若い議員の方が自身の考えをより重視する傾向を見出せる。選挙区変数については、モデル1で「選挙区定数」の大きい選挙区ほど自身の考えを重視する傾向が見られ、またモデル3でも6〜10人区ダミー、11〜19人区ダミーは正の有意な係数を示しており、「当選ライン低下仮説」に適合する結果が見られている。他方で「小選挙区個人化仮説」については、モデル2の2乗項は有意でなく、モデル3の小選挙区ダミーも有意でないため、この分析からは支持されなかった。

　第二に、政党組織に関連した「政党本部」「所属会派」を従属変数とする分析を検討しよう。「政党本部」については、所属政党ダミーは、民主党、社民党、公明党、共産党のすべてについて有意に正の値を示しており、これらの政党に比べて自民党本部の位置づけが異なることがわかる。少なくとも地方議員の政策的立場の決定に際し、自民党本部の立場はそれほど重視されていないことがわかる。それ以外の変数にはほとんど効果が見られないが、年齢が同じ場合には、当選回数の少ない議員の方が、党本部の影響をより強く感じるという結果が示されている。選挙区定数に関しては、全くその効果を見出すことができなかった。

　都道府県議会の「会派」を従属変数とする分析結果については、公明党、共産党のみが正に有意であり、両党の組織が地方議会レベルでも強固であることが示されている。自民党地方組織が分権的であることはこれまでにも論じてきたが、他方でこの結果は、社民党、民主党の会派が自民党と同程度の影響力しか持たないことを示しており興味深い。社民党、民主党については都道府県議会での勢力次第では、他党との合同会派を形成する場合があり、この結果はそうした事例を反映しているのかもしれない (建林編, 2013)。当選回数については、政党本部の分析同様、年齢が同じ場合には、当選回数の少ない議員の方が影響を受けやすいことが示されている。

　選挙区定数については、政党本部の場合と異なり、モデル1について、定数が大きいほど所属会派の影響が小さくなるという関係が示されており、「当選ライン低下仮説」を支持する結果となった。ただモデル3の小選挙区

ダミー、モデル2の選挙区定数の2乗項はいずれも有意ではなく、定数の小さい選挙区で政党依存が減少するという「小選挙区個人化仮説」は支持されなかった。

　党本部について、選挙区定数の効果が見られなかったことは、議員と政党との関係を示すというよりも、そもそも都道府県レベルの政策形成に対して党本部のかかわりが弱いことに起因しているかもしれない。政党地方組織に対する聞き取り調査においても、少なくとも自民党や民主党では、議会における政策意思決定に関しては、政党（党本部、支部）ではなく会派で行うとして、両者の機能を区別している都道府県が多かった（建林編, 2013）。

　第三に「知事」の影響力評価の分析結果については図6-8からも明らかなように、所属政党による違いが大きい。すなわち民主党、社民党、共産党の各議員は、自民党議員に比べて、知事の意向に左右されないという結果が示されており、知事与党かどうかが、こうした態度の違いを生んでいるように思われる。また年齢が正に有意であり、年配の議員ほど知事の考えを尊重する傾向にあることがわかる。選挙区変数については、選挙区定数は負の係数を示しており、定数の小さい選挙区選出の議員ほど知事の影響を感じやすく、逆に定数が大きくなるほど知事の意向に左右されないという結果が示されている。モデル3の小選挙区ダミーは有意でなく、欠損グループである定数4〜5の議員群と比べて小選挙区選出議員が特に知事の影響を受けるというような強いコートテール効果は確認できなかったが、ある程度「小選挙区個人化仮説」を支持するような結果が得られたといえよう。

　「市町村長」の影響力分析については、「知事」と類似した結果が得られた。民主党、社民党、共産党については負の関係が見られ、選挙区定数についても、定数が小さいほど市町村長の意見に左右されるという結果が得られた。他方「知事」とは逆に、若年の議員ほど市町村長の影響を意識する傾向が見られた。当選回数をコントロールしない場合には年齢は5％水準で有意となり、また年齢をコントロールしなければ、当選回数も5％水準で有意な負の係数を示した（結果は省略）。若く、経験の浅い議員ほど、市町村長の影響を強く認識していることが示されており、脆弱性が地元自治体の利益を意識し

た行動に繋がっているのではないかと推測できる。さらに市町村長については、都道府県の人口密度も有意な結果を示している。すなわち地方の都道府県ほど都道府県議が、地元市町村長の見解をより強く意識して態度決定を行うのである。

6▸　国政政党と結びつきの弱い地方議員

　日本におけるマルチレベルの政治制度は、効率的な政党ラベルの形成を阻害するものであった。都道府県議会議員は、国政レベル政党の活動家である一方で、地方レベルの選挙で選ばれ独自に議会活動を行う政治家である。こうした二重の役割の中で、都道府県議会議員は、地方レベルにおける自らの政治活動や選挙活動において、国政レベルの政党ラベルを十分有効に使うことができなかった。日本において、地方政治レベルで政党が存在感を弱め、無所属議員が増えるという現象は、マルチレベルの政治制度から付与される地方議員のインセンティブ構造に起因するといえるのではないか。

　本章では、都道府県議員に対するアンケート調査結果をもとに、このような仮説を検証しようとしてきた。表6-6は、それぞれの分析結果を整理したものである★6。選挙区定数が大きいほど、議員は個人本位化し、政党からの自律性を高めるという「当選ライン低下仮説」と、小選挙区の議員が特定政党への依存度を低め、個人本位化するという「小選挙区個人化仮説」について、すべての分析で2つの仮説が同時に支持されたわけではないが、それぞれの分析からかなりの程度仮説を支持する証拠が得られたものと思われる。全体の傾向としては、本章3節の政党の重要性に対する評価や、同4節の選挙における政党の役割に関する認識が、相対的により良い分析結果を示していると思われるが、これについては、直接的に議員と政党のかかわりを問う設問を扱ったことがその理由として考えられる。これに対して、政策態度決定における影響力を扱った5節の分析結果が必ずしも十分なものでなかったことは、この設問が政党と議員の関係を捉える上では検証の困難なハードケースだったからではないかと思われる。前述したように、5節の分析の従

表6-6 分析結果の整理

	当選ライン低下仮説	小選挙区個人化仮説
政党の重要性に対する評価	○	○
選挙における政党ラベルの有効性		
（1）評価	○	×
（2）得票源	○	○
（3）無所属経験	○	○
議員の意思決定における自律性		
（1）自身の意見	○	×
（2）政党本部	×	×
（3）会派	○	×
（4）知事	―	○
（5）市町村長	―	○

属変数は、各議員が「都道府県の政策決定において」「自身の態度を決める際に」、所属政党や知事などの意見をどの程度重視するか、という設問だが、都道府県の政策決定において、地方議会が全体として一定の影響力を持ってきたことは先行研究によって示されているとしても、都道府県議会議員のすべてが、個々の政策課題について個別に態度決定を行うわけではないだろう（曽我・待鳥, 2007; 砂原, 2011; 辻, 2015）。多くの議員にとって、この設問はいわば実態に沿わない仮想の問いであるために、議員行動のメカニズムを十分に検出できなかったのではないか。

　ただ他の様々な変数をコントロールした上でも、都道府県議会選挙における選挙区の定数次第で地方議員の国政政党に対する態度が異なっているという単純な事実は、それのみで日本のマルチレベル政治制度の組み合わせが、国政政党ラベルの効率的な働きを妨げるものとなっていることを示しているだろう。有権者の側からいえば、国政政党ラベルは政治的選択を容易にする情報のショートカットだが、その有効性は居住する地域の選挙区定数次第で大きく異なっているのである（前田, 2007）。

★1——第1章で詳述したように、衆議院の選挙制度改革後の国政レベルの政党システムについては、並立制の連動効果によって二大政党制化が進んではいるが、連動効果は不安定であり、並立制の短期的な帰結である穏健な多党制に戻りやすい状況にあるといえよう。

★2——そもそも都道府県レベルが二元代表制であるために、議会の政党化が抑制され、議員が国政政党を利用しない個人本位化が進行していると思われる。もし仮に都道府県も議院内閣制であったならば、選挙区定数に応じて、都道府県レベルは多党化した状況になり、国政とは異なる政党システムがもたらされたかもしれない。曽我（2011）によれば、二元代表制の下でも都道府県議会の選挙区定数の多さは、「多党化」の要因となっている。

★3——有権者の側からもそのことは当然認知されており、議員評価の基準になるだろう。すなわち国政レベルにおいては、無所属候補は政党所属候補に比べれば、政権構成や議会活動において著しく不利なのであり、有権者はその有利不利を踏まえた上で、投票選択を行うものと考えられる。

★4——以下の回帰分析においては、「得票マージン」を分析に含めているために、無投票当選の議員は、分析から除かれている。別稿では、無投票当選者に平均値を与えてこれを分析に加えているために、対象議員数と分析結果がやや異なっている（建林, 2012）。本書では、無投票当選者を加えることで、選挙誘因の効果が見えにくくなる問題を考慮して、これらを分析から除くこととした。

★5——ただし「年齢」と「当選回数」は相関が高いため、いずれかをコントロールしない場合には結果は異なる。「当選回数」を分析から除いた場合には、いずれのモデルについても「年齢」は10％水準で正に有意の係数を示す（結果は省略）。すなわち事前の予測とは逆に、年齢が高いほど、政党公認・推薦を高く評価する傾向が見られる。

★6——同様の分析を行った別稿と類似した結果であるが（建林, 2012）、一部異なる結果となっている。概ね本章の方が当てはまりが良いと思われるが、このような結果の違いは、県レベルのコントロール変数の違いと、別稿が無投票当選者を含んでおり、本章の分析がそれらを除いているというサンプルの違いによるものと思われる。

第7章

組織としての自民党
——マルチレベルの政治制度からの考察

本章では、前章で論じた都道府県議会議員と所属政党の関係について、特に自民党所属の都道府県議会議員に限って分析を加え、マルチレベルの政治アリーナから見た場合の自民党の姿を明らかにしようとする。日本政治においては、そもそも自民党だけがマルチレベルの政治アリーナのそれぞれで政権獲得の可能性を持つ政党だったのであり、自民党議員こそが最も強くマルチレベルの政治競争のジレンマにさらされてきたと思われるからである。自民党は、国政とほとんどすべての地方政府において政権を継続的に担ってきたのであり、自民党地方議員の直面したジレンマは日本政治の全国的な、また一貫した特徴でもあった。したがってこのメカニズムを明らかにすることは、日本における代議制民主主義の重要な一部を描き出すことになるだろう。

1 ▸ 従属変数

まず、前章でも扱った都道府県議会議員調査における政党に関する認識を尋ねた設問を従属変数として分析を行う。それを通じて、自民党の地方議員が国政レベルの政党組織や地方政党組織をいかに利用し、またそのコントロールに服するのか、あるいはそこから自律性を守り、独自の選挙活動、政治活動を行うのかを明らかにしようとする。具体的に取り上げる設問は、第

一に、都道府県議会議員にとっての「政党の重要性」にかかわる質問である。第6章の全議員に対する分析で、当てはまりの良かった、選挙における政党の重要性を尋ねた設問を取り上げる。第二に、政党ラベルが選挙においてどの程度有効であったかに関する設問、具体的には前回選挙での当選のために「政党の公認・推薦の獲得」がどの程度有効であったかを取り上げる。また第三は、前回選挙における主観的得票源 (%) である。これについては、「あなたご自身の支持者」「あなたの政党の支持者」を従属変数とする。第四は、都道府県の政策決定において、各議員が態度を決める際に、誰の意見をどの程度重視するかに関する設問である。またこれについては第6章の分析同様「自身の意見」「政党本部」「会派」「知事」「市町村長」についての回答を扱うこととする。

2 ▸ 独立変数

（1）個人レベルの独立変数

　自民党議員の政党観、政党組織からの自律性を説明する要因として、まず取り上げるのは、議員それぞれが持つ個人レベルの特性である。この個人レベルの変数と仮説は、基本的に第6章における全議員を対象とする分析と同様のものである。すなわち選挙区定数について、選挙区定数が大きいほど政党依存が減り、党組織からの自律性が高くなると考える（「当選ライン低下仮説」）。他方で、選挙区定数が非常に小さい選挙区、特に小選挙区では政党依存が減り、党組織からの自律性が働くと予想し（「小選挙区個人化仮説」）、このような効果を測定するために、以下の3種類の変数を分析に加える。

　　① 「選挙区定数」
　　② 「選挙区定数の2乗」
　　③ 「1人区ダミー」「2～3人区ダミー」「6～10人区ダミー」「11～19
　　　人区ダミー」（参照カテゴリーは「4～5人区」）

また、その他の個人レベルの独立変数としては、

④「選挙区の農林漁業人口比」
⑤「年齢」
⑥「当選回数」
⑦「得票マージン」

を分析に加える。「選挙区の農林漁業人口比」は、選挙区の都市度をコントールするものであり、自民党が農村を基盤とする政党であるならば、選挙区定数等他の要因をコントロールした場合には、農村選出の議員ほど政党投票により強く依存しており、そのために政党の役割をより高く評価し、政党からのコントロールを強く受けるのではないかと考えられる。また「年齢」「当選回数」「得票マージン」は、それぞれ経験を積んだ議員や、選挙で強い議員の方が政党組織からの自律性を高め、政党組織の役割をより低く評価するだろうと予想する。

（2）都道府県レベルの独立変数

　以上のような個人レベルの属性以外に、自民党地方議員の政党組織観を説明する要因として本章で特に注目するのは、マルチレベルの制度要因であり、都道府県ごとに異なる政治競争環境である。第1章でも論じたように、自民党議員は、地方政治でも国政でも政権を争う政党だったのであり、マルチレベルのジレンマに最も激しく直面してきた。したがって国政レベルの異なる競争環境が、自民党地方議員の政党組織観に影響を与えたのではないか、またそれは国政政党の地方における基盤を、都道府県ごとに異なるものにするという結果に結びついたのではないかと考える。
　具体的に以下の分析において注目するのは、参議院地方区の競争状況である。参議院地方区では小選挙区制と中選挙区制が地域ごとに使い分けられてきたが、このことが自民党の地方組織に独自の特徴をもたらし、自民党地方議員の態度を規定してきたのではないかと考える。では両者の関係はいかな

るものか。本章では、参議院地方区の競争環境と自民党地方議員の政党組織観の具体的な関係については、以下のように、対照的ともいえる二つの異なる仮説を提起する。第1章でも論じたように、衆議院、参議院、都道府県議会という異なる政治競争アリーナを縦断して形成される政党ラベルは、各レベルの政治制度に導かれたある種の共通均衡として成立すると思われるが、衆議院の選挙制度改革後に新たな均衡（政党ラベル）に変化したのか、あるいは旧来の均衡（政党ラベル）が維持されているのかについては、本書の枠組みのみからは適切な予測が困難だからである。分析に進む前に2つの仮説について、やや詳しく論じておこう。

❖ 小選挙区型均衡(均一性)仮説
　——衆議院の選挙制度改革はマルチレベルの制度を一貫させたのか

　衆議院における選挙制度改革以前には、衆議院議員選挙は中選挙区制であり、参議院、地方議会と、ほぼすべての地域において、選挙の種別ごとに選挙区定数は異なり、選挙制度は不均一なものであった。このことが政党ラベルの認知を難しくしてきたことはすでに論じてきた通りだが、衆議院の選挙制度改革は、市町村議会議員選挙を除けば、均一な選挙制度を持つ地域を作り出した。すなわち衆議院に小選挙区制が導入されたため、参議院地方区が1人区の都道府県内で、都道府県議会の選挙区が同様に小選挙区の場合には、市町村長選挙、知事選挙、都道府県議会選挙、参議院地方区選挙、衆議院選挙区選挙がすべて小選挙区制となる。93年以前の衆議院が中選挙区制を採用していた時期とは異なって、小選挙区制を争う二大政党のラベルが、有権者にとっての一貫した選択肢となり、すべてのレベルで政党投票が基本的投票態度となる可能性もありえよう。議員の側でも、明確な政党ラベルを掲げ、政党本位の選挙を争うことが有効な戦略となり、議員の政党依存度が高まると同時に政党の凝集性や一体性が高まるという帰結が生じるかもしれない（前田, 2007; 上神, 2013）。

　このような仮説を検証するために本章の分析で用いる独立変数は、下記⑧⑨⑩という3つのダミー変数である。すなわち都道府県議会議員を、参議院

1人区の県で小選挙区選出、参議院1人区の県で複数区選出、参議院複数区の県で複数区選出、参議院複数区の県で複数区選出の4グループに区分し、4つめの参議院複数区かつ県議複数区を参照カテゴリーとして、前3グループにそれぞれダミー変数を与えるのである（なお参議院の定数は、全国都道府県議会議員調査の直近となる2007年選挙時のものを用いている）。

⑧「参院小選挙区×県議小選挙区ダミー」
⑨「参院小選挙区×県議複数区ダミー」
⑩「参院複数区×県議小選挙区ダミー」
⑪「参議院選挙区定数（2007）」

　それぞれの予測される効果については、まず⑧については、衆議院、参議院、都道府県議会議員のすべてにおいて小選挙区制が用いられた「完全均一」の地域であり、均一性仮説に従えば、参照カテゴリーに比べ、それぞれの従属変数について政党の意義をより高く、政党の影響力をより大きく評価するような結果が予想される。これに対して⑨は衆議院と参議院のみが小選挙区制、⑩は衆議院と都道府県議会のみが小選挙区という「半均一」地域だと考えられる。したがって⑧ほどではないが、参照カテゴリーに比して、政党に対する中程度の肯定的な評価が現れると予想される。
　ただそもそも均一性の効果は、特定の選挙区、個々の議員について生じるのではなく、政党システムの一致等を通じ、都道府県全体として現れるものかもしれない。都道府県議会の選挙区レベル、都道府県議個々人のレベルで均一性の効果を測ろうとする前述の仮説は、その意味で限定的すぎるかもしれない。このような観点から、単に参議院地方区の選挙区定数⑪を独立変数とするモデルについても分析を加える。
　すなわち参議院地方区において、小選挙区制を採る都道府県の場合には、当該都道府県連は、知事選、参議院選、衆議院選のそれぞれで均一な選挙制度の下で戦うことができるため、二大政党制的な明確な政党ラベルを形成することができるのではないかと予想する。衆議院で中選挙区制が採られてい

た時代には、自民党議員が同士討ちをするために衆議院選挙について都道府県連はむしろ積極的な介入を自重していたが、衆議院の選挙制度改革によって、都道府県連が主導的な役割を果たしうることになったのであり、そうした主導性は参議院地方区の1人区においてより強まるだろう、またそこから派生して、政党の凝集性、規律もそうした都道府県連においてより強いものになるだろうと予想する。

❖ 中選挙区型均衡仮説——中選挙区制時代の均衡が残存しているのではないか

　　⑫「参議院地方区選挙区定数(1947)」

　これに対してもう一つの仮説は、衆議院が中選挙区制であった時代には、各レベルの制度が個人本位なものであったために政党ラベルはいずれにせよ曖昧なものであったが、その中で比較する場合には、参議院複数区(中選挙区制)の都道府県連が、むしろより均一な制度の下にあり、参議院1人区(小選挙区制)の都道府県連に比べれば、より一体性を保ち、より強い凝集性、規律を保持していたのではないか、またそれは、地方議会と参議院地方区の選挙制度が変わらない状況では、衆議院の選挙制度改革後もなお継続しているのではないか、というものである。すなわち均一性仮説とは反対に、参議院複数区において、地方議員は政党の一体性をより強く認識するだろうと予想するのであり、このような仮説を検証するために⑫を独立変数として加える。

　第1章で論じたように、1993年以前の自民党組織は、マルチレベルの政治制度がそれぞれ個人本位の選挙を促すものであったため、非常に分権的なものであった。ただその中で異なる政治アリーナの結節点としての都道府県連の役割が非常に重要だったと思われる。SNTVの下での激しい個人競争となる衆議院選挙や地方議会選挙では、政党組織はほとんど役に立たず、個人後援会が前面に出たが、自民党員全体の集合的利益ともいうべき参議院地方区選挙と知事選挙においては、都道府県連は、衆議院議員や地方議員を纏め

上げ、一体性を確保するという重要だが非常に困難な役割を担っていた。そしてこの困難な課題の遂行に際しては、参議院地方区の複数区の方が1人区よりも好都合だったと考えられる。衆議院議員や地方議員がSNTVの下で、多様な利益を差別化しつつ代表している状況では、参議院議員もまた複数候補によって多様な利益表出を行っている方が、相互連携、動員を行いやすかったはずだからである。

　中選挙区型均衡仮説とは、かつての自民党地方組織を議員間協調の結節点と捉えた場合には、こうした地方組織の性格が、衆議院の選挙制度改革によって直ちに変化したとは考えにくく、現在にもかなりの程度引き継がれているのではないかというものである。参議院地方区や地方議会の選挙制度については変化しておらず、また衆議院議員についても、その選挙スタイルがある程度継続していることを考え合わせると（第2章参照）、こうした予想には一定の説得力があるだろう。

　なお参議院地方区の定数は、1970年に沖縄選挙区が加えられた以外には、1947年から92年まで変更されておらず、その後はたびたび定数是正が行われている。歴史的慣性を強調するここでの仮説には、衆議院が中選挙区制であった92年までの定数、すなわち戦後の大きな社会変動の中で、最大6倍超という人口比と大きく乖離しつつ維持された47年以来の選挙区定数が、より適切な測定変数だろう。そこで以下の分析においては、前述の均一性の効果を測るための導入する2007年選挙時の参議院地方区の選挙区定数以外に、1947年から92年までの定数を独立変数として分析を行う。

（3）都道府県レベルのコントロール変数

　　⑬「都道府県の人口密度（対数）」
　　⑭「農林漁業者人口比の標準偏差」
　　⑮「自民党得票率」（衆議院比例区2009年）

　このような都道府県ごとに異なる参議院地方区の制度環境の効果を測る上

では、都道府県ごとの社会経済状況の違いをコントロールしておく必要があるだろう。参議院地方区の政治的競争環境は、都市度等、都道府県の社会経済的状況にもある程度関係していると思われるからである。そこで本章では、第6章の分析でも用いた、「都道府県の人口密度（対数）」と「農林漁業者人口比の標準偏差」をコントロール変数として用いる。前者は都道府県レベルの都市度を示したものであり、選挙区の都市度についての仮説同様、自民党が農村を地盤とする政党という一般的認識に即して考えるならば、人口密度の低い都道府県ほど政党投票の比重が高くなり、政党の役割評価が高まるものと予想する。他方、「農林漁業者人口比の標準偏差」は、市区町村の農林漁業者人口比から算出したものであり、都道府県の社会経済状況のバラつき度合いを示している。これが自民党にとってどのような効果を持つかは難しいが、利益が多様である方が政党ラベルの効果が高まるという第6章と同様の関係を予想する。最後に2009年総選挙時に自民党が衆議院比例区で獲得した都道府県レベルの得票率をコントロールする。得票は議員の態度を規定する要因というよりは、むしろその結果であるとも思われるため、この変数をコントロールする上では注意が必要だと思われるが（したがってこの変数を含むモデルと含まないモデルを両方分析している）、都道府県レベルの自民党の強さが、自民党地方組織に規律や凝集性の高さをもたらしている可能性も考えられるため、得票率をコントロールするモデルについても検討を加える。

3 ▸ 分析結果

(1) 政党の重要性

　まず政党の重要性に関する分析結果を検討しよう。表7–1は、「あなたの選挙にとって政党は重要である」という命題に対する5段階の答え「そう思わない（1）」〜「そう思う（5）」を従属変数とする順序ロジット回帰分析の結果を示したものである。

　コントロール変数の方を先に見ておこう。個人レベルの変数として、年齢がすべてのモデルで有意な正の係数を示している。年齢が高いほど、政党を

重要と評価する傾向が見られる。また選挙区定数に関しては、10%の有意水準に達しているものはモデル7と8のみだが正の係数を示しており、「当選ライン低下仮説」の予想とは逆に定数が大きいほど政党の役割を高く評価する傾向が見られる。では「小選挙区個人化仮説」についてはどうだろう。定数が正の係数を示していることはこの仮説を一定程度支持する証拠だが、2乗項を含むモデル2も、複数の選挙区定数ダミーを用いたモデルにおいても（表では省略）特に小選挙区で政党の評価が下がる傾向は窺えず、これに関しても裏付けを得ることができなかった[1]。

　次に都道府県レベルの変数の結果を見よう。これに関しては都道府県の人口密度が参議院の選挙区定数を含まないモデル1〜6においては正に有意であり、都市部の都道府県選出の議員ほど、政党を重要と考えていることがわかる。この結果は、必ずしも強い仮説にもとづいたものではないが、前述の事前の予想とは逆の結果を示しており、興味深いものだと言えよう。

　マルチレベルの制度の効果を示す制度変数の分析結果はどうだろうか。まず不均一性を分析するダミー変数は、それぞれ有意ではなく、特に「完全均一」変数は、負の係数を示した。より緩い変数としての「参議院地方区定数(2007)」も、有意ではないが正の係数を示し、均一性仮説とは逆の結果が得られた。これに対して、中選挙区制時代の均衡を検証する「参議院選挙区定数(1947)」はいずれのモデルにおいても有意な正の係数を示し、92年以前の参院地方区の定数が多い都道府県ほど、地方議員の政党に対する評価が高まることが示された。図7-1はこの結果をより解りやすくするために、モデル9の結果を用い、「参議院選挙区定数(1947)」以外の変数を平均値に固定し、参議院選挙区定数を変化させた場合に、地方議員の回答がどのように変化するかをシミュレートした結果を図示したものである。

　なお「参議院選挙区定数(1947)」の効果については、都道府県の人口規模を真の独立変数とする見かけのものではないかとの疑問が生じるかもしれない。これについては各選挙区定数が、人口比をベースに割り当てられている以上、計量的に見極めることは難しいと思われるが、本章での以下の分析にも共通するように、少なくとも1947年に決められ、92年までそのまま用い

表7-1　選挙における政党の重要度についての順序ロジット回帰分析

	model 1	model 2	model 3
選挙区の農林漁業人口比	-2.5348	-2.1711	-2.3828
	-0.85	-0.72	-0.78
得票マージン	0.2619	0.3407	0.2532
	0.63	0.79	0.61
年齢	0.0268	0.0273	0.0271
	2.49**	2.53**	2.51**
当選回数	-0.0218	-0.0255	-0.0227
	-0.42	-0.49	-0.44
選挙区定数	0.0356	0.0993	0.0383
	1.33	1.12	1.35
選挙区定数2乗		-0.0037	
		-0.7	
都道府県の人口密度(対数)	0.795	0.8305	0.7455
	2.06**	2.09**	1.75*
都道府県の農林漁業人口比標準偏差	9.0139	9.1583	8.5236
	1.70*	1.71*	1.5
都道府県の自民党比例票09			-1.0169
			-0.31
参・小07×県・小			
参・複07×県・小			
参・小07×県・複			
参院選挙区定数07			
参院選挙区定数47			
cut1	2.238	2.5203	1.8176
	1.54	1.62	0.89
cut2	3.5219	3.8061	3.1022
	2.46**	2.46**	1.54
cut3	4.8366	5.1225	4.4174
	3.30***	3.25***	2.18**
cut4	6.2935	6.5806	5.8741
	4.34***	4.21***	2.90***
N	357	357	357
カイ2乗	17.2942	17.3148	17.4368
p	0.0156	0.027	0.0259

* p<0.1, ** p<0.05, *** p<0.01
なお標準誤差は、都道府県をもとにしたクラスタロバスト標準誤差 (clustered robust standard error) である。

model 4	model 5	model 6	model 7	model 8	model 9
−1.3558 −0.41	−2.9692 −0.97	−1.6713 −0.55	−0.9117 −0.3	−1.7012 −0.56	−0.9611 −0.31
0.1935 0.45	0.0569 0.13	0.2104 0.51	0.13 0.3	0.2119 0.51	0.1291 0.3
0.0241 2.15**	0.0224 2.04**	0.0269 2.49**	0.0267 2.46**	0.0267 2.45**	0.0263 2.40**
−0.0141 −0.26	−0.0022 −0.04	−0.0198 −0.38	−0.0293 −0.57	−0.0192 −0.38	−0.0287 −0.56
0.0374 1.36		0.0459 1.76*	0.0478 1.84*	0.0451 1.62	0.0454 1.62
0.7844 1.99**	0.7303 1.89*	0.4775 1.09	0.5936 1.58	0.4847 1.09	0.6389 1.59
9.2864 1.77*	9.661 1.83*	7.8682 1.47	4.7306 0.78	8.0581 1.42	4.9645 0.79
				0.544 0.15	1.3446 0.36
−0.5533 −1	−0.5554 −1				
0.2185 0.56	0.1837 0.48				
−0.0249 −0.09	0.0762 0.28				
		0.2545 1.35		0.2697 1.33	
			0.2855 2.35**		0.3117 2.40**
2.1272 1.45	1.7717 1.27	1.8418 1.31	1.9782 1.37	2.0421 1.06	2.5057 1.24
3.4204 2.36**	3.0627 2.21**	3.1308 2.25**	3.269 2.29**	3.331 1.77*	3.7963 1.91*
4.7406 3.21***	4.3787 3.10***	4.4517 3.15***	4.5917 3.15***	4.6519 2.46**	5.1188 2.56**
6.1978 4.23***	5.8294 4.16***	5.9117 4.18***	6.0607 4.13***	6.1123 3.20***	6.5892 3.27***
357 21.3257 0.0189	357 20.9323 0.013	357 22.6833 0.0038	357 27.8129 0.0005	357 23.547 0.0051	357 28.7165 0.0007

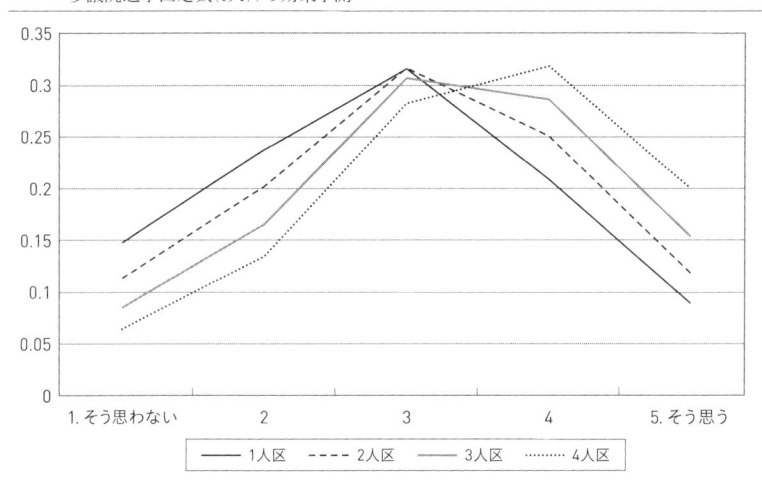

図7-1　選挙における政党の重要度についての順序ロジット回帰分析の結果(モデル9)をもとにした
　　　　参議院選挙区定数(1947)の効果予測

られた地方区の選挙区定数は、人口比からはかなり歪んだ形で維持されてき
たのであり、人口の効果はより強く「参議院選挙区定数(2007)」に表れると
考える。したがって「参議院選挙区定数(2007)」の効果と見比べることで、
それらを識別できるものと考えている★2。

(2) 政党公認の効果

　次に「当選のために政党の公認、推薦が有効であったかどうか」に対する
回答を従属変数とした分析結果を見よう。表7-2は、6段階の順序変数を従
属変数とする順序ロジット回帰分析の結果である。

　議員個々の属性の効果を見よう。この分析においても「年齢」の効果が見
て取れる。すなわち多くのモデルが10％水準ではあるが、ほぼすべてのモ
デルで、「年齢」が高いほど公認・推薦の効果を大きくとらえていることが
わかる。また「選挙区定数」については、前節の分析結果とは逆に、負の有
意な結果が見られる。定数が小さい選挙区選出の議員ほど政党公認の効果を

大きく捉えているようであり「当選ライン低下仮説」を裏付ける証拠が示されている。他方で定数の2乗項を含むモデル2や複数の定数ダミーを含む分析（表では省略）からは特段の結果を読み取れず、定数の小さい部分での脱政党化を支持する結果は得られなかった。こうした傾向は、本章の以下の分析にも共通して見られるものであり、自民党議員のみを対象にした分析においては、全議員を対象とした第6章の分析結果とは異なって、「小選挙区個人化仮説」は支持されなかったといえよう。このような違いが生じた理由としては、自民党という政党ラベルが民主党など他党のケースとは異なって、小選挙区でも十分に戦いうるものであったことが考えられる。知事と自民党が対立関係にあり、党との関係を壊してでも知事との連携を模索しようとしている場合を除けば、1人区で出馬する自民党地方議員が政党ラベルを隠そうとするケースはそれほど多くないということだろう。

　では都道府県別の変数はどうだろう。前節の分析同様、均一性仮説を裏付ける証拠は確認できない。「完全均一」の効果は有意ではないが負であり、「参議院選挙区定数（2007）」も有意ではないが、均一性仮説の予想とは逆の符号を示している。一方、中選挙区時代の均衡を検証する「参議院選挙区定数（1947）」は、「自民党得票率」をコントロールした場合には有意水準を下回るが、予想通り正の係数を示しており、仮説を支持する結果が得られていると言えよう。

（3）得票源

　続いて主観的得票源に関する2つの分析を取りあげよう。表7-3は、各候補者「自身の支持者」の主観的得票比率を従属変数とする重回帰分析の結果である。議員個々の属性としては、年齢の強い効果が示されている。すなわち高齢なほど、個人的な支持者の得票比率が高くなることが示されている。また「選挙区定数」については有意な正の係数が示されており、定数が大きい選挙区選出の議員ほど、個人的な支持者に依存するという事前の予想に沿った結果が得られている。都道府県レベルの変数についてはどうだろうか。自民党の得票率が3つのモデルすべてについて正に有意であり、自民党

表7-2 政党公認の効果を従属変数とする順序ロジット回帰分析

	model1	model2	model3
選挙区の農林漁業人口比	-0.9697	-1.274	-0.4253
	-0.3	-0.4	-0.13
得票マージン	-0.5701	-0.6628	-0.6093
	-1.27	-1.44	-1.37
年齢	0.0271	0.0269	0.0291
	1.84*	1.83*	1.98**
当選回数	0.0613	0.0658	0.057
	0.94	0.97	0.88
選挙区定数	-0.0582	-0.1272	-0.0503
	-2.18**	-1.43	-1.92*
選挙区定数2乗		0.0041	
		0.95	
都道府県の人口密度（対数）	0.6265	0.6026	0.4703
	1.31	1.25	0.94
都道府県の農林漁業人口比標準偏差	10.4163	10.3668	8.9208
	1.45	1.46	1.21
都道府県の自民党比例票09			-3.577
			-1.19
参・小07×県・小			
参・複07×県・小			
参・小07×県・複			
参院選挙区定数07			
参院選挙区定数47			
cut1	4.1429	3.9121	2.7608
	2.30**	2.11**	1.18
cut2	4.9787	4.7483	3.6014
	2.78***	2.57**	1.54
cut3	5.5373	5.3066	4.1644
	3.05***	2.84***	1.78*
cut4	5.9244	5.6937	4.5529
	3.22***	3.01***	1.93*
cut5	6.7443	6.5145	5.3729
	3.76***	3.52***	2.31**
N	349	349	349
カイ2乗	22.3846	22.3935	25.0003
p	0.0022	0.0042	0.0016

* p<0.1, ** p<0.05, *** p<0.01
なお標準誤差は、都道府県をもとにしたクラスタロバスト標準誤差（clustered robust standard error）である。

model4	model5	model6	model7	model8	model9
0.1726	1.8703	-0.4353	0.067	-0.2132	0.2145
0.05	0.53	-0.13	0.02	-0.06	0.06
-0.6936	-0.5248	-0.5862	-0.6824	-0.6127	-0.6871
-1.61	-1.25	-1.34	-1.58	-1.39	-1.59
0.025	0.0275	0.0276	0.0276	0.029	0.0287
1.64	1.77*	1.88*	1.90*	1.96**	1.96*
0.0717	0.0558	0.0607	0.0524	0.0572	0.0512
1.05	0.85	0.93	0.8	0.88	0.79
-0.0446		-0.0501	-0.0476	-0.0469	-0.0444
-1.74*		-1.98**	-1.78*	-1.85*	-1.67*
0.5406	0.5777	0.398	0.4775	0.3678	0.4084
1.13	1.21	0.64	0.96	0.62	0.81
10.5861	9.8722	9.7433	7.3302	8.7831	6.9938
1.53	1.41	1.32	0.95	1.18	0.93
				-3.0184	-2.3286
				-0.88	-0.64
-0.4776	-0.457				
-0.86	-0.82				
0.3811	0.4249				
1.25	1.35				
-0.1838	-0.3049				
-0.59	-1.06				
		0.1828		0.1027	
		0.84		0.43	
			0.2153		0.1719
			2.12**		1.37
3.8867	4.2336	3.8926	3.9908	2.8408	3.1274
2.17**	2.37**	2.03**	2.15**	1.26	1.28
4.7312	5.074	4.7315	4.8313	3.6824	3.97
2.67***	2.87***	2.49**	2.61***	1.63	1.63
5.2938	5.6338	5.2925	5.3944	4.2459	4.5349
2.95***	3.16***	2.76***	2.88***	1.87*	1.85*
5.682	6.021	5.6801	5.7838	4.6345	4.9248
3.13***	3.33***	2.92***	3.03***	2.02**	1.99**
6.5032	6.8411	6.4997	6.6058	5.4544	5.7465
3.68***	3.89***	3.43***	3.53***	2.41**	2.35**
349	349	349	349	349	349
36.1896	36.2993	32.4565	32.6306	33.9372	34.1976
0.0001	0	0.0001	0.0001	0.0001	0.0001

表7-3 主観的得票源(あなた自身の支持者%)を従属変数とする回帰分析(OLS)

	model 1	model 3	model 4	model 5	model 6	model 7	model 8
選挙区の農林漁業人口比	59.9354 1.37	61.0959 1.36	43.1769 1.06	43.2089 1.11	41.1031 0.95	35.152 0.91	33.4103 0.79
得票マージン	-6.2111 -1.14	-5.8904 -1.08	-5.3758 -1.01	-5.4478 -1.06	-4.7225 -0.89	-5.0302 -0.98	-4.4938 -0.85
年齢	0.4208 3.40***	0.4227 3.36***	0.3795 3.06***	0.4084 3.23***	0.4089 3.27***	0.382 3.02***	0.3802 3.04***
当選回数	0.4077 0.77	0.3904 0.75	0.52 0.95	0.4314 0.77	0.5753 1.02	0.5055 0.89	0.6152 1.08
選挙区定数	1.1887 4.86***	1.4322 1.48	0.9842 4.03***	0.9687 4.24***	1.0389 4.31***	0.874 3.66***	0.9225 3.77***
選挙区定数2乗		-0.0141 -0.3					
都道府県の人口密度(対数)	-2.7838 -0.54	-2.6635 -0.5	1.1719 0.23	5.7212 0.88	0.8425 0.17	6.5865 1.09	2.8888 0.63
都道府県の農林漁業人口比標準偏差	-15.3891 -0.24	-14.812 -0.23	18.8419 0.33	9.1739 0.15	40.444 0.59	27.8151 0.52	51.2692 0.88
都道府県の自民党比例票09			82.7838 3.93***			58.593 2.38**	64.1842 2.42**
参院選挙区定数07				-6.2765 -2.75***		-4.8489 -1.97*	
参院選挙区定数47					-4.019 -3.28***		-2.8878 -2.04**
constant	44.8613 2.31**	43.8418 2.06**	11.9333 0.54	33.7965 1.79*	39.9801 2.06**	13.0074 0.69	15.8241 0.72
N	320	320	320	320	320	320	320
R2乗	0.1437	0.1439	0.169	0.1735	0.1655	0.1846	0.179
調整済みR2乗	0.1245	0.1219	0.1476	0.1522	0.144	0.1609	0.1551

* p<0.1, ** p<0.05, *** p<0.01
なお標準誤差は、都道府県をもとにしたクラスタロバスト標準誤差 (clustered robust standard error) である。

の強い都道府県ほど、地方議員は個人的な支持者からの得票率が高いと捉えていることがわかる。ただ自民党の得票に関しては、前述したように逆の因果関係が示されている可能性も大きい。すなわち地方議員が個人的な支持者をより多く抱えているような都道府県で、自民党はより多くの比例票を得ているという解釈もあり得よう。国政レベルの自民党の得票を、地方議員の個

表7-4 主観的得票源(あなたの政党の支持者%)を従属変数とする回帰分析(OLS)

	model 1	model 3	model 4	model 5	model 6	model 7	model 8
選挙区の農林漁業人口比	-19.7984	-17.44	-12.4204	-10.575	-8.4489	-7.5728	-5.6305
	-0.92	-0.79	-0.58	-0.47	-0.35	-0.34	-0.24
得票マージン	3.8326	4.4843	3.4649	3.4117	2.9355	3.2561	2.8517
	1.1	1.32	1.01	1.02	0.83	0.98	0.81
年齢	-0.1361	-0.1322	-0.118	-0.1293	-0.1289	-0.1195	-0.1185
	-1.58	-1.54	-1.37	-1.48	-1.5	-1.36	-1.37
当選回数	-0.0253	-0.0605	-0.0748	-0.0384	-0.1263	-0.066	-0.1409
	-0.07	-0.16	-0.19	-0.1	-0.32	-0.17	-0.36
選挙区定数	-0.3517	0.1432	-0.2616	-0.2303	-0.2614	-0.195	-0.2187
	-2.26**	0.24	-1.64	-1.4	-1.62	-1.16	-1.34
選挙区定数2乗		-0.0287					
		-0.98					
都道府県の人口密度(対数)	6.5378	6.7822	4.7963	1.8479	4.3524	1.5255	3.6027
	1.86*	1.89*	1.31	0.48	1.32	0.42	1.1
都道府県の農林漁業人口比標準偏差	56.4807	57.6534	41.4105	42.9361	22.8325	35.9901	18.8665
	1.4	1.38	1.06	1.06	0.49	0.94	0.44
都道府県の自民党比例票09			-36.4457			-21.8329	-23.515
			-2.15**			-1.01	-1.07
参院選挙区定数07				3.461		2.9291	
				2.25**		1.6	
参院選挙区定数47					2.4221		2.0077
					2.61**		1.71*
constant	4.8144	2.7426	19.311	10.9157	7.756	18.6622	16.606
	0.41	0.22	1.36	0.94	0.66	1.44	1.15
N	320	320	320	320	320	320	320
R2乗	0.079	0.0814	0.0917	0.1025	0.0995	0.1065	0.1042
調整済みR2乗	0.0583	0.0578	0.0684	0.0794	0.0764	0.0805	0.0782

* $p<0.1$, ** $p<0.05$, *** $p<0.01$
なお標準誤差は、都道府県をもとにしたクラスタロバスト標準誤差(clustered robust standard error)である。

人的な支持者の積み上げと見る理解は、中選挙区制時代の自民党に対する1つの典型的な捉え方であろうが(斎藤, 2010)、この分析結果はそれを支持しているようにも思われる。また、興味深いのはそうした関係が2010年の地方議員の認識と2009年衆議院選挙のデータから確認されたことである。すなわちここからは中選挙区制時代の地方議員と国政自民党の関係が、衆議院

の選挙制度改革後においても持続している可能性が示唆されているように思われる (前田, 2007; 堤・上神, 2007; 堀内・名取, 2007)。

　「参議院選挙区定数 (1947) (2007)」はいずれも負の有意な係数を示し、参議院複数区ほど、個人票が少なくなる傾向を示している。均一性仮説とは逆の結果であり、中選挙区型均衡仮説を裏付けるものと言えるだろう。

　これに対して表7-4は、「あなたの政党の支持者」からの主観的得票比率を従属変数とする分析結果だが、ほとんどの独立変数が有意水準に達しておらず (全体のR2乗も小さい) 確定的なものではないが、おおむね表7-3の「あなた自身の支持者」の結果と反対の結果が示されているように思われる。具体的には、年齢はすべてのモデルで負の係数を示し、選挙区定数も有意水準に達しているのはモデル1のみだが、いずれも負の係数を示し、定数の小さい選挙区で「政党の支持者」による得票比率が高い傾向が示されているようである。「自民党得票率」、「参議院選挙区定数 (2007)」「参議院選挙区定数 (1947)」もいずれも表7-3の結果とは反対であり、参議院複数区ほど政党投票の比率が高まるということが示されており、均一性仮説に反し、中選挙区型均衡仮説を支持する結果であると言えよう。

(4) 都道府県議会議員の自律性

　最後に、都道府県の政策決定において、都道府県議はどの程度自律的に意思決定を行うのか、あるいは政党やその他のアクターの意見に左右されるのかについての設問を検討する。表7-5は分析結果を示したものである。前章で行った全都道府県議同様に、「自身の意見」「所属会派」「所属政党本部」「知事」「市町村長」のそれぞれに対する5段階の重要性評価を従属変数として、順序ロジット回帰分析を行ったが、前章の分析とは大きく異なって「自身の意見」の回答については、各分析モデルはほとんど説明力を持たなかった (表では省略)。自民党議員が他党の議員に比べ、自身の考えをより重視している、したがってより高い自律性を有していることは前章の分析から示された通りだが、自民党議員同士の違いについてはここで用いた独立変数によっては十分に説明できなかった。

「所属会派」の分析については、10％水準ではあるが、2つのモデルで「当選回数」が負に有意な係数を示しており、「年齢」が同じであれば、「当選回数」が少ない議員の方が会派の意見に左右されやすいという傾向が見られる。「参議院選挙区定数 (1947)」については、正に有意な係数が示されており [★3]、参議院複数定数においてより会派の影響力が強まることが示された。

　「党本部」に関しては、個人レベルでは10％水準で「年齢」が正に有意となっており、「当選回数」が同じであれば、「年齢」が高い議員の方が党本部の影響を受けやすい傾向が見られたと言えよう。また都道府県レベルでは、会派と同じく、「参議院選挙区定数 (1947)」が正に有意であり、参議院複数区において、地方議員は党本部の影響をより強く意識しているという傾向が示された。

　「知事」、「市町村長」の回答については、自民党や会派についての分析結果とは異なるパターンが見受けられる。まず知事については、「年齢」が正に、「選挙区の農林漁業人口比」が負に、「得票マージン」が正に有意であり、より年配の、都市部の選挙区選出の、選挙に強い議員が知事の意見をより重視して自らの意思決定を行っていることがわかる。また「都道府県の農林漁業人口比偏差」が正に有意であり、多様性を持った都道府県において、知事の意見がより重視されていることがわかる。「参議院の選挙区定数 (1947)」も「自民党得票率」をコントロールしないモデル2では、10％水準だが正に有意であり、参議院複数区において知事の影響力が強いことが示唆されている。

　最後に市町村長については選挙でより強く、当選回数が少ない議員がその意見を重視していることがわかる。都道府県レベルの変数としては、「参議院の選挙区定数 (1947)」は全く効果がないが、「都道府県の人口密度」と「自民党得票率」が負に有意であり、地方の都道府県ほど、また自民党票が少ない都道府県ほど、その県議が市町村長の意見を重視する傾向にあることが示されている。

　総じて都道府県議の自律性の設問に対するここでの分析からも、特に会派、党本部の影響が参議院複数区で強まることが示されており、中選挙区型均衡仮説を支持する結果が示されたと言えよう。

表7-5　政策態度決定の際の影響力に関する順序ロジット回帰分析（自民党都道府県議）

	会派			党本部	
	model1	model2	model3	model1	model2
選挙区の農林漁業人口比	-0.0139	2.3369	2.325	-0.6207	0.4911
	0	0.72	0.72	-0.2	0.16
得票マージン	0.4663	0.2671	0.2674	0.2276	0.1273
	1.01	0.57	0.57	0.43	0.25
年齢	0.0204	0.0214	0.0213	0.0229	0.0237
	1.52	1.52	1.49	1.76*	1.82*
当選回数	-0.086	-0.1057	-0.1054	-0.0774	-0.0903
	-1.41	-1.69*	-1.66*	-1.32	-1.56
選挙区定数	-0.0078	0.0124	0.0117	0.0144	0.0232
	-0.3	0.54	0.48	0.56	0.95
都道府県の人口密度（対数）	0.7932	0.3577	0.367	0.4286	0.1702
	2.28**	1.09	1.16	1.62	0.58
都道府県の農林漁業人口比標準偏差	6.2752	-1.3291	-1.2953	3.5046	-0.7347
	1.25	-0.28	-0.28	0.98	-0.15
都道府県の自民党比例票09			0.2941		
			0.1		
参院選挙区定数47		0.5468	0.5528		0.2936
		4.35***	3.63***		2.28**
cut1	-1.861	-2.4853	-2.3724	-1.2914	-1.6883
	-1.16	-1.55	-1.39	-1.02	-1.28
cut2	-0.592	-1.2126	-1.0999	0.5849	0.191
	-0.4	-0.81	-0.68	0.49	0.15
cut3	1.7016	1.1088	1.2216	2.4664	2.0895
	1.27	0.82	0.79	2.12**	1.70*
cut4	3.8398	3.3141	3.4272	4.3575	4
	2.85***	2.43**	2.23**	3.69***	3.22***
N	339	339	339	332	332
カイ2乗	13.398	36.1546	36.4139	5.1228	16.6652
p	0.063	0	0	0.645	0.0338

* p<0.1,　** p<0.05,　*** p<0.01
なお標準誤差は、都道府県をもとにしたクラスタロバスト標準誤差（clustered robust standard error）である。

党本部	知事			市町村長		
model3	model1	model2	model3	model1	model2	mode3
0.4771	-9.585	-8.7486	-8.7413	3.9175	3.8447	3.8561
0.16	-3.05***	-2.62***	-2.61***	1.11	1.05	1.05
0.1318	0.9079	0.8467	0.8457	0.872	0.8792	0.8702
0.26	1.87*	1.76*	1.74*	1.92*	1.92*	1.87*
0.0235	0.0314	0.0322	0.0322	-0.0008	-0.0009	0.0002
1.81*	2.66***	2.67***	2.67***	-0.05	-0.06	0.02
-0.09	-0.0334	-0.0438	-0.0439	-0.1272	-0.1261	-0.1309
-1.55	-0.67	-0.87	-0.87	-2.02**	-1.99**	-2.08**
0.022	-0.017	-0.0094	-0.0091	-0.0132	-0.014	-0.0069
0.82	-0.9	-0.48	-0.45	-0.45	-0.46	-0.23
0.1861	0.3371	0.1588	0.1538	-0.9702	-0.9532	-1.0678
0.61	0.95	0.49	0.42	-2.18**	-2.13**	-2.40**
-0.6721	14.4627	11.4894	11.4605	-2.6142	-2.3368	-2.5296
-0.14	2.98***	2.40**	2.31**	-0.53	-0.4	-0.46
0.596			-0.1402			-4.289
0.17			-0.05			-1.86*
0.3048		0.21	0.2074		-0.0199	-0.1124
2.07**		1.87*	1.56		-0.16	-0.75
-1.4682	-0.6478	-0.8838	-0.9402	-6.0229	-6.0024	-7.6347
-0.83	-0.48	-0.68	-0.47	-3.76***	-3.74***	-4.08***
0.4111	0.7102	0.4751	0.4187	-4.6483	-4.6276	-6.2622
0.23	0.53	0.37	0.21	-2.92***	-2.90***	-3.38***
2.3099	2.6741	2.4432	2.3867	-2.6572	-2.6362	-4.2671
1.3	1.97**	1.87*	1.2	-1.72*	-1.70*	-2.38**
4.2206	4.3084	4.0862	4.0296	-0.6387	-0.6178	-2.2343
2.35**	3.15***	3.10***	2.01**	-0.42	-0.41	-1.25
332	338	338	338	339	339	339
16.7833	23.9363	32.0956	34.8148	26.8415	26.5878	28.4963
0.0522	0.0012	0.0001	0.0001	0.0004	0.0008	0.0008

4 ▸ 異なるレベルの証拠にもとづく検証

(1) 中選挙区型均衡のもたらした利益

93年以前の日本では、衆議院と都道府県議会議員の選挙制度は中選挙区制であり、彼ら自身は個人本位の選挙戦を展開していたが、知事選挙、参議院地方区選挙という共通の利益のため、都道府県連組織に結集し、ある程度の一体性を保持していたのではないか。その場合の一体性は、参議院複数区においてより調達しやすかったのではないか、さらにそれは衆議院の選挙制度が変更された現在でも異なる政治競争アリーナの共通均衡として維持されているのではないか、というのが本章で提起した中選挙区型均衡仮説であり、それは地方議員へのアンケート調査結果の分析によってある程度支持されたように思われる。ここではややレベルの異なるデータをもとに、中選挙区型均衡仮説の妥当性の検証を試みる。

第一は、参議院複数区が多様な利益表出を可能にする制度であるために、SNTVの下で棲み分けを行い多様な利益を表出していた衆議院議員や都道府県議会議員にとって、より相互協力しやすい場であり、SNTVという異なるレベルの選挙制度により適合的な環境であったという前述のメカニズムについて、参議院複数区が実際に多様な利益表出を行っていたのかを検証しようとするものである。

具体的には、1956年から1992年選挙までの、すべての自民党参議院地方区選出議員（無所属・諸派で自民推薦、あるいは派閥所属を含む）について、その前歴を参議院小選挙区と参議院複数区とで比較してみた [*4]。表7-6は、参議院地方区選出議員の前歴において、多い方から4つ、すなわち都道府県知事、衆議院議員、県議・市議、省庁官僚を選択し、それぞれについて小選挙区選出である場合と、複数区選出である場合とでそうした前歴に差が出るかどうかをクロス表によって確認したものである。なお前歴の重複や（省庁出身かつ知事経験者等々）、事後の経歴である可能性（参議院議員退任後に衆議院議員となるケース等々）は排除されていない。結果は参議院複数区の多様な利益表出を裏付けているように思われる。4つのクロス表とカイ2乗検定からは、衆議院

表7-6 参議院議員の選挙区と前歴のクロス表(1956年から1992年)

前歴	都道府県知事		衆議院議員		市議・県議		省庁官僚		合計
	なし	あり	なし	あり	なし	あり	なし	あり	
参議院1人区	290	36	259	67	224	102	210	116	326
	89.0%	11.0%	79.4%	20.6%	68.7%	31.3%	64.4%	35.6%	100%
参議院複数区	314	65	306	73	234	145	260	119	379
	82.8%	17.2%	80.7%	19.3%	61.7%	38.3%	68.6%	31.4%	100%
p(カイ2乗)	0.021		0.668		0.053		0.24		

議員と官僚については、参議院1人区と複数区で違いはないが、参議院複数区では、1人区よりも知事経験者(5%水準)、市議・県議出身者(10%水準)の比率が高くなっていることがわかる。自民党複数区においては、参議院への地方自治体、地方議会の利益表出がより容易であった可能性が示されていると言えよう。この分析では重複も含まれており、網羅的なものでないために、代わりにどのような利益表出が犠牲にされていたのかまでは明らかではないが、衆議院議員、省庁出身者はほぼ同様の値を示しており、複数区においては、国政とのパイプを維持しつつ地方の利益表出を行うこと、また地方議員の昇進インセンティブにもよりよく答えることができたといえるのではないか(馬渡, 2010)。

(2) 中選挙区型均衡と自民党地方組織の分裂

　第二の検証は、中選挙区型均衡によってもたらされた帰結にかかわるものである。前述のように、中選挙区型均衡は、ライバル関係にある衆議院議員や地方議員の間の協働を促し、一体性を確保してきたと思われる。であれば、地方組織の分裂についてもある程度回避できたということになるのではないか。このような仮説を検証するために、ここでは砂原の研究によって示された自民党系会派の分裂回数を従属変数とするポワソン回帰分析を行う(砂原, 2010)[5]。表7-7は従属変数、すなわち各都道府県自民党系会派の分裂回数を示している。また砂原は分裂を、知事選挙とその他の理由に分けたデータについても作成しているので、併せてこれも分析する。独立変数とし

表7-7 自民党系会派(都道府県)の分裂(1955年から1994年)

総分裂回数	都道府県							
0回	北海道	秋田県	茨城県	石川県	兵庫県			
1回	宮城県	神奈川県	新潟県	岐阜県	静岡県	愛知県	三重県	高知県
	佐賀県	大分県	沖縄県					
2回	岩手県	山形県	栃木県	群馬県	埼玉県	千葉県	東京都	富山県
	滋賀県	京都府	大阪府	鳥取県	愛媛県	福岡県	鹿児島県	
3回	福島県	和歌山県	岡山県	香川県				
4回	島根県	山口県						
5回	青森県	奈良県	広島県	熊本県				
6回	山梨県	宮崎県						
7回	徳島県							
8回	福井県	長崎県						

砂原(2010)を基に新たなデータを加えて筆者作成

ては、中選挙区型均衡仮説を表す「参議院選挙区定数(1947)」と、本章の分析で用いてきた「都道府県の人口密度(対数)」、「農林漁業人口比標準偏差」、「自民党得票率」もコントロール変数として投入する。都市度や自民党票については、分裂とどのような関係にあるか、一概には予想できないが、都道府県内の社会経済構造のばらつきを示す農林漁業人口比標準偏差については、それが高いほど分裂の可能性が高まるものと予想する。ただこれらコントロール変数については、いずれも従属変数たる自民党会派分裂の事後の変数であることには注意を要する。分裂という歴史的出来事の累計発生数を説明する独立変数としてどの時点の変数を採用すべきかは難しい問題であり、ここでは便宜的に、都道府県の社会経済状況、政治状況は相対的にはそれほど大きく変動しないだろうという想定のもとで事後の測定変数を用いているが、厳密な因果効果を捉える上では問題があるだろう。

　表7-8は結果を示したものである。なお知事要因の分裂を従属変数とする分析についても、他の分析同様のモデルでの分析を試みたが、すべて有意な結果とはならなかったので表示していない。知事要因以外の分析結果は、中選挙区型均衡仮説を支持するものと思われる。すなわち他の変数をコント

表7-8 自民党系会派（都道府県）の分裂回数を従属変数とするポワソン回帰分析

	分裂総数			その他の理由			知事選要因
	mode 1	model 2	model 3	model 1	model 2	model 3	model 1
参院選挙区定数47	-0.3683	-0.3708	-0.3114	-0.3429	-0.3837	-0.3154	-0.5022
	-2.65***	-2.22**	-1.78*	-2.27**	-2.12**	-1.65*	-1.39
都道府県の人口密度（対数）		0.0262	0.2845		0.1985	0.5511	
		0.08	0.76		0.54	1.33	
都道府県の農林漁業人口比標準偏差		1.1569	2.9345		3.5649	5.9225	
		0.31	0.76		0.87	1.39	
都道府県の自民党比例票09			5.1207			6.6019	
			2.18**			2.53**	
constant	1.4774	1.3313	-1.0363	1.2523	0.5547	-2.5472	-0.0962
	6.82***	1.48	-0.72	5.29***	0.56	-1.58	-0.18
N	46	46	46	46	46	46	46
カイ2乗	8.0973	8.1991	13.0337	5.9166	6.6954	13.2818	2.3528
p	0.0044	0.0421	0.0111	0.015	0.0823	0.01	0.1251

* $p<0.1$, ** $p<0.05$, *** $p<0.01$

ロールしたうえでも参議院地方区の定数が小さいほど会派分裂の数は増えるという傾向が示されている。その他の要因による会派分裂がある程度説明可能であるにもかかわらず、知事選挙要因の会派分裂について説明できないことは、自民党系会派分裂に参議院1人区における候補者選択や選挙動員が直接関係していることを示唆しているとも思われるが、現段階でそれを裏付ける十分な証拠を提示することはできない。また自民党得票率が、分裂総数、その他の要因による分裂の両方で、正の有意な係数を示していることも興味深い。自民党は、強い都道府県でより高い分裂のリスクを抱えていたのである。このような結果は本章3節3項の得票源の分析結果が示すイメージとも符合するだろう。自民党の強い都道府県とは、地方議員が個人的支持者により強く支えられている地域だったのであり、そうした自律的な地方議員の対立、競争関係こそが自民党系会派の分裂に結びついたと考えられる。

5 ▶ マルチレベルの政治アリーナにおける自民党組織

　異なる政治競争アリーナのすべてで個人本位の選挙制度が採られていた1993年以前には、国政においても地方政府においても政権獲得能力を備えていた自民党は、政党ラベルを曖昧なものとし、緩やかな政党組織を形成、維持せざるをなかったが、そうした政党組織はどのような形で維持されていたのだろうか。またそれは衆議院の選挙制度改革後に変化したのだろうか。このような課題にこたえるべく、本章では自民党議員のみに焦点を絞って分析を加えてきたが、都道府県議会議員の政党観に都道府県ごとの違いが大きいこと、またそれは参議院の選挙区定数、しかも現在のものよりもかつての参議院選挙区定数にある程度規定されていることを明らかにした。具体的には、参議院複数区の都道府県において、一体性がより高まる中選挙区型均衡ともいうべき状況が選挙制度改革後にも存在することが見出された。第2章で示したように衆議院の選挙制度改革によって衆議院議員の態度は大きく変化し、党中枢において執行部の権限が強化されたが、地方政治レベルでは、小選挙区制への均一化による効果、すなわち国政の政党ラベルが異なる政治競争アリーナを縦断して働き、政党の一体性が強まるといった効果は見出すことができなかったのである。

　参議院の選挙制度が都道府県議会議員の政党観を規定するという単純な事実は、政党組織が単一レベルの政治競争によって形成されているわけではなく、マルチレベルの競争の複合的な産物として形成、維持されるという本書の仮説を裏付けているだろう。またそうした観点からは、衆議院という最重要なアリーナにおける制度改革が、自民党の政党組織に大きな変化をもたらすと思われる一方で、一定の限界を持たざるを得ないものであることも明らかだろう。政党組織が、異なる政治競争アリーナとその競争ルールの複合的産物である以上、他のアリーナの制度が維持されている状況の下ではそこに強い慣性が働くことになると考えられるのである。

★1——なお後述するように、以下の表7-2〜7-4の分析では、都道府県議会の選挙区定数について、表7-1の分析結果とは逆に、定数が大きいほど政党の効果が小さくなり、個人本位となるという「当選ライン低下仮説」に沿った結果が得られている。表7-1の結果は、それほど強いものではないが、これと真っ向から対立する結果を示しており、これらの結果をどのように整合的に理解するかが問題となる。本章での解釈は、表7-1の分析が、政党の重要性に関する議員の主観的評価を問うているのに対し、表7-2〜7-4の分析が、前回選挙の結果に関して、事実関係を問うものであるという設問の違いが、結果の差として現れたのではないかというものである。すなわち全体として個人票に依存する度合いが高い議員であっても、あるいはそうであるが故に選挙活動において政党の果たす限定的な役割をより大きく評価するというような関係がここで示されているのではないかと理解する。

★2——なお「参議院選挙区定数（1947）」の効果については、戦後初期の都道府県の人口規模を反映したものという見方もあるかも知れない。ただその場合には、なぜ戦後初期の都道府県の人口規模が（あるいは現在の人口規模の場合にも同様の問題があるが）、自民党の地方組織の纏まり方に影響を与えるのか、という因果メカニズムが不明であることが問題となろう。

★3——「参議院選挙区定数（2007）」の場合も正に有意だが係数もz値もより小さい（結果は省略）。またその他の従属変数に関する分析も同様である。

★4——参議院議員の前歴は、レヴァイアサンデータバンクの「参議院の研究　1947-2002」に基づく。なお自民党公認候補のみでの分析も試みたが、同様の結果であった（東大法・第5期蒲島郁夫ゼミ編, 2005）。近年の前歴については、辻中・濱本・和嶋（2013）を参照。

★5——なお砂原庸介氏の論文中では、辻（2008）に基づいて作成された43都道府県のデータが用いられているが、今回の分析に際しては、砂原氏が同じ手法で3つの都道府県（東京、茨城、沖縄）を加えたデータを利用させていただき、長野県を除く46都道府県を分析した。協力していただいた砂原氏に深く感謝する。

代議制民主主義と
政党政治のゆくえ

「参院選の結果を受けて、(自民党) 役員会に総裁辞任の意思を伝え、了承していただいた。敗北の責任は私一身のことだ。明日、総務会を開いてもらい、辞任の了承を得たことを報告させてもらう」

(橋本龍太郎首相、「朝日新聞」1998年7月14日朝刊)

「進退伺は、都知事選に出るときの進退伺。都知事選の結果はもう出たわけですから。当時の石原 (伸晃) 都連会長に出されたのではないか。都連会長として、石原さんから引き継ぎがあったわけではないので、党本部を含めて別に対処するつもりはない。あとは小池さん自身が判断されることだ」　(下村博文自民党東京都連会長、「朝日新聞」2017年1月12日朝刊)

　衆議院の選挙制度改革によって自由民主党は集権化し、日本の執政のリーダーシップは強化されたとされる。本書の各章でもそれを裏付ける証拠を示してきた。しかしながら他方でその集権性には大きな留保が必要であることも本書の各所で指摘してきた。集権化は衆議院の政治アリーナを中心に生じたが、参議院や地方政治のアリーナや、衆議院と他の政治アリーナとの関係には、分権性や個人本位化をもたらす要因が様々な形で温存されているのである。
　そもそも参議院は、日本国憲法の規定上きわめて重要なアリーナであっ

た。日本の内閣が実効性をもって成立するためには、衆議院の多数派のみで
はなく、衆議院と参議院、両院の多数派からの支持を必要としたのである
（もしくは衆議院の3分の2以上の多数派）。衆議院の選挙制度改革以降も、橋本内
閣（1998年）や第一次安倍内閣（2007年）は参議院選挙での敗北を受ける形で
総辞職することになったが、それは単に不人気の首相では次の衆議院総選挙
を戦えないから、という衆議院に対する責任を先取りしたものではなく、内
閣の実質的な維持のために参議院の多数派が必要とされたからであり、日本
の議院内閣制は事実上、参議院に対しても内閣に責任を負わせてきたと思わ
れる。であれば参議院アリーナの制度は、日本の政党政治、すなわち政党シ
ステムと主要政党の組織のあり様に大きな影響を及ぼしてきたはずだし、現
在も及ぼし続けているだろう。川人（2015）は、参議院の多数派は内閣の存
立にとって必要不可欠ではないとして衆議院の多数派と政権党（連合）内にお
ける内閣支持のみがその本質的基盤だとしているが、ではそこで衆議院多数
派と異なる政権党（連合）とは一体何を意味しているのだろうか。衆議院の多
数派を超えて政権党（連合）が形成されてきたことこそが、日本の議院内閣制
における参議院多数派の本質的重要性を示しているというのが本書の理解で
ある。

　地方政治に目を向けた場合にも、日本の主要政党、特に地方において圧倒
的な勢力を誇る自民党は、各地方組織が政党中枢（党本部）から高い自律性を
保っており、また地方組織内部でも規律や凝集性の弱さが注目される（建林
編, 2013）。たとえば2015年の大阪府知事選、2016年の東京都知事選におけ
る自民党は、規律や凝集性の強い政党組織とは対極の様相を示している。す
なわち2015年の大阪府知事選においては、自民党府連は党本部の意向に反
して、国政で激しい対立関係にある共産党と連携して維新と戦った。また
2016年の東京都知事選挙においては、党本部、都連が一致して増田寛也候
補を推薦し、一体的に選挙戦を争ったにもかかわらず、党の方針に背いて出
馬し、自民党推薦候補と真っ向から争った小池百合子知事の党籍を選挙前に
も選挙後にも剥奪しようとせず、そのまま放置したのである。地方政治にお
ける自民党分裂、自民党対自民党という対立図式を長く見慣れてきた我々に

とって、こうした現象は特段驚くものではないかもしれない。しかし東京や大阪の有権者は自民党という政党ラベルをどのように認識するのだろうか。少なくとも東京と大阪という日本の二大都市において、自民党という政党ラベルは、国政と地方政治では異なる意味内容を持っている、あるいは政治的競争に用いられる看板としては極めて曖昧な形で用いられているということであろう。

　戦後日本においては、中・大選挙区制やオープンリストの比例代表制といった個人本位の選挙制度が様々な政治競争アリーナで用いられ、代議制民主主義における政党政治の働きを弱いものにしてきた。衆議院の選挙制度改革後も、参議院や地方政治では、個人投票誘因の強い選挙制度や執政制度が維持されてきた。また複数の政治競争アリーナにおいて異なる執政制度、選挙制度が、その整合性に十分な配慮なく用いられてきたことが、複数のアリーナを縦断して形成される政党ラベルの意味内容を曖昧にしてきたと思われる。政党ラベルの看板効果が弱いために、政治家は政党組織へのコミットメントを行わず、より独立したポジションを取りつつ競争しようとしたのであり、政党組織は弱いものとならざるを得なかった。

　そしてこうした緩やかな組織と曖昧なラベルを持つ政党を通じた代議制民主主義は、国民の代理人選択の負荷を大きくしてきたと思われる。選挙において政党名のブランドをあてにできない国民は、真摯に選択に取り組もうとすれば、議員個々の能力、政策的立場等々の様々な情報を必要とするからである。あるいはそのように情報コストが高い状況では、国民は真摯な代理人選択を諦めたかもしれない。国民は常に政治的関心を高く持っているとは限らないのであり、選択のための情報コストが高すぎるならば、そもそも選択を放棄したかもしれないし、知名度や見た目の印象等、個人レベルの表面的な情報をもとにした軽い選択を行ったかもしれない[1]。

1 ▸ 非効率的な秘訣?

「簡単ですよ。カナダ人は慣れていますから」（ケネス・カーティ）

　これはカナダにおけるマルチレベルの政治について、我々のインタビュー調査に答えて、カナダ政治の専門家であるカーティ教授が語った言葉である。彼はブリティッシュコロンビア州において、国政レベルの自由党と地方レベルの自由党は、同じ名前を使っているが、人的にも繋がりがない別の組織を形成していると述べたが、それに対して我々が、自由党という名前が地方と国政で異なるのであれば、有権者は戸惑うのではないかと尋ねたのに対し、上記のように答えたのである。地域の政治状況を理解し、それに慣れてしまえば、政党名を使い分けることは難しくないというのである。確かに有権者が各アリーナの違いを識別していれば、アリーナごとに異なる政党システムを使い分けることも可能だろう。アリーナによって異なる政治競争メカニズムの存在は、国民に多様な選択、選択の組み合わせを可能にするものであり、見方によれば、より民主的な制度ということができるかもしない。特にカナダのように、各レベルで小選挙区制を用いている国においては、選択肢の拡大、多様化は限定的であり、行き過ぎた多数決主義を抑制する有効な手段となるかもしれない[2]。

　しかしながら有権者は常に政治に対する強い関心を持っているとは限らない。アリーナごとに政党システムが異なっていたり、政党ラベルの意味内容が異なる（例えば同じ自民党という看板が、地方政治と国政で意味内容を異にする）場合には、政党ラベルを認知するための有権者のコストは非常に大きいものになる。有権者は、政党ラベルが示すはずの体系的な政策内容を認識することなく、個々の議員が提供を約束する個別的な利益や、個人的な好みなどを基準に投票することになるのではないか。各アリーナにおける選挙制度が個人投票を促すものである場合には、そうした脱政党化はより強まることになる。

有権者に多様な選択を認めるこのような制度は、実行力を持った政治リーダーを選択する方法としては非効率的なのであり、イギリスにおける議院内閣制による統治とそこでの政党間競争、立法と行政の融合によるリーダー選択が「効率的な秘訣 (efficient secret)」と呼ばれてきたこととは対照的であった (バジョット, 2011; Cox, 1987; Carey and Shugart, 1992)。このような観点からすれば、マルチレベルの政党システムが不均一であり、各レベルで個人投票を促す選挙制度を用いてきた選挙制度改革以前の日本の政党政治は、多様な選択を有権者の情報負荷とともに可能にする極めて「非効率的」な議院内閣制であった (Amorim Neto and Santos, 2003; 建林, 2004)。また並立制の導入によって衆議院アリーナにおいて一定の効率性を確保したとは言え、非効率性はいまだに日本の政党政治を強く特徴づけていると言えよう。「効率性」を犠牲にして日本の有権者が手にしたのは、「代表性 (representativeness)」であろう。「効率性」と「代表性」は代議制民主主義においては、いわばトレードオフの関係にあり、いずれをより優先するのかは、究極には有権者がいずれを望むかによるともいえようが、問題なのはマルチレベルの政治制度の (非) 整合性によって導かれる (非) 効率性は、憲法構造の一部に埋め込まれ、あるいは次元の異なる問題と見なされ、そもそも選択肢とさえ認識されてこなかったことである。しかしながら異なるアリーナの政治制度は個別にデザインし、精緻化していくべきものではなく、その相互作用、複合的な効果への十分な配慮が必要なのである。

2 ▸　代議制民主主義における政党の役割

　マルチレベル政治制度の組み合わせが代議制民主主義における政党の役割を大きく規定する。本書では、戦後日本政治の事例をもとにこのような仮説を様々な角度から検証してきたが、ここでは各国のデータを用いた試論的分析を行い国際比較の観点から日本の政党政治の特徴を確認する[3]。

　政治アリーナごとの競争メカニズムが異なる場合に、各国の政党政治にはどのような帰結がもたらされるのだろうか。これまで論じてきたように、政

党ラベルは有権者にとって政治的選択を容易にする情報のショートカットであり、集合的意思決定を媒介する間接民主主義のための手段であった。有権者がそのような形で政党ラベルを利用するが故に、政治家は選挙で政党ラベルのもとに結集する利益を持つのである。であれば政党がそうした機能を果たしにくい制度条件下では、有権者は他の媒介手段を指向し（政治家個人かもしれないし、ネット等を通じた直接民主主義的な手法かも知れない）、政党を見限るのではないか。

（1）政党信頼度に関する試論的分析

　このような仮説を各国比較の文脈で検証するために、ここでは各国一般市民の政党に対する信頼度を分析する。政党が有権者によるリーダーシップや政策の選択を容易にするとき、民主主義を実現する装置として有権者は政党に一定の評価を与えるだろう。政党ラベルの内容が不明確であり、代理人として有効でないために、有権者が政治家個人を個別に評価し、主権を委任する対象とする場合には、有権者は政党をそれほど高く評価しないだろう。

　具体的に、以下の分析では、有権者の代理人としての政党に対する評価を測る指標として、政党への信頼度 (trust, confidence) に関する3種類の国際的なアンケート調査結果を用いる。第一の指標は、The Hertie School of Governance による「政党信頼度 (HSG)」である。この指標は、ヨーロッパ28か国の市民に対する「政党を信頼する傾向」か「政党を信頼しない傾向」かという二者択一の質問について、「信頼する傾向」を持つと肯定的な答えをした人の比率を国ごとに算出した値である。第二に、29か国を対象とした European Social Survey による「政党信頼度 (ESS)」を利用する。この調査においては、回答者は、あなたは政党を個人的にどの程度信頼していますか、という質問に対して0〜10の11段階でその程度を評価するように求められており、政党信頼度指標は、この回答の平均値として国ごとに算出されたものである。また第三には、World Values Survey の「政党信頼度 (WVS)」を検討する。このデータは、100か国に及ぶ世界中の一般市民に対して、様々な質問項目のアンケートを集計したものだが、政党に対する信頼についても数

次の調査で問われている。調査方式はESSデータ同様、信頼の程度を尋ねるものであり、各国の値はその平均値だが、ESSとは異なりもともとの質問は4段階評価である。なお各国の「政党信頼度 (WVS)」の算出に際しては、数値が高いほど信頼度が高くなるように数値を逆転させて集計している[*4]。

　他方、政治アリーナごとの競争メカニズムの違いとしてここで分析対象として取り上げるのは、各国の二院制における政党システムのずれである。本書の各章ではこのような二院制の政党システム以外にも、それぞれのアリーナにおける選挙制度や、地方政府の競争状況などが大きな影響を持つことを指摘してきたが、各国比較においてそうした変数の効果を捉えることは技術的にも難しいため、ここでは二院制に限定して分析を行うこととする[*5]。

　具体的に両院の政党システムのずれを測る指標としては、二種類のものを取り上げる。第一はヘニスによるPOLCONデータセットに公開されている各国の下院、上院の断片化度 (fragmentation) を用い、その差 (絶対値) を算出したものである (Henisz, 2002)。ヘニスによれば、断片化度とは議会の党派別構成比率から算出された値であり、議会内でランダムに2人の議員を選んだ場合に、それらの議員が同じ政党に所属する者である確率ともいうべき値であるという[*6]。この指標はその計算式から見ても、政治学でよく用いられてきたレイの断片化指標と同様のものと思われるが (Rae, 1968)、ヘニスのものは選挙のない年にもかなり変化しており、実際の議席率にもとづかない近似的な算出法をとっているのではないかと思われる。そこでここではレイの断片化指標と並んで政治学で用いられることの多いラクソー・タガペラの有効政党数について、両院の値の差 (絶対値) をもう1つの測定指標とする[*7]。断片化度の差、有効政党数の差のいずれについても、それが大きいほど政党システム、異なる政治アリーナにおける競争パターンのずれが大きくなっていることを示しており、代理人としての政党の有効性は低くなっているのではないか、有権者は政党以外の代理人 (個々の政治家など) により強く依存するのではないかと予想する。

表F-1 両院の有効政党数の差、断片化度の差と政党信頼度(HSG・ESS)の相関表

	両院の有効政党数の差	両院の断片化度の差	政党信頼度(HSG)	相対化政党信頼度(HSG)	政党信頼度(ESS)	相対化政党信頼度(ESS)
両院の有効政党数の差	1 10					
両院の断片化度の差	0.31 8	1 9				
政党信頼度(HSG)	-0.601 9	-0.6 8	1 12			
相対化政党信頼度(HSG)	-0.533 9	-.732* 8	.829** 12	1 12		
政党信頼度(ESS)	-0.402 9	-.722* 8	.830** 11	.694* 11	1 12	
相対化政党信頼度(ESS)	-0.128 9	-0.448 8	0.283 11	0.325 11	.637* 12	1 12

* p<0.05, ** p<0.01
1段目は相関係数、2段目はサンプル数

(2) 政党信頼度(HSG)と政党信頼度(ESS)についての分析

　異なる政治競争アリーナに直面する有権者の認識を分析しようとする本書の趣旨からすれば、以下での分析は、直接選挙、間接選挙で選出される上院を持つ国々に限定せざるを得ないが、その結果サンプル数が限定されてしまうことになる (Russell, 2012; 2013)。ヨーロッパ各国のみを対象とするHSG調査、ESS調査のデータについては、特にその傾向が強く、他の変数の効果をコントロールすることは難しく、各変数の相関を検討するに留まっている (元データについては巻末表を参照)。

　表F-1は、各国の政党信頼度 (HSG) (ESS)、それぞれの政党信頼度を政府信頼度 (HSG)、議会信頼度 (ESS) で相対化した相対化政党信頼度と、両院の有効政党数の差、両院の断片化度の差との相関関係を示したものである[8]。また図F-1、両院の有効政党数の差と政府信頼度で相対化した相対化政党信頼度 (HSG) との関係を、図F-2は、両院の断片化度の差と政党信頼度 (ESS) との関係をそれぞれ散布図表示したものである。

図F-1　両院の有効政党数の差と相対化政党信頼度(HSG)の散布図

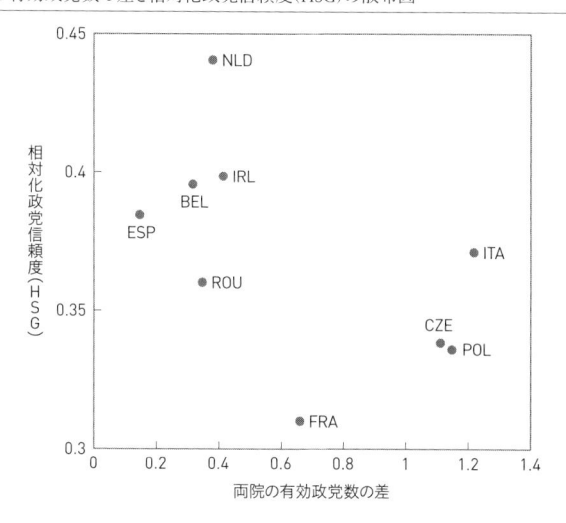

図F-2　両院の断片化度の差と政党信頼度(ESS)の散布図

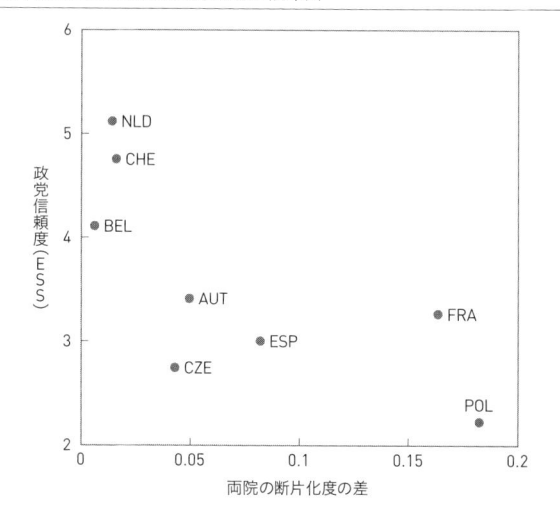

こうした相対化を行う理由は、各国の一般市民による統治機構を含む様々な対象への信頼度データが、質問文 (翻訳) の持つニュアンス、政治文化等々、国ごとの固有の事情を反映して、相互に強い相関を持つことが知られているからである (Dalton, 2002; Hooghe, 2011)。各調査における政党信頼度は、当該国の政党政治に対する態度というよりも統治機構全般、あるいは社会全体に対する国民の評価をより強く示すものとなっている可能性がある。そこでここではサンプル数が限定されている中で、各国固有の事情をコントロールする方策として、同じ調査データから利用可能な政府に対する信頼度 (HSG) や議会に対する信頼度 (ESS) による相対化を試みている。

　そもそも本書で問題にしているのは、国民の代理人としての政党に対する評価であり、政党に変わりうる他の代理人、代表機関 (例えば個々の政治家) との相対評価というべきものである。その意味でもこうした形での相対化は有効な手法だと思われる。ただ相対化の基準としてどのようなものを選択すべきかは一義的には明らかでなく、難しい問題を孕んでいるだろう[9]。たとえばESS調査には政府に対する信頼性評価のデータが存在しないため、ここでは議会信頼度 (ESS) を基準としているが、議会に対する評価は政党に対する評価と密接に関連していると考えられるため、このような相対化は様々な説明変数の政党信頼度への効果を過小評価することに繋がるかも知れない。本書では、政府信頼度 (HSG) は、その国の代表民主制全体への評価を表しており (Cristensen and Laegreid, 2005)、その一部としての政党という代理人の評価を行う上ではより適切な相対化基準だと考えているが、他方で、政府信頼度は、議会信頼度よりも、より党派的な偏りを持つ態度だという実証分析も報告されており (Holmberg et al., 2017)、必ずしも確定的な答えが存在するとは言えないようである。

　こうした分析手法上の問題を踏まえた上で、表F–1の分析結果は必ずしも十分なレベルとは言えないが、前述の仮説をある程度支持する結果を示しているように思われる。2種類の政党信頼度と政党システムのずれの関係について、すべての組み合わせが負の係数を示し、またサンプルが極めて少ないにも関わらず、いくつかの組み合わせについては有意水準をクリアしてお

り、ある程度の証拠が得られたと言えよう。なお両院の断片化度の差と有効政党数の差の相関は低く、両者が異なる測定指標となっていることがわかる（註6、註7を参照）。

（3）政党信頼度(WVS)についての分析

次に政党信頼度（WVS）について検討しよう。まずHSG調査やESS調査に比べてWVS調査は全世界を対象にしており、一定のサンプル数を得られるために、以下ではいくつかのコントロール変数を含む重回帰分析を試みている（元データについては巻末表を参照）[10]。

具体的に分析に加えたコントロール変数は、第一に執政制度である。前述のようにここでは公選による上院を持つ国々のみを対象にしているが、ラッセルが指摘するようにそうした国々の多くは大統領制を採っている（Russell, 2012）。しかしながら本書で度々言及してきたように、そもそも大統領制においては、有権者は大統領選挙を通じて、行政権を大統領に直接付託することができるため、議院内閣制に比べれば、政党の果たすべき役割は小さくなると思われる。したがって執政制度の違いをコントロールする必要があるが、執政制度を区別する上では、チュバブらのデータを用いる（議院内閣制は0、半大統領制は1、大統領制は2の値を取る）（Cheibub et al., 2010）。また予想される分析結果としては、この値が大きいほど政党への信頼は低くなるというものである。

第二のコントロール変数は、各国政府の信頼度である。前述のように、各国市民へのアンケート調査に基づく政党信頼度は、人々の統治機構や社会全般に対する信頼を反映したものである可能性があるために、政府への信頼度をコントロール変数として用いることで、そうした要素を取り除き、統治機構の一部としての政党への相対的な評価への各独立変数の効果を捉えることができるものと考える。

第三のコントロール変数は、下院の有効政党数である。両院の断片化度の差、両院の有効政党数の差は、各議院の政党システムに相関している可能性があるだろう。すなわち下院が多党制である場合の方が、下院が二大政党制

図F-3 両院の有効政党数の差と相対化政党信頼度(WVS)の散布図

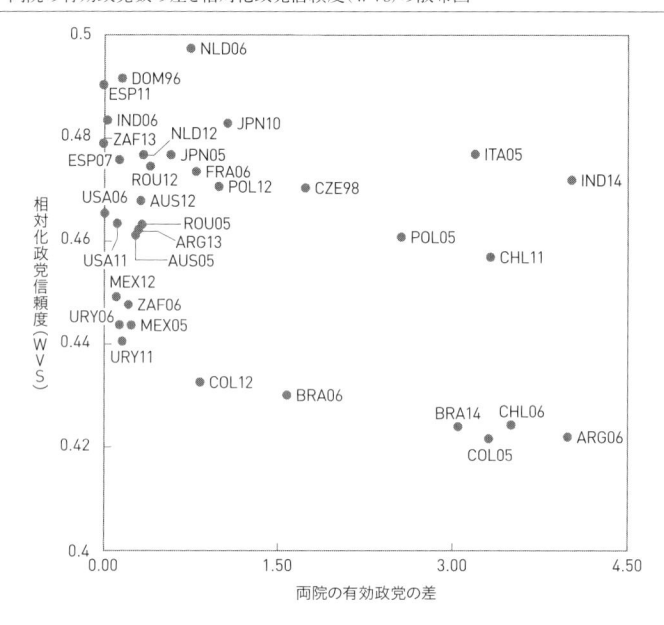

的である場合よりも、両院のずれも大きくなる可能性が考えられよう。こう
した想定は、必ずしも論理必然的なものではなく、逆の関係が生じることも
ありうると思われるが、いずれにせよ両院の政党システムのずれが下院の政
党システムと一定の共変関係を持つ場合には、政党に対する評価は、それぞ
れの政党システムの特徴(二大政党制か多党制か)から導かれたという疑義が生
じることになるだろう。そもそも政党に対する信頼は、統治機構に対する全
般的な信頼と強い関係を持つことは前述の通りだが、比較政治学においては
従来、政治的信頼度などの民主制のパフォーマンスが、二大政党制(小選挙
区制)によって高められるという議論と(Norris, 1999)、多党制(比例代表制)に
よって高められるという議論の間で争いがあり(Lijphart, 1999)、実証研究の
結果も分れているという。したがって政党信頼度もこうした論争の延長に
政党システムの帰結として理解される可能性があるだろう(Marien, 2011)[★11]。

表F-2 政党信頼度(WVS)を従属変数とする回帰分析(OLS)

	model 1	model 2	model 3	model 4	model 5	model 6	model 7	model 8
両院の 有効政党数の差	-0.0505 -1.76*	-0.0505 -2.49**	-0.0372 -2.77**	-0.0291 -2.98***				
両院の 断片化度の差					-0.9022 -2.86**	-0.4844 -2.03*	-0.4795 -2.84**	-0.4809 -2.97***
政府の信頼度		0.6197 4.40***	0.6145 6.58***	0.6141 6.29***		0.4911 4.84***	0.5293 6.32***	0.5371 6.15***
執政制度			-0.1116 -4.84***	-0.1092 -4.58***			-0.1119 -4.58***	-0.1075 -4.06***
下院の 有効政党数				-0.0098 -1.13				-0.0159 -1.11
constant	1.9670 41.08***	0.5819 1.88*	0.6934 3.51***	0.7211 3.38***	1.9672 34.87***	0.8418 3.82***	0.8761 4.82***	0.9139 4.42***
N	34 (19)	34 (19)	34 (19)	34 (19)	29 (18)	29 (18)	29 (18)	29 (18)
R2乗	0.0975	0.6133	0.8379	0.8432	0.1606	0.5202	0.7894	0.8076
調整済みR2乗	0.0693	0.5862	0.8216	0.8216	0.1295	0.4833	0.7642	0.7756

* p<0.1, ** p<0.05, *** p<0.01
（　）内の値は対象国数
なお標準誤差は、国をもとにしたクラスタロバスト標準誤差（clustered robust standard error）である。

このような問題を考慮して、下院の有効政党数についてもコントロールする。

　図F-3は、政府信頼度によって相対化した政党信頼度（WVS）と、両院の有効政党数の差の散布図を示したものである（r＝-0.442、p＝0.009)[12]。ヨーロッパ各国を対象とするHSG調査、ESS調査とは異なる国々を対象としているにも関わらず、やはり負の関係を見出すことができる[13]。

　また表F-2は、前述した3つのコントロール変数を含む回帰分析の結果である。分析モデルはいずれも最小2乗法（OLS）だが、ある程度時間的に離れてはいるが、同一国のデータが複数含まれており、サンプル間の非独立性の問題があるために、対象国をクラスターとするロバスト標準誤差による分析結果を表示している。

　分析結果は、2つの主たる独立変数、すなわち両院の有効政党数の差、両

院の断片化度の差のいずれについても、すべての分析モデルについて、予想通り負の係数を示しており、両院の政党システムのずれが大きいほど、各国の政党への信頼度は低いことが示されている。下院の有効政党数をコントロールしたモデル4、モデル8についても結果は変わっておらず、こうした関係が単に下院の政党システム（二大政党制なのか多党制なのか）の見かけの共変に過ぎないという可能性は排除されているといえよう。またコントロール変数の執政制度についても予想通りの有意な結果が示されている。すなわち議院内閣制に比べて大統領制において、政党の信頼度が低くなることが示されているのである。

（4）分析結果の整理

　以上のように3つの従属変数を用いた分析からは、ある程度予想した結果が得られたが、こうした比較分析があくまでも試論的なものに留まることも指摘しておく必要があるだろう。第一に、ここでの分析はあくまでも公選された上院を持つ国々のみを対象とした比較分析である。世界の民主主義国において、そうした国はそれほど多くはないのであり (Russell, 2012)、ここでの分析は、代理人としての政党がどのように機能しているのかについてのごく一部を明らかにできたに過ぎないだろう。第二に対象国数が限られているため、また変数の操作化が難しいこともあって他の要因を十分にコントロールできたとは言えないことである。本書においては、それぞれの政治競争アリーナにおける選挙制度（政党投票を促すものか個人投票を促すものか）が、代理人としての政党の機能を強く規定すると論じてきたが、ここでの分析にはそうした変数の効果を取り込むことができていない。

　こうした問題点は残るものの、以上の分析からは、マルチレベルの政治競争メカニズムのずれが、政党という代理人への評価を低いものにするのではないかという本書の推論を裏付ける一定の証拠が得られたものと思われる。特に対象国や測定方法を異にする従属変数を用い、また独立変数についても異なる指標を用いて分析したにもかかわらず、類似した結果が得られたことは分析結果の一定の頑健性を示しているといえよう。

3 ▸ 代理人としての政党の未来

　本書は、マルチレベルの政治競争アリーナの中で、政治家がどのような意図にもとづいて、どのように政党組織を設計し、維持していくのかという課題について、様々なサーベイ調査データの分析を通じて明らかにしてきた。特に1990年代のいわゆる政治改革以降、日本の政党政治の何が変わり、何が変わらなかったのか、またそれはなぜかについて、マルチレベルの制度論からの説明を試みてきた。政党はマルチレベルの政治アリーナを縦断して存在する組織なのであり、それぞれの政治アリーナにおける政治制度（ゲームのルール）の共通の均衡として形成されるのである。衆議院という日本政治の中心的アリーナにおける制度変更は、大きなインパクトを持つものであったが、同時に大きな限界を持たざるを得なかったと思われる。具体的には第2章で論じたように、衆議院の選挙制度改革は、衆議院議員の選挙スタイルを変え、党内部において執行部への集権化をもたらし、執政権力を強化した。しかし参議院や地方議会の制度には、個人本位なものが残されたままだったのであり（参議院は選挙制度改革によってさらに個人本位なものへと変更された）、衆議院の選挙制度改革によって異なるレベルの選挙制度が生み出す政党システムはむしろより大きく乖離するものになった。結果的に、参議院議員や地方議員は第5〜7章で見たように、執行部や党組織から一定の自律性を備え、政党の一体性を損なう存在となったのである。

　いわゆる政治改革において目指されたのは、第一に、政党システムを二大ブロック化することで、有権者の政権選択を可能にするシステムを作ることであり、第二に、政治家個人本位の政治、すなわち議員が個々別々に有権者の部分利益を代表し、利益分配に奔走する政治に変えて、規律と凝集性の高い政党を代理人とする政党本位の政治を実現することであり、第三に、その政党ラベル（看板）が何らかの政策パッケージと結びつくことによって、有権者の政策選択を可能にすること、すなわち政策本位の政治の実現であった。キッチェルトは、政党政治の比較研究において、民主主義国における政党と市民（有権者）の関係を、有権者が票と引き換えに政党から何を得るかにもと

づいて、プログラマティック・リンケージ (政策プログラム)、クライアンテリスティック・リンケージ (個別利益)、カリスマティック・リンケージ (カリスマ) の3つに分類したが、日本で目指された第二、第三の目標は、キッチェルトのいう、プログラマティックな政党－有権者関係であったといえよう (Kitchelt, 2000; Kitchelt and Wilkinson eds., 2007)。

では実際の結果はどうだったのか。本書で見てきたように、第一の目的は衆議院を中心に部分的に達成されたが、第二の目的は、衆議院議員については かなりの程度実現したものの、参議院議員や地方議員については十分に実現しなかった。そしてこうした状況の下では、第三の目的の実現は難しいものであっただろう。そもそも二元代表制の下、中・大選挙区制で争う地方議員は、政党ラベルを明確にして、政策本位の政治競争を行うインセンティブを持たなかったのであり、またその点は、定数の非常に大きいオープンリスト比例代表制で争う参議院議員なども同様であった。彼 (女) らにとっては支持者と個別利益を交換するクライアンテリスティック・リンケージを維持することが合理的だったのであり、新たな集合財としての政策プログラムにもとづいた政党ラベルを築く必要性はそれほど大きくなかったのである (Martin, 2011)。

衆議院の選挙制度改革で目指された政党本位、政策本位は、異なるレベルの政治競争アリーナにおけるゲームのルールとは必ずしも整合的なものではなかったということができよう。政治改革の目的が半ば実現し、半ば実現しなかったことは、政党をマルチレベルの政治競争アリーナの中に位置づけることでよりよく理解できると思われる。

しかしながらメディアや一部の研究者や政治家は、このような政治改革の「失敗」を衆議院の選挙制度改革、特に小選挙区制を導入したこと、あるいは日本の政治文化が小選挙区制に適していなかったことに求め★[14]、新たな選挙制度の導入、あるいは中選挙区制への回帰を主張している。すなわち小選挙区制の下では、選挙区の過半数の支持が必要となるために、政治家は個々の政策を訴えるよりも、メディアを活用したイメージ戦略に走りがちになる。他方、有権者もメディアの強い影響下にあって、ムードや風のような

もので政党や首相候補を選択することになり、選挙結果は大きくスイングすることになる。このような状況で、政治家は有権者の移ろいやすい支持を求めて離合集散を繰り返し、次々に新たな政党を作り変えたのであり、その結果、政党政治は政治改革以前より一層不安定化し、ポピュリズムともいうべき状況を招いたと批判されることになったのである。

　政党ラベルが、政策内容や政策実現能力を背景に持つ実質的なブランドとして定着していないという政党政治の現状に対して、本書がこれと異なる説明を提起していることは繰り返し論じてきた通りである。日本のマルチレベルの政治競争においては、衆議院の選挙制度改革によって埋め込まれた政党本位、政策本位への誘因を下支えする、あるいはそれと制度補完性を持った制度が参議院や地方議会において採られていなかったのであり、政党組織の構成員である参議院議員や地方政治家は、政党ラベルをレベル縦断的に一貫した形で維持することにそれほど高い価値を見出さなかったのである。またそのことは、国政政党の活動家や議員予備軍の人材不足、さらには政策形成力の弱さといった帰結をもたらした可能性もある。問題は衆議院の制度設計にあったのではなく、マルチレベルの政治制度、政治競争の相互作用を考慮してこなかったことによって、本位化した政党が、政策パッケージにもとづいた政党ラベルを形成しようとするインセンティブを付与してこなかった点にあったと考えられる。本書の分析から示唆されるのは、衆議院の選挙制度のみを切り取った再改革が、それのみで政党政治を機能させるとは考えにくいという予測である。政党をマルチレベルの政治競争の中に位置づける視角が必要なのである。

　翻って考えるなら、こうした複数の制度の整合性に対する視角は、近年の日本の政治制度改革論議において決定的に欠如してきた論点ではなかったか。制度設計や制度改革の局面において、しばしば異なる制度を足して2で割る選択がなされ、また様々な制度の細部が別個に精緻化されていくために、制度相互の統合性がますます失われていくというような現象が様々に観察できる。

　たとえば選挙制度については、現在は衆議院でも参議院でも混合制が採ら

れている。混合制の選挙制度は、小選挙区制と比例代表制という「二つの世界のベストミックス (the best of both worlds)」を期待したものだが、政治学においては、むしろ両者の悪い部分の組み合わせが生じる可能性や、混合することによって新たな連動効果 (contamination effect) が生じる可能性があるために、その希望的観測を疑問視する批判もかねてから大きかった。にもかかわらず日本では、そうしたマイナス効果、複合効果の可能性を十分考慮することもないままにそれを衆参両院で用いているのである。また混合制は両院のみの問題ではない。政治学においては小選挙区と中・大選挙区制 (SNTV) は基本的には異なる選挙制度なのであり、その意味で、そもそも参議院地方区や地方議会も混合制なのである。各制度の相互関係は極めて複雑であり、それらマルチレベルの制度ミックスが全体としていかなる効果を持つのかという正確な予想は非常に難しい (本書はそうした複雑な問題を部分的にでも明らかにしようとした試みであるが)。またこうした複雑な混合状況を十分意識することなく、制度改革が行われつつあるように思われる。たとえば参議院の定数是正がそれである。最高裁判断を受け一票の格差を是正するための手段として、地方での合区と都市部での定数増が行われているが、第1章でも論じたように、定数が大きくなればなるほどSNTVと小選挙区制の違いは大きくなる、すなわち混合制はより深化してしまうのである ★[15]。

　制度相互間の整合性に対する無関心のもう1つの例は、選挙のタイミングの問題である。衆参同時選挙や、地方政治における首長と議会の同時選挙、あるいは国政と地方の同時選挙の可能性は、憲法改正など党利党略の一環、あるいは選挙管理上の効率化の問題として検討されるものの、制度間の統合、調整という観点からは考慮されていないように思われる。たとえば地方政府については、そもそも二元代表制であることが日本の主要政党の組織形成を難しくしている一因と思われることは本書でも論じてきたが、選挙のタイミングを重ねることで、ある程度マルチレベルの統合化を図ることは可能であろう。にもかかわらずそうした可能性の検討は不十分だといえよう。いわゆる統一地方選挙も、首長の辞職や死亡、議会の解散、市町村合併などによる任期のずれなどにより、統一度を経時的に下げる一方なのである。

本書は、日本の政党政治の過去、現在、未来を見通すうえで重要な素材を提供することができたと考える。世界の先進民主主義国では既成政党に対する不信、政党を代理人とする代議制民主主義というシステムそのものに対する不信が強まり、直接民主制に近い政治や、カリスマ性を持ったリーダー個人を代理人とする政治に活路を見出そうとしているようである。日本における政治不信、既成政党不信の高まりもある種の必然性を持ったもののようである。しかしながら、それぞれの有権者が個々の政策を認知し、判断するためのコスト、リーダー個人の政策的立場、能力を判断するための情報コストは極めて大きいものになるだろう。新たなシステムの具体的制度設計と予想される帰結について、我々は十分な見識を持っておらず、その実効性は定かではないのである。少なくとも本書の分析からは、政党政治の将来を諦めるのではなく、政党を国民の代理人としてより適切な形で機能するようにデザインする補完的制度改革の選択肢がまだ様々に残されていることが示唆されているだろう。

註

★1——ただ知名度、地位等々の表面的な個人情報も単に、それ自体が有権者の選考基準であるというよりは、能力、政策的ポジション等を知るためのヒューリスティックス、情報ショートカットであった可能性もあり得るだろう。有権者による政治家個人の選択が、どのような基準で行われているのかについては本書の射程を超える問題だが、日本政治の現実を捉える上では重要な課題と言えるだろう。

★2——R. Kenneth Carty 教授に対するインタビュー調査 (ブリティッシュコロンビア大学 (2014年3月27日))。

★3——このような観点からのパイオニア的な研究として西川 (2007) がある。そこで検証されている仮説は、中央と地方の選挙制度がずれている場合に、有権者は相対的に政党投票ではなく、個人投票を行うというまさに本書の仮説と重なるものであるが、計量分析における従属変数が、その仮説を十分に反映しておらず、操作化の難しさという問題は十分に理解できるものの、その分析結果は十分に納得のいくものではない。すなわちそこでは選挙区ごとの政党支持の偏差が、政党投票 (個人投票) の程度を測る指標として用いられており、政党の地域主義を説明する結果となっていると思われる。

★4——「政党信頼度 (HSG)」「政党信頼度 (ESS)」については、Quality of Government によって提供されている国別集計データを用いている。また「政党信頼度 (WVS)」に

ついては、QOGデータには複数次の調査が集計されていなかったため、筆者がWVS
の時系列データから国別集計したデータを用いた。なおWVSによる元々の質問、デー
タは、数値が高いほど信頼度が低い形式である。いずれも巻末の参考資料1・2を参照。

★5──本書の各章では、選挙制度などの効果を捉える分析を行っており、本章における
各国比較は、本書各章における日本国内の分析と補完関係にあると考えている。

★6──ヘニスの断片化度は、以下のような計算式に基づいて求められるという。なお
niはi番目の政党の議席数であり、Nは全議席数、nは政党数である。ただ議席率等の
元データの出所等は不明で、全政党の実際の議席に基づく数値なのかどうかは確認でき
ず、後述する有効政党数との相関の低さなどからも、実際の数値は何らかの近似計算に
もとづいて算出されているのではないかと思われる。

$$1 - \sum_{i=1}^{n} \left[\frac{(n_i - 1)\frac{n_i}{N}}{N-1} \right]$$

★7──有効政党数（Laakso and Taagapera, 1979）の算出方法は以下の通りである（P_iは政
党iの議席率、nは政党数）。

$$\frac{1}{\sum_{i=1}^{n} P_i^2}$$

なお、レイの断片化度指標は、$1 - \sum_{i=1}^{n} P_i^2$であり、ラクソー・タガペラの有効政党数とは
非常に強い相関関係をもつ。

★8──相対化政党信頼度はそれぞれ次のような方式で算出した。相対化政党信頼度
（HSG）＝政党信頼度（HSG）／（政党信頼度（HSG）＋政府信頼度（HSG））；相対化政党
信頼度（ESS）＝政党信頼度（ESS）／（政党信頼度（ESS）＋議会信頼度（ESS））。

★9──たとえばチェカは、東欧諸国の市民を対象とする調査データをもとに、政党信頼
度を従属変数とし、個人レベルを分析単位としつつ国レベルの効果も同時に分析する手
法（マルチレベル回帰分析）を用いた研究において、個人の対人信頼度を統制するとし
て、隣人に対する信頼度と職場の同僚に対する信頼度をコントロールする分析を行って
いる。しかしながらこうした変数は、各人の統治機構に対する評価が含まれていないた
めに十分なものではないのではないかとも思われる。言い換えれば、そこでの分析結果
は政党信頼のみを説明するものではなく、他の統治機構、たとえば政府に対する信頼
や、議会に対する信頼も同時に説明するものではないのかという疑義が生じるのである
（Ceka, 2013）。

★10──WVS調査については、分析対象として、同一国の異なる時点におけるデータを
別サンプルとして扱うことでケースを増やしている。各国のデータは、複数のサンプル
が採られた国もあれば、そうでない国もあるというように、必ずしも対照的ではなく、
またHSG調査が毎年の調査、ESS調査がほぼ隔年の調査であるのに対し、ほとんどが5
年以上の間隔を開けた調査であるために、対応する選挙、議会構成データも異なってお
り、別サンプルと扱うことも可能だと思われる。ただし、以下の回帰分析においては、
同一国のサンプルは独立ではないと考えられるので、それらをクラスターとする頑健標

準誤差による分析を行っている。

★11 —— マリエン自身は、このような論争を架橋するとして、U字効果仮説（政党数の非常に小さい国と非常に多い国で信頼度は高まる）を提起し、本章でも扱っているESSデータをもとに、政治的信頼度として政党信頼度や議会信頼度を含む複数の値を主成分分析によって統合した変数を従属変数とした上で、マルチレベル分析によって検証しているが、なぜそうなるのかという因果メカニズムに関してはほとんど言及がなく、1つの興味深い問題提起ではあるが、論争に終止符を打つような決定的研究とまではいうことができないように思われる（Marien, 2011）。

★12 —— 相対化政党信頼度（WVS）は次のような方式で算出している。相対化政党信頼度（WVS）＝政党信頼度（WVS）／（政党信頼度（WVS）＋政府信頼度（WVS））。なお両院の断片化度の差については、政党信頼度（WVS）とは予想通り、有意な負の相関を示したが（$r = -0.401$、$p = 0.031$）、相対化した値については、係数も小さく、全く有意水準には達しなかった（$r = -0.089$、$p = 0.647$）。

★13 —— なおWVS調査は日本を含む調査であり、図F-3にも日本の値が表示されている。これを見る限り、相対化政党信頼度は比較的上位にあり、本書のこれまでの議論と整合的でないとの疑義が生じるかもしれない。ただこれに関しては、そもそもWVS調査の各国データで個別の国の特徴を論じることには問題があるという論点を措いた上でも、日本の下に位置づけた国々がほとんどすべて大統領制の国々、民主化の歴史の浅い国々であることを指摘しておきたい。すなわち議院内閣制、安定的民主主義の国々に限定した場合には、やはり日本はかなり下位に位置していると思われる。各国と比べた場合の日本の政党信頼度の低さについては、Comparative Study of Electoral Systems（module I, 1996-2000）を利用したDalton and Weldon（2005）も参照。

★14 —— 政治改革「失敗」論においては、しばしば実際に衆議院に導入されたのが並立制であったことさえ無視され、あたかも単純小選挙区制が導入されたかのように議論される。

★15 —— そもそも居住地ごとに選挙制度が異なることは、1票の格差同様、あるいはそれ以上に法の下の平等に反していると思われるが、定数是正問題においては、小選挙区制と中選挙区制の制度的な違いという政治学的な論点は十分に顧みられていないように思われる（砂原; 2015）。

あとがき

　このところ中選挙区制復活論をあちこちで耳にする。政治家やジャーナリスト、一部の政治学者もそうした主張をしているようである。中選挙区制とその帰結というテーマに長く取り組んできた筆者にとっては、研究のネタが続いて好都合な気がする一方、そこでの議論に、自分の研究成果があまり生かされているように思われないことには忸怩たらざるを得ない。本書でも論じてきたように、中選挙区制は政治家にも有権者にも複雑な戦略的対応を求める、帰結の予想し難い制度であり、選挙制度の長短は現場にいる政治家が最もよく知っているとか、並立制になってから政治家の質が低下した（そもそもそれ自体実証されてはいないが……）ので中選挙区制に戻した方が良い、といったレベルの安直な問題ではないということだけは、専門家の1人として主張しておきたいのである。

　政治制度とその帰結の関係が明確であることは、民主主義体制を持続可能なものにするために非常に重要である。選挙を通じた代議制民主主義が維持されるには、選挙の敗者が敗北を公正な競争の結果として受け入れ、退出したり非合法な行為に訴えたりすることなく、ある程度の見返りや将来的な勝利の可能性に期待して、選挙競争に参加し続けることが必要だが、そうした敗者の納得は、制度と帰結の関係が明確であり、人々の集合行為がどのような結果をもたらすのかについて、一定の予測可能性があることによってはじめて得られるはずだからである。

　こうした基準からすると、日本のマルチレベルの政治制度ミックスは、やや複雑過ぎる組み合わせというべきであり、敗者の納得が得られにくい制度なのではないか、整合化や単純化といった改革が必要なのではないか、というのが本書で示した見立てである。他方で、現状の予測困難性をそのまま放置することも問題だろう。現状の制度に関しても、その帰結を少しでも明ら

かにできれば、民主主義の持続可能性を高めることができるはずだからである。その意味で制度研究は、それ自体が民主主義をより良く機能させる働きを持っているだろう。

　本書はこのような意図のもと、日本のマルチレベルの政治制度とその帰結について、筆者がここ 10 年弱の間に考え、分析してきたことをまとめたものである。その狙いがどの程度実現しているのかについては、読者の評価を待つよりないが、本書が広く読まれ、制度選択のための材料となり、日本の民主主義を持続可能なものにすることに少しでも役立って欲しいと願っている。

　なお本書の一部は、①「官僚の政治的コントロールに関する数量分析の試み」『年報政治学』2005（1）、2005 年、201-227 頁、②「政権末期における自由民主党の政策形成と議員行動の変容——2009 年自由民主党所属国会議員への政治意識調査から」（藤村直史氏との共著）『法学論叢』169 巻 9 号、2011 年、1-35 頁、③「マルチレベルの政治制度ミックスト政党組織」『レヴァイアサン』51 号、2012 年、64-92 頁、④「政権交代と国会議員の政策選択：2012 年選挙における自民党議員の政策選好」『選挙研究』30 巻 2 号、2014 年、19-34 頁、⑤「マルチレベルの政治競争アリーナにおける議員と政党」『公共選択』66 号、2016 年、26-48 頁の各論文を原型としているが、新たなデータを加えて分析を行う等、大幅な修正を加え、元の形を留めていないものもある。

　拙い一書ではあるが、完成までには本当に多くの方々にお世話になった。
　まず本書は、一貫して政治家や官僚に対するエリートサーベイ分析にもとづくという特徴を持つが、筆者がこうした研究を行うようになったのには 3 人の先生の影響がある。お一人は村松岐夫先生である。日本におけるエリートサーベイのパイオニアである村松先生は筆者の学部、大学院を通じた指導教授だったが、筆者は村松先生の研究手法をそのまま引き継いだ訳ではなかった。当初はむしろデータに調査対象の主観が入り込むことを批判的に捉え、もっぱら議員キャリア、選挙データなどの客観集計データに関心を集中

していた。しかし3次のエリート調査データをもとにした共同研究プロジェクトに参加させていただく中で（久米・村松編, 2006）、データとその背後にある政治の実態の間を自在に行き来する村松先生の知的好奇心溢れる研究姿勢に触発され、サーベイの面白さと潜在的な力に気づかされた。先生には、筆者が中心となって実施した都道府県議会議員調査と国会議員調査にもご協力いただいた。長年のご指導に改めて感謝申し上げたい。

　二人目は久米郁男先生である。本書で用いているデータの多くが久米先生を中心とするグループの収集したものである。筆者はいくつかの調査に、調査票作成の段階から参加させていただいたが、久米先生からは何よりもチームで行うサーベイ調査の楽しさと実施のノウハウを学んだと思う。調査票を作成する際には、研究会やメール等で意見交換を重ねていくが、その過程では各研究者の現実政治に対する理解だけでなく、方法論や人間観なども議論していくことになる。筆者にとっては非常に興味深い経験であった。

　三人目は西澤由隆先生である。西澤先生とは久米先生の調査でご一緒し、また筆者の都道府県議会議員調査にも加わっていただいたが、質問文の一言一句、回答欄の形状にまで至る西澤先生の細やかな拘りに驚かされると同時に、調査票の作り方次第で得られる情報の内容や量が全く異なりうることを学んだ。また西澤先生とのやり取りを通じて、他の手法による情報収集の難しい政党組織研究には、サーベイが特に有効なのではないか、調査票を工夫すれば、かなりのことを調べられるのではないかと考えるようになったのである。久米先生、西澤先生とご一緒する刺激的な機会がなければ、筆者が新たにサーベイを行うなどという考えには決して至らなかったと思う。お二人には深く感謝している。

　また、サーベイ調査に協力してくださった都道府県議会議員、国会議員の方々にも感謝したい。提供いただいたデータを無駄にしてはならないという責任意識は、本書をまとめる動機のひとつであった。エリートサーベイについては、回収率を少しでも上げるため、個人を特定できる形でのデータ公開は行わないと調査時に約束していることが多く、大きな課題があるが、こうした観点からもデータの公開方法については検討を重ねていきたいと考えて

いる。

　本書は、筆者が代表者を務めた 3 つの科学研究費補助金【①基盤研究 (A)「現代民主政治と政党組織の変容に関する研究（平成 21 〜 23 年度)」、②基盤研究 (C)「マルチレベルの政治制度とその政治的帰結に関する比較研究（平成 24 〜 26 年度)」、③基盤研究 (B)「議員交代比率の要因と帰結に関する比較研究（平成 27 〜 30 年度)」)】の研究成果の一部であるが、品田裕、大西裕、待鳥聡史、曽我謙悟、森裕城、伊藤武、浅羽祐樹、ヒジノ・ケン、砂原庸介、藤村直史、濱本真輔の各先生をはじめとする、共同研究者のみなさんに感謝したい。マルチレベルの制度論という本書の分析枠組みは、諸先生方と一緒に議員サーベイを実施し、国内外で政治家などへの聞き取り調査を行い、意見交換を繰り返す中で形作られたものであり、そうした交流抜きには本書は存在しえなかった。

　なかでも曽我さん、待鳥さんは、『比較政治制度論』という教科書の共著者であり、現在の同僚でもあるが、筆者の政治制度に対する考え方は、お二人との公私にわたる様々なお付き合い中で築かれてきた部分が大きい。また質量共に圧倒的にクリエイティブなお二人から日々受け続けている知的刺激が、筆者の研究意欲の源になっている。この場を借りて、日頃からのご交誼に深い感謝をお伝えしたい。

　また品田さんには、都道府県議会議員調査の実施に際して大変お世話になった。森さんには、その独特の表現方法で、研究者、教育者として精進せよといつも叱咤激励していただいている。曽我さん、砂原さん、藤村さんには、元論文にコメントをいただいたのみならず、本書作成の最終段階においては、特にお願いして草稿全体を読んでいただいた。頂戴した詳細なコメントは、修正の参考にさせていただいた。日頃のお付き合いも含め、先生方に改めて御礼申し上げたい。

　京都大学大学院で政治学を学ぶ院生の皆さんにも感謝したい。彼らから日々受ける刺激が研究活動への活力となり、一書を纏めようという意欲にもつながった。

　最後に千倉書房の神谷竜介さんに感謝したい。昨年 9 月に出版の企画を相

談して以来、常に一歩先を行く目配りで、何かと抜かりの多い筆者をリードしてくださった。本書が少しでも多くの人の手に取られることで、神谷さんのご期待に沿うことができればと祈るばかりである。

　2017年8月

建林正彦

参考文献一覧

► 外国語文献

Amorim Neto, Octavio and Fabiano Santos, (2003) "The Inefficient Secret Revisited: The Legislative Input and Output of Brazilian Deputies," *Legislative Studies Quarterly*, 28(4). pp. 449-479.

Ansolabehere, Stephen, James M Snyder, Jr. and Charles Stewart, III, (2001) "Candidate Positioning in U.S. House Elections," *American Journal of Political Science*, 45(1). pp. 136-159.

Aldrich, John H., (1995) *Why Parties?: The Origin and Transformation of Political Parties in America,* University of Chicago Press.

André, Audrey, Sam Depauw and Kris Deschouwer, (2014) "Legislators' local roots: Disentangling the effect of district magnitude," *Party Politics*, 20(6). pp. 904-917.

André, Audrey, Sam Depauw, and Shane Martin, (2015) "Electoral Systems and Legislators' Constituency Effort: The Mediating Effect of Electoral Vulnerability," *Comparative Political Studies*, 48(4). pp. 464-496.

Back, Hanna, Marc Debus, and Heike Kluver, (2014) "Bicameralism, intra-party bargaining, and the formation of party policy positions: Evidence from the Germany federal system," *Party politics*, 22(3). pp. 405-417.

Bawn Kathleen, (1997) "Choosing Strategies to Control the Bureaucracy: Statutory Constraints, Oversight, and the Committee System," *Journal of Law, Economics, and Organization* 13. pp. 101-126.

Bormann, Nils-Christian and Matt Golder, (2013) "Democratic electoral systems around the world, 1946−2011" *Electoral Studies*, 32(2). pp. 360-369.

Burden, Barry C., (2004) "Candidate Positioning in US Congressional Elections," *British Journal of Political Science*, 34(2). pp. 211-227.

Bækgaard, Martin and Carsten Jensen, (2012) "The Dynamics of Competitor Party Behaviour," *Political Studies*, 60(1). pp. 131-146.

Cain, Bruce, John Ferejohn, and Morris Fiorina, (1987) *The Personal Vote: Constituency Service and Electoral Independence*, Harvard University Press.

Carey, John M., and Matthew Soberg Shugart, (1995) "Incentives to Cultivate a Personal Vote: A Rank Ordering of Electoral Formulas," *Electoral Studies*, 14(4). pp. 417-439.

Carty, Kenneth R., William Cross and Lisa Young, (2000) *Rebuilding Canadian Party Politics*, University of British Columbia Press.

Ceka, Besir, (2013) "The Perils of Political Competition: Explaining Participation and Trust in Political Parties in Eastern Europe" *Comparative Political Studies*, 46(12), pp. 1610-1635.

Cheibub, José Antonio, Jennifer Gandhi, and James Raymond Vreeland, (2010) "Democracy and dictatorship revisited" *Public Choice*, 143(1). pp. 67-101.

Cox, Gary W., (1987) *The Efficient Secret: The Cabinet and the Development of Political Parties in Victorian England*, Cambridge University Press.

Cox, Gary W., (1997) *Making Votes Count: Strategic Coordination in the World's Electoral Systems,* Cambridge University Press.

Cox, Gary W. and Frances Rosenbluth, (1993) "The Electoral Fortunes of Legislative Factions in Japan," *American Political Science Review*, 87(3). pp. 577-589.

Cox, Gary W. and Emerson Niou, (1994) "Seat Bonuses under the Single Nontransferable Vote System: Evidence from Japan and Taiwan," *Comparative Politics*, 26(2). pp. 221-236.

Cox, Gary W. and Mathew D. McCubbins, (2007) *Legislative Leviathan: Party Government in the House,* Cambridge University Press.

Crisp, Brian F., (2007) "Incentives in Mixed-Member Electoral Systems: General Election Laws, Candidate Selection Procedures, and Camcral Rules, *Comparative Political Studies*, 40(12). pp. 1460-1485.

Christensen, Tom and Per Laegreid, (2005) "TRUST IN GOVERNMENT: The Relative Importance of Service Satisfaction, Political Factors, and Demography," *Public Performance and Management Review*, 28 (4). pp. 487-511.

Curini, Luigi, and Francesco Zucchini, (2012) "Government Alternation and Legislative Party Unity: The Case of Italy, 1988-2008" West European Politics, 35(4). pp. 826-846.

Dalton, Russell J. and Steven A. Weldon, (2005) "Public Images of Political Parties: A Necessary Evil?" *West European Politics*, 28(5). pp. 931-951.

Deschouwer, Kris, (2003) "Political Parties in Multi-Layered Systems" *European Urban and Regional Studies,* 10 (3). pp. 213-226.

Deschouwer, Kris, (2006) "Political parties as multi-level organizations," in Richard S. Katz and William Crotty eds., *Handbook of Party Politics*, Sage.

Detterbeck, Klaus, (2012) *Multi-Level Party Politics in Western Europe*, Palgrave Macmilan.

Di Virgilio, Aldo, (2006) "The Italian regions at the polls 2005: When a political earthquake does not create a critical election," *Regional and Federal Studies*, 16(3). pp. 333-346.

Druckman, James N. and Thies, Michael F., (2001) "The Importance of Concurrence: The

Impact of Bicameralism on Government Formation and Duration," Available at SSRN: https://ssrn.com/abstract=1158644.

Druckman, James N., Lanny W. Martin, and Michael F. Thies, (2005) "Influence without Confidence: Upper Chambers and Government Formation, *Legislative Studies Quarterly*, 30(4). pp. 529-48.

Ehrhardt, George, Axel Klein, Levi McLaughlin, and Steven R. Reed eds., (2014) *Komeito: Politics and Religion in Japan*, University of California Press.

Ensley, Michael J., (2012) "Incumbent positioning, ideological heterogeneity and mobilization in U.S. House elections," *Public Choice*, 151. pp. 43-61.

Epstein, David, and Sharyn O'Halloran, (1999) *Delegating Powers: A Transaction Cost Politics Approach to Policymaking Under Separate Powers*, Cambridge University Press.

Evans, Matt, (2010) "Electoral Reform and Political Pluralism in Local Government," *Party Politics,* 16(3). pp. 394-413.

Fabre, Elodie, (2011) "Measuring party organization: The vertical dimension of the multi-level organization of state-wide parties in Spain and the UK," *Party Politics*, 17(3). pp. 343-363.

Fisk, David, (2011) "Superfluous or Mischievous Evaluating the Determinants of Government Defeat in Second Chambers," *Legislative Studies Quarterly*, 36(2). pp. 231-253.

Geddes, Barbara, (1994) *Politician's Dilemma: Building State Capacity in Latin America*, University of California Press.

Grofman, Bernard, (2004) "Downs and Two-Party Convergence," *Annual Review of Political Science*, 7. pp. 25-46.

Hammond, Thomas H., and Jack H. Knott, (1996) "Who Controls the Bureaucracy?: Presidential Power, Congressional Dominance, Legal Constraints, and Bureaucratic Autonomy in a Model of Multi-Institutional Policy-Making," *Journal of Law, Economics, and Organization* 12. pp. 119-166.

Heisohn, Till and Markus Freitag, (2012) "Institutional Foundations of Legislative Turnover: A Comparative Analysis of the Swiss Cantons," *Swiss Political Science Review,* 18(3). pp. 352-370.

Henisz, Witold J. (2002). The political constraint index (polcon) dataset. https://mgmt. wharton.upenn.edu/profile/1327.

Heller, William B., (2007) "Divided politics: Bicameralism, parties, and policy in democratic legislatures," Annual Review of Political Science, 10. pp. 245-269.

Heller, William B. and Diana M. Branduse, (2014) "The Politics of Bicameralism," in Shane Martin, Thomas Saalfeld, and Kaare W. Strom eds., *The Oxford Handbook of Legislative Studies*, Oxford University Press. pp. 332-351.

Hijino, Ken Victor L. (2013) "Liabilities of Partisan Labels: Independents in Japanese Local Elections" *Social Science Japan Journal* 16(1). pp. 63-85.

Holmberg, Soren, Staffan Lindberg and Richard Svensson, (2017) "Trust in parliament" *Journal of Public Affairs*, 17. e1647.

Hooghe, Marc, (2011) "Why There is Basically Only One Form of Political Trust" *British Journal of Politics and International Relations* 13. pp. 269-275.

Horn, Murray J., (1995) *The Political Economy of Public Administration*, Cambridge University Press.

Huber, John, and Charles Shipan, (2002) *Deliberate Discretion: the Institutional Foundations of Bureaucratic Autonomy*, Cambridge University Press.

Jeffery, Charlie and Dan Hough, (2003) "Regional Elections in Multi-level system," *European Urban and Regional Studies*, 10(3). pp. 199-212.

Johnston, Richard, (2013) "Situating Canadian Case." Bittner, Amanda, and Royce Koop eds., *Parties, Elections, and the Future of Canadian Politics.* University of British Columbia Press.

Katz, Richard, (2014) "No man can serve two masters: Party politicians, party members, citizens and principal−agent models of democracy," *Party Politics,* 20(2). pp. 183-193.

Kitschelt,Herbert, (2000) "Linkages between Citizens and Politicians in Democratic Polities" *Comparative Political Studies*, 33(6-7). pp. 845-879.

Kitschelt, Herbert and Steven I. Wilkinson, (2007) P*atrons, Clients and Policies: Patterns of Democratic Accountability and Political Competition*, Cambridge University Press.

Krauss, Elliss S., and Robert Pekkanen, (2004) "Explaining Party Adaptation to Electoral Reform: The Discreet Charm of the LDP?" *Journal of Japan Studies,* 30(1), pp. 1- 34.

Krauss, Ellis S. and Robert J. Pekkanen, (2011) *The Rise and Fall of LDP: Political Party Organizations as Historical Institutions,* Cornell University Press.

Lago, Ignacio and Ramon Jose Motero, (2009) "Coordination between electoral arenas in multilevel countries," *European Journal of Political Research*, 48. pp. 176-203.

Laakso, Markku and Rein Taagapera, (1979), "The Effective Number of Parties: A Measure with Application to Western Europe," *Comparative Political Studies*, 12(1). pp. 3-27.

Lijphart, Arend, (1999) *Patterns of Democracy: Government Forms and Performance in Thirty-Six Countries,* Yale University Press.

Lijphart, Arend, (2012) *Patterns of Democracy: Government Forms and Performance in Thirty-Six Countries, second edition,* Yale University Press.（粕谷裕子・菊池啓一訳（2014）『民主主義対民主主義（原著第2版）多数決型とコンセンサス型の36カ国比較研究』勁草書房.）

Lupia, Arthur and Mathew D. McCubbins, (1998) *The Democratic Dilemma: Can Citizens*

Learn What They Need to Know? Cambridge University Press. (山田真裕訳『民主制の ディレンマ——市民は知る必要のあることを学習できるか?』木鐸社.)

Marien, Sofie, (2011) "The effect of electoral outcome on political trust: A multi-level analysis of 23 countries" *Electoral Studies*, 30. pp. 712-726.

Marshall, Monty G., Keith Jaggers, and Ted Robert Gurr, (2014) "Polity IV Annual Time-Series, 1800–2013." Center for International Development and Conflict Management at the University of Maryland College.

Martin, Shane, (2011) "Electoral Institutions, the Personal Vote, and Legislative Organizations," *Legislative Studies Quarterly*, 36(3). pp. 339-361.

Matland, Richard and Donley T. Studlar, (2004) "Determinants of Legislative Turnover, A Cross-National Analysis," *British Journal of Political Science*, 34(1). pp. 87-108.

McCubbins, Mathew D., and Thomas Schwartz, (1984) "Congressional Oversight Overlooked: Policy Patrols v. Fire Alarms," *American Journal of Political Science* 28. pp. 165-179.

McCubbins, Mathew D., Roger G. Noll, and Barry R. Weingast, (1987) "Administrative Procedures as Instruments of Political Control," *Journal of Law, Economics, and Organization* 3(2). pp. 243-277.

Meyer, Thomas M., (2013) *Constraints on Party Policy Change*, ECPR press.

Norris, Pippa, (1999) "Institutional Explanations for Political Support," in Pippa Norris ed., *Critical citizens: global support for democratic government*, Oxford University Press.

Popkin, Samuel L. (1994) *The Reasoning Voter: Communication and Persuasion in Presidential Campaigns*, University of Chicago Press.

Rae, Douglas, (1968) "A Note on Fractionalization of Some European Party Systems" *Comparative Political Studies*, 1(3). pp. 413-418.

Ramseyer, J. Mark, and Frances McCall Rosenbluth, (1993) *Japan's Political Marketplace*, Harvard University Press. (加藤寛監訳・川野辺裕幸・細野助博訳, (1995)『日本政治の経済学』弘文堂.)

Reif, Karlheinz and Hermann Schmitt, (1980) "Nine Second-order National Elections" *European Journal of Political Research*, 8(1). pp. 3-44.

Russell, Meg, (2012) "Elected Second Chambers and Their Powers: An International Survey," *The Political Quarterly*, 83(1). pp. 117-129.

Russell, Meg, (2013) "Rethinking Bicameral Strength: A Three-Dimensional Approach" *The Journal of Legislative Studies*, 19(3). pp. 370-391.

Scarrow, Susan E., (2015) *Beyond Party Members: Changing Approaches to Partisan Mobilization*, Oxford University Press.

Scheiner, Ethan, (2006) *Democracy Without Competition in Japan: Opposition Failure in a*

One-Party Dominant State, Cambridge University Press.

Schumacher, Gijs, Catherine de Vries and Barbara Vis, (2013) "Why Do Parties Change Positions? Party Organization and Environmental Incentives," *The Journal of Politics*, 75(2). pp. 464-477.

Shugart, Matthew Soberg and John M. Carey, (1992) *Presidents and Assemblies: Constitutional Design and Electoral Dynamics*, Cambridge University Press.

Somer-Topcu, Zeynep, (2009) "Timely Decisions: The Effects of Past National Elections on Party Policy Change," *The Journal of Politics*, 71(1). pp. 238-248.

Stefuriuc, Irina. 2009. "Government Formation in Multi-Level Settings: Spanish Regional Coalitions and the Quest for Vertical Congruence," *Party Politics*. 15(1). pp. 93-115.

Stone, Walter J. and Elizabeth N. Simas, (2010) "Candidate Valence and Ideological Positions in U.S. House Elections," *American Journal of Political Science*, 54(2). pp. 371-388.

Stratmann, Thomas and Martin Baur, (2003) "Plurality Rule, Proportional Representation, and the German Bundestag: How Incentives to Pork-Barrel Differ across Electoral Systems," *American Journal of Political Science* 46(3). pp. 506-514.

Tronconi, Filippo, (2010) "The Italian Regional Elections of March 2010. Continuity and a Few Surprises," *Regional and Federal Studies*, 20(4-5). pp. 577-586.

Tsebelis, George, (2002) *Veto Players: How Political Institutions Work*, Princeton University Press.

Van Biezen, Ingrid, Peter mair and Thomas Poguntke, (2012) "Going, going, gone···? The decline of party membership in contemporary Europe," *European Journal of Political Research* 51(1). pp. 24-56.

van der Eijk, Cees and Hermann Schmitt eds., (2008) *The Multilevel Electoral System of the EU*, CONNEX Report Series No 4. http://www.mzes.uni-mannheim.de/projekte/typo3/site/fileadmin/BookSeries/Volume_Four/CONNEX%20Series%20Book%204.pdf.

VanDusky-Allen, Julie and William B. Heller, (2014) "Bicameralism and the Logic of Party Organization," *Comparative Political Studies*, 47(5). pp. 715-742

van Houten, Pieter, (2009) "Multi-Level Relations in Political Parties: A Delegation Approach," *Party Politics*, 15(2). pp. 137-156.

van Vonno, Cynthia M.C., Reut Itzkovitch Malka, Sam Depauw, Reuven Y. Hazan, and Rudy B. Andeweg, (2014) "Agreement, Layalty, and Discipline: A Sequential Approach to Party Unity," in Kris Deschouwer and Sam Depauw eds., *Representing the People: A Survey among Members of Statewide and Sub-State Parliaments*, Oxford University Press.

Wilson, Alex, (2009) "Coalition Formation and Party Systems in the Italian Regions," *Regional and Federal Studies*, 19(1). pp. 57-72.

230

▶日本語文献

浅野正彦 (2006)『市民社会における制度改革』慶應義塾大学出版会.

石川真澄・広瀬道貞 (1989)『自民党』岩波書店.

井上義比古 (1992)「国会議員と地方議員の相互依存関係」『レヴァイアサン』10. 133-155.

上神貴佳 (2013)『政党政治と不均一な選挙制度：国政・地方政治・党首選出過程』東京大学出版会.

内山融 (2007)『小泉政権──「パトスの首相」は何を変えたのか』中央公論新社.

大川千寿 (2009)「現代日本の政党政治──議員意識調査からみる変容と持続」『国家学会雑誌』122(11・12), 1494-1556.

大川千寿 (2011)「自民党対民主党 (2)── 2009年政権交代に至る政治家・有権者の動向から」『國家學會雑誌』124(3・4), 193-247.

大嶽秀夫 (2006)『小泉純一郎ポピュリズムの研究──その戦略と手法』東洋経済新報社.

片岡正昭 (1993)『知事職をめぐる官僚と政治家』木鐸社.

加藤淳子 (1997)『税制改正と官僚制』東京大学出版会.

上川龍之進 (2010)『小泉改革の政治学──小泉純一郎は本当に「強い首相」だったのか』東洋経済新報社.

川人貞史 (2013)「小選挙区比例代表並立制における政党間競争」『論究ジュリスト』(5) 75-85.

川人貞史 (2015)『議院内閣制』東京大学出版会.

北岡伸一 (1995)『自民党──政権党の38年』読売新聞社.

北山俊哉 (1985)「日本における産業政策の執行過程 (1)(2)」『法学論叢』117(5). 53-76, 118(2). 76-98.

久米郁男・村松岐夫編 (2006)『日本政治変動の30年──政治家・官僚・団体調査に見る構造変容』東洋経済新報社.

河野康子 (2015)「外交をめぐる意思決定と自民党──外交調査会を中心に」奥健太郎・河野康子編『自民党政治の源流』吉田書店.

斎藤淳 (2010)『自民党長期政権の政治経済学──利益誘導政治の自己矛盾』勁草書房.

品田裕 (2006)「国会議員の社会的支持基盤とのつながり」村松岐夫・久米郁男編著『日本政治変動の30年』東洋経済新報社.

品田裕・曽我謙悟・建林正彦 (2013)「全国都道府県議会議員調査調査結果報告」『神戸法學雑誌』62(3). 57-98.

砂原庸介 (2010)「地方における政党政治と二元代表制──地方政治レベルの自民党「分裂」の分析から」『レヴァイアサン』47. 89-107.

砂原庸介 (2011)『地方政府の民主主義——財政資源の制約と地方政府の政策選択』有斐閣.

砂原庸介 (2015)『民主主義の条件』東洋経済新報社.

セイヤー・N.B.（小林克己訳）(1968)『自民党』雪華社.

曽我謙悟 (2005)『ゲームとしての官僚制』東京大学出版会.

曽我謙悟 (2011)「都道府県議会における政党システム——選挙制度と執政制度による説明」『年報政治学』2011(2). 122-146.

曽我謙悟 (2013)『行政学』有斐閣.

曽我謙悟・待鳥聡史 (2007)『日本の地方自治　二元代表制政府の政策選択』名古屋大学出版会.

ダウンズ・アンソニー（古田精司監訳）(1980)『民主主義の経済理論』成文堂.

竹下登 (2001)『政治とは何か——竹下登回顧録』講談社.

竹中治堅 (2006)『首相支配——日本政治の変貌』中央公論新社.

竹中治堅 (2010)『参議院とは何か1947〜2010』中央公論新社.

建林正彦 (2004)『議員行動の政治経済学』有斐閣.

建林正彦 (2005)「官僚の政治的コントロールに関する数量分析の試み」『年報政治学』2005(1). 201-227.

建林正彦 (2006)「政党内部組織と政党間交渉過程の変容」久米・村松編『日本政治変動の30年——政治家・官僚・団体調査に見る構造変容』東洋経済新報社.

建林正彦 (2012)「マルチレベルの政治制度ミックスト政党組織」『レヴァイアサン』51, 64-92.

建林正彦編著 (2013)『政党組織の政治学』東洋経済新報社.

建林正彦・藤村直史 (2011)「政権末期における自由民主党の政策形成と議員行動の変容—— 2009年自由民主党所属国会議員への政治意識調査から」『法学論叢』169(9). 1-35.

建林正彦・曽我謙悟・待鳥聡史 (2008)『比較政治制度論』有斐閣.

谷口将紀 (2006)「衆議院議員の政策位置」『日本政治研究』3(1), 90-108.

辻陽 (2008)「政界再編と地方議会会派——「系列」は生きているのか」『選挙研究』24(1), 16-31.

辻陽 (2015)『戦後日本地方政治史論——二元代表制の立体的分析』木鐸社.

辻中豊・濱本真輔・和嶋克洋 (2013)「誰が参議院議員になるのか？」『都市問題』104(5). 50-58.

堤英敬・上神貴佳 (2003)「総選挙における候補者レベル公約と政党の利益集約機能」『社会科学研究』58(5・6). 33-48.

東大法・第5期蒲島郁夫ゼミ編 (2005)『参議院の研究・第2巻　議員・国会編』木鐸社.

中北浩爾 (2017)『自民党——「一強」の実像』中公新書.

西尾勝（2001）『行政学〔新版〕』有斐閣.

西川美砂（2007）「国際データによる選挙制度不均一仮説の検証」『社会科学研究』58(5・6). 85-105.

野中尚人（2008）『自民党政治の終わり』筑摩書房.

朴喆熙（2000）『代議士のつくられ方 小選挙区の選挙戦略』文藝春秋.

バジョット・ウォルター（小松春雄訳）（2011）『イギリス憲政論』中央公論新社.

林立雄（1983）『戦後広島保守王国史』渓水社.

樋渡展洋（2007）「選挙制度改革後の政党政治」『社会科学研究』58(5・6). 1-19.

福井治弘（1975）「沖縄返還交渉──日本政府における決定過程」『国際政治』(52) 97-124.

堀内勇作・名取良太（2007）「二大政党の実現を阻害する地方レベルの選挙制度」『社会科学研究』58(5・6). 21-32.

前田幸男（2007）「選挙制度の非一貫性と投票判断基準」『社会科学研究』58(5・6). 67-83.

牧原出（2005）「小泉"大統領"が作り上げた新『霞が関』」『諸君！』37(2). 140-149.

升味準之助（1983）『戦後政治 1945〜55年 上・下』東京大学出版会.

増山幹高（2006）「参議院の合理化：二院制と行政権」『公共選択の研究』46号, 45-53.

増山幹高（2013）「小選挙区比例代表並立制と二大政党制：重複立候補と現職優位」『レヴァイアサン』52. 8-42.

待鳥聡史（2005）「90年代は「失われた10年」ではない 小泉長期政権を支える政治改革の効果」『中央公論』120(4). 176-184.

待鳥聡史（2006）「指導部の人選と参議院は難儀だが「強い首相」は日常となる」『中央公論』121(10). 174-184.

待鳥聡史（2012）『首相政治の制度分析』千倉書房.

待鳥聡史（2015）『政党システムと政党組織』東京大学出版会.

的場敏博（2012）『戦後日本政党政治史論』ミネルヴァ書房.

馬渡剛（2010）『戦後日本の地方議会──1955〜2008』ミネルヴァ書房.

水崎節文・森裕城（1998）「得票データからみた並立制のメカニズム」『選挙研究』13. 50-59.

村松岐夫（1981）『戦後日本の官僚制』東洋経済新報社.

村松岐夫（2010）『政官スクラム型リーダーシップの崩壊』東洋経済新報社.

山田真裕（2007）「保守支配と議員間関係：町内2派対立の事例研究」『社会科学研究』58(5・6). 49-66.

力久昌幸（2017）『スコットランドの選択──多層ガヴァナンスと政党政治』木鐸社.

主 要 人 名 索 引

主 要 事 項 索 引

参 考 資 料

参考資料1 政党信頼度(HSG)(ESS)の分析に用いた各国のデータ

国名	国コード	ess_trparl (議会信頼度) の平均	ess_trp art (政党信頼度) の平均	ess_trp olit (政治家 信頼度) の平均	govin_tru stngov (政府信頼度) の平均	govin_tru stpar (議会信頼度) の平均
Austria	AUT	4.8773	3.4258	3.3682	0.5353	0.5530
Belgium	BEL	4.7096	4.1160	4.1292	0.4137	0.6711
Czech Republic	CZE	3.2273	2.7509	2.6625	0.2371	0.6099
France (1963–)	FRA	4.2303	3.2648	3.3357	0.2967	0.5877
Germany	DEU	4.4087	3.4140	3.4283	0.3820	0.5696
Ireland	IRL	4.1344	3.4338	3.4174	0.3246	0.6955
Italy	ITA	3.7156	2.5913	2.5394	0.2631	0.6593
Netherlands	NLD	5.2885	5.1338	5.1000	0.4875	0.6224
Poland	POL	2.8796	2.2115	2.2234	0.2089	0.6913
Romania	ROU				0.2611	0.7690
Slovenia	SVN	3.7339	2.8687	2.8392	0.2929	0.6060
Spain	ESP	4.5495	3.0009	3.0337	0.3612	0.5838
Switzerland	CHE	5.8110	4.7741	4.9673		

1. 上記のデータは、特に断りのない限り、Quality of Governmentによって提供されている国別集計データベースに依拠している。

2. The Hertie School of Governanceによる政党信頼度（HSG）調査は、同一国に対する毎年の調査であり、European Social Surveyによる政党信頼度（ESS）調査も同一国に対するほぼ隔年の調査であるために、国ごとの違いに注目する本書の関心に必ずしも沿うものではない。また対応する各国の政党システムに関するデータも欠損年度が多いため、ここでは各データの平均を取り、国別のデータとして扱うこととした。作成されたすべての変数は、一旦HSG調査データの初年次である2003年以降各年度別のデータとして作成したあと（ESSデータを含め多くのデータは欠損年を持つ）、最終的に各国別の平均値として作成したものである。たとえば有効政党数の差（絶対値）なども各年度の差を求めた上で平均値集計していることになる。

3. 下院の有効政党数は、Democratic Electoral Systems Around the World 1946-2011 (Bormann and Golder, 2013) のデータを基礎に、欠損しているデータについては、Inter-Parliamentary Union (IPU) 等の各国議会議席データにもとづいて筆者が作成した。

4. 上院の有効政党数は、IPU等の各国議会議席データにもとづいて筆者が作成した。

5. 有効政党数の差（絶対値）の平均は、年度ごとに有効政党数の差（絶対値）を求めた上で平均値集計したものである。

govin_tru stpp (政党信頼度)の平均	両院の断片化度の差(絶対値)の平均	下院の有効政党数の平均	上院の有効政党数の平均	両院の有効政党数の差(絶対値)の平均	相対政党信頼度(ESS)の平均	相対政党信頼度(HGS)の平均
0.3412	0.0501	3.7127			0.4126	0.3862
0.2674	0.0068	7.7756	7.6842	0.3158	0.4664	0.3960
0.1143	0.0436	3.8886	3.2984	1.1168	0.4601	0.3383
0.1334	0.1650	2.4689	3.1471	0.6573	0.4356	0.3101
0.1950		4.1611			0.4364	0.3372
0.2112		3.2738	3.4339	0.4237	0.4539	0.3985
0.1596		4.1370	3.1030	1.2219	0.4073	0.3711
0.3815	0.0151	5.6638	5.6808	0.3850	0.4929	0.4400
0.1092	0.1832	3.2393	2.0872	1.1521	0.4350	0.3360
0.1401	0.0417	3.3548	3.0087	0.3461		0.3602
0.1295		4.6013			0.4340	0.3070
0.2242	0.0825	2.4756	2.4249	0.1515	0.3941	0.3848
	0.0165	5.1189	4.0547	1.0642	0.4511	

6. 両院の断片化度の差の平均は、ヘニスによるPOLCONデータセットに公開されている両院の断片化度指標（Henisz, 2002）を対数変換した上で（0を含む指標のため、1を加えて自然対数を取る変換）、両者の差（絶対値）を算出した値をさらに平均値集計したものである。

7. 相対政党信頼度（ESS）の平均は、各年度の相対政党信頼度（ESS）＝政党信頼度（ESS）／（政党信頼度（ESS）＋議会信頼度（ESS））を国別に平均集計したもの。

8. 相対政党信頼度（HSG）の平均は、各年度の相対政党信頼度（HSG）＝政党信頼度（HSG）／（政党信頼度（HSG）＋政府信頼度（HSG））を国別に平均集計したもの。

国名	年度	国年コード	直接選挙の上院	両院の対称性	chga_demo	chga_hinst	p_polity2	下院の有効政党数
Argentina	2006	ARG06	1	1	1	2	8	5.810000
Argentina	2013	ARG13	1	1	1	2	8	2.979679
Australia	2005	AUS05	1	1	0	0	10	2.440000
Australia	2012	AUS12	1	1	1	0	10	2.955859
Brazil	2006	BRA06	1	1	1	2	8	7.412167
Brazil	2014	BRA14	1	1		2	8	10.444458
Chile	2006	CHL06	1	1	1	2	10	5.590000
Chile	2011	CHL11	1	1		2	10	5.640000
Colombia	2005	COL05	1	1	1	2	7	6.360000
Colombia	2012	COL12	1	1		2	7	4.951399
Czech Republic	1998	CZE98	1	0	1	0	10	3.710000
Dominican Republic	1996	DOM96	1	1	1	2	8	2.430000
France (1963–)	2006	FRA06	0	0	1	1	9	2.260000
India	2006	IND06	0	1		0	9	6.520000
India	2014	IND14	0	1		0	9	3.450019
Italy	2005	ITA05	1	1	1	0	10	5.300000
Japan	2005	JPN05	1	1	1	0	10	2.270000
Japan	2010	JPN10	1	1		0	10	2.100000
Mexico	2005	MEX05	1	1	1	2	8	2.760000
Mexico	2012	MEX12	1	1		2	8	3.562370
Netherlands	2006	NLD06	0	1	1	0	10	5.540000
Netherlands	2012	NLD12	0	1		0	10	6.740000

⋮

1.　上記のデータは、特に断りのない限り、Quality of Governmentによって提供されている国別集計データベースに依拠している。

2.　有効政党数等、対応するデータを収集する都合上、ケースを次のような基準で選択した。すなわち第一に、WVSの政党に対する信頼の調査が行われており、第二に、Polity指数が7以上の民主主義国であり（Marshall etal.; 2014）、第三に、30人以上のメンバーから構成される上院を持ち、第四にその過半数が直接選挙あるいは間接選挙で公選され

上院の有効政党数	両院の有効政党数の差（絶対値）	wvscon_par（議会信頼度）	wvscon_gov（政府信頼度）	wvscon_pp（政党信頼度）	fh_ipolity2	両院の断片化度の差	政党信頼度（相対化）（WVS）
1.834395	3.975605	1.709072	2.171458	1.584270	8.666666	0.120000	0.421828
3.272727	0.293049	1.995935	2.101980	1.804829	8.666666		0.461970
2.705386	0.265386	2.275466	2.318052	1.982092	10.000000	0.080000	0.460936
2.626648	0.329211	2.198054	2.166436	1.904564	10.000000	0.084103	0.467837
5.839416	1.572751	1.886410	2.342300	1.768350	8.666666	0.040000	0.430187
7.396843	3.047614	1.702963	2.149558	1.581633	8.666666		0.423895
2.095791	3.494209	1.974227	2.397554	1.766393	10.000000	0.320000	0.424211
2.325282	3.314718	1.977505	2.137056	1.796146	10.000000	0.044637	0.456663
3.060000	3.300000	1.941687	2.457133	1.790799	7.583333	0.040000	0.421570
5.773585	0.822186	1.790713	2.250667	1.716867	7.166667	0.014984	0.432729
1.967906	1.742094	1.909910	2.106535	1.869447	9.583334	0.040000	0.470185
2.601156	0.171156	1.822165	1.813602	1.753846	7.833333	0.040000	0.491625
3.041334	0.781334	2.160041	2.006036	1.803030	9.750000	0.250000	0.473352
6.487786	0.032214	2.792165	2.628269	2.459612	8.500000	0.000000	0.483426
7.452859	4.002839	2.734940	2.656309	2.369689	8.500000		0.471486
2.110227	3.189773	2.174538	2.074975	1.889452	10.000000		0.476602
2.835343	0.565343	2.030632	2.138132	1.944444	9.583334	0.010000	0.476279
3.108658	1.008658	2.065064	2.126962	1.985308	9.583334	0.156713	0.482777
2.535438	0.224562	1.920105	2.351404	1.875817	8.666666	0.070000	0.443747
3.457999	0.104371	1.900253	2.226566	1.816224	7.833333	0.002859	0.449250
4.795396	0.744604	2.121152	2.063892	2.041420	10.000000	0.000000	0.497263
7.075472	0.335472	2.234596	2.218974	2.021667	10.000000	0.040270	0.476736

⋮

²/₂ に続く

　　ている国々について（Russell（2012）にもとづく）、2000年以降、最新（2016年現在）の2時点のデータを選択する。また2000年代のデータが存在しないチェコ共和国とドミニカ共和国については、それぞれ1998年と1996年のデータを採用することとした。

3.　下院の有効政党数は、Democratic Electoral Systems Around the World 1946-2011（Bormann and Golder, 2013）のデータを基礎に、欠損しているデータについては、Inter-Parliamentary Union（IPU）等の各国議会議席データにもとづいて筆者が作成した。

参考資料 2　政党信頼度(WVS)の分析に用いた各国のデータ …… $2/2$

国名	年度	国年コード	直接選挙の上院	両院の対称性	chga_demo	chga_hinst	p_polity2	下院の有効政党数
Poland	2005	POL05	1	0	1	1	10	4.260000
Poland	2012	POL12	1	0		1	10	2.996658
Romania	2005	ROU05	1	1	1	1	9	3.360000
Romania	2012	ROU12	1	1		1	9	3.600000
South Africa	2006	ZAF06	0	1	0	0	9	1.966037
South Africa	2013	ZAF13	0	1		0	9	2.119935
Spain	2007	ESP07	1	0	1	0	10	2.530000
Spain	2011	ESP11	1	0		0	10	2.360000
United States	2006	USA06	1	1	1	2	10	1.999672
United States	2011	USA11	1	1		2	10	1.970000
Uruguay	2006	URY06	1	1	1	2	10	2.390000
Uruguay	2011	URY11	1	1		2	10	2.650000

4.　上院の有効政党数は、IPU等の各国議会議席データにもとづいて筆者が作成した。

5.　chga_demo, chga_hinstは、チュバブらのデータによる。chga_demoは民主主義体制 (1)と権威主義体制 (0) を区別するものであり、chga_hinstは執政制度を区別するものである (議院内閣制 (0) 半大統領制 (1) 大統領制 (2))。

6.　政党信頼度 (WVS) については、QOAには複数年次データが存在しないため、筆者がWVSが提供する時系列データから国別集計した。

7.　両院の断片化度の差は、ヘニスによるPOLCONデータセットに公開されている両院の断片化度指標 (Henisz, 2002) を対数変換した上で (0を含む指標のため、1を加えて自然対数を取る変換)、両者の差 (絶対値) を算出した値。

8.　直接選挙の上院 (過半数が直接選挙 (1) 間接選挙 (0))、両院の対称性 (下院が相対多数あるいは絶対多数によって上院の決定をオーバーライドできる場合 (0)、オーバーライドに特別多数を要するか、オーバーライドに関する規定を持たない場合 (1)) はいずれも Russell (2012) をもとに筆者が作成。

上院の有効政党数	両院の有効政党数の差（絶対値）	wvscon_par（議会信頼度）	wvscon_gov（政府信頼度）	wvscon_pp（政党信頼度）	fh_ipolity2	両院の断片化度の差	政党信頼度（相対化）（WVS）
1.703578	2.556422	1.814855	1.938511	1.655098	10.000000	0.300000	0.460567
2.026753	0.969905	1.848352	1.915948	1.704194	10.000000	0.159899	0.470753
3.031659	0.328341	1.826730	2.004717	1.728512	8.916666	0.060000	0.463007
3.199080	0.400920	1.720333	1.830695	1.652990	8.916666	0.027535	0.474495
2.172876	0.206840	2.739623	2.840393	2.300894	8.916666	0.060000	0.447533
2.119186	0.000749	2.387173	2.439895	2.244490	8.916666		0.479143
2.662684	0.132684	2.466839	2.370433	2.152062	10.000000	0.020000	0.475857
2.365963	0.005963	2.210758	1.930828	1.856529	10.000000	0.167643	0.490191
2.015723	0.016050	2.074136	2.319536	2.018197	10.000000	0.010000	0.465265
2.079002	0.109002	1.999539	2.217650	1.914991	10.000000	0.033838	0.463382
2.261307	0.128693	2.338115	2.653185	2.117886	10.000000	0.010000	0.443902
2.486188	0.163812	2.240385	2.628749	2.070750	10.000000	0.011609	0.440632

実施年順に並べている。また質問番号については、便宜上、当初のものから変更している。なおここでの各回答の選択肢番号は、あくまでも元々の質問票のそれであり、直感的な理解を容易にするため、分析に際して順序を逆転させている場合がある。こうしたことを含め、分析に際しての各回答の利用法については本文中に記載している。

第1回　官僚調査（1976年〜77年）

本文中では、第4章の分析に利用している。なお「77年調査」と省略している場合がある。

Q1.　日本国民にとって、今重要であると考えておられる問題を次の中から3つあげていただけませんか。最も重要なものはどれですか。2番目に重要なものはどれですか。3番目はどれですか。

		最も重要	2番目に重要	3番目に重要
1.	近化社会の病理を明らかにし、これに対処すること	1	1	1
2.	国家と民衆の新しい関係のもち方	2	2	2
3.	日本の社会システムの特質を明らかにすること	3	3	3
4.	公共政策の意思決定の探究	4	4	4
5.	将来の望ましい企業形態（産業組織のあり方）	5	5	5
6.	資源・エネルギー問題	6	6	6
7.	日本の技術開発戦略	7	7	7
8.	教育の新しい目標と制度の改革	8	8	8
9.	都市空間利用の総合計画	9	9	9
10.	将来の生活構造のあり方の探究	10	10	10
11.	新しい価値体系の探究	11	11	11
12.	環境の質と生態系の管理	12	12	12

13. 日本の安全保障	13	13	13
14. 経済活動の国際的適応	14	14	14
15. 開発途上国との交流	15	15	15
16. 先進産業国との交流	16	16	16
17. その他 (具体的に記入)	17 (　)	17 (　)	17 (　)

Q2.　あなたは、次にあげる3つの国政の重要問題に対して、行政官僚がどの程度影響力を持っているとお考えですか。次の尺度でどのあたりかお示しください。

　　イ．産業政策 (独禁政策を含む) の場合

1	2	3	4	5	6	7
非常に	かなり	やや	ふつう	あまり ない	ほとんど ない	ない

　　ロ．農業政策 (米価決定を含む) の場合

1	2	3	4	5	6	7
非常に	かなり	やや	ふつう	あまり ない	ほとんど ない	ない

　　ハ．医療政策 (健保問題を含む) の場合

1	2	3	4	5	6	7
非常に	かなり	やや	ふつう	あまり ない	ほとんど ない	ない

Q3.　一般的にいって、官僚の影響力は、近い将来において増大すると思われますか。それとも減少すると思われますか。次の尺度のどの点かをお答えください。

1	2	3	4	5
非常に増大	少し増大	現在の程度	少し減少	非常に減少

Q4. 現代の日本において、国の政策を決める場合に、最も力をもっているのは、次の中どれだと思われますか。次の中から力をもっている順に3つ選んでください。

	（最も力が あるもの）	（2番目）	（3番目）
1. 政党	1	1	1
2. 行政官僚	2	2	2
3. 裁判所	3	3	3
4. 財界・大企業	4	4	4
5. 労働組合	5	5	5
6. 農業団体、医師会等の利益団体	6	6	6
7. マスコミ（新聞、テレビ等）	7	7	7
8. 学者・知識人	8	8	8
9. 宗教団体	9	9	9
10. 市民運動・住民運動等	10	10	10
11. その他（具体的に記入）	11（　）	11（　）	11（　）

Q5. その頃（あなたが15歳当時〜筆者補足）のあなたのお宅のくらしむきは、次の5つに分けるとすればどれに当たるでしょうか。当時のふつうのくらしむきとくらべてお答えください。

1 非常に豊か　　　2 やや豊か　　　3 ふつう　　　4 やや貧しい　　　5 非常に貧しい

Q5 あなたは何党を支持していますか。

1	2	3	4	5	6	7	9
自民党	社会党	共産党	公明党	民社党	その他の 政党	支持政党 なし	無回答

第1回 国会議員調査（1978年）

本文中では、第4章の分析で利用している。

Q1. 日本国民にとって、今重要であると考えておられる問題を次の中から3つあげていただけませんか。最も重要なものはどれですか。2番目に重要なものはどれですか。3番目はどれですか。

（なお前記の「第1回官僚調査」（1976年〜77年）のQ1と同一の設問、同一の回答形式であるため、回答欄は省略している。）

第2回 官僚調査（1987年）

本文中では第2章の分析に利用している

Q1. 次にあげるような各政策の内容の決定について影響力があるのはつぎのどれですか。（a）から（f）までの政策のそれぞれごとに影響力があると思われる順に2位までお答えください。

（政　策）

	(a) 米価	(b) 健保制度	(c) 防衛費 1%枠	(d) 規制緩和	(e) 選挙法 改正	(f) SDI参加
1. 首相	（ ）	（ ）	（ ）	（ ）	（ ）	（ ）
2. 与党幹部	（ ）	（ ）	（ ）	（ ）	（ ）	（ ）
3. 与党の政調部会や「族」議員	（ ）	（ ）	（ ）	（ ）	（ ）	（ ）
4. 所轄官庁・官僚制	（ ）	（ ）	（ ）	（ ）	（ ）	（ ）
5. 野党	（ ）	（ ）	（ ）	（ ）	（ ）	（ ）
6. 審議会、諮問機関	（ ）	（ ）	（ ）	（ ）	（ ）	（ ）
7. 財界・大企業	（ ）	（ ）	（ ）	（ ）	（ ）	（ ）
8. 労働組合	（ ）	（ ）	（ ）	（ ）	（ ）	（ ）

9.	農業団体・医師会等の 利益団体	( )	( )	( )	( )	( )	( )
10.	マスコミ	( )	( )	( )	( )	( )	( )
11.	学者、知識人	( )	( )	( )	( )	( )	( )
12.	地方自治体・地方六団体	( )	( )	( )	( )	( )	( )
13.	その他（具体的に記入）	( )	( )	( )	( )	( )	( )

第3回 官僚調査（2001年〜02年）

本文中では、第4章の分析に用いている。なお「02年調査」と省略している場合がある。

Q1.　日本国民にとって、今重要であると考えておられる問題を、次の中から重要な順に3つあげていただけませんか。

	（最も重要）	（2番目に重要）	（3番目に重要）
	↓	↓	↓
1.　都市問題	1	1	1
2.　科学技術の開発	2	2	2
3.　防衛問題	3	3	3
4.　国際経済	4	4	4
5.　資源・エネルギー	5	5	5
6.　教育	6	6	6
7.　福祉問題	7	7	7
8.　国内経済	8	8	8

Q2.　一般的にいって、官僚の影響力は、近い将来において増大すると思われますか。それとも減少すると思われますか。次の尺度のどの点かをお答えください。

（なお前記の「第1回官僚調査」（1976年〜77年）のQ3と同一の設問、同一の回答形式であるため、回答欄は省略している。）

Q3. 現代の日本において、国の政策を決める場合に、最も力をもっているのは、次の中のどれだと思われますか。次の中から力をもっている順に3つ選んでください。

（なお前記の「第1回官僚調査」（1976年〜77年）のQ4と同一の設問、同一の回答形式であるため、回答欄は省略している。）

Q4. ところで、あなたは何党を支持していますか。

1	2	3	4	5	6	7	8	9	・
自民党	公明党	保守党	民主党	共産党	自由党	社民党	その他の政党	支持政党なし	

（　　　）

Q5. その頃（あなたが15歳当時〜筆者補足）のあなたのお宅のくらしむきは、次の5つに分けるとすればどれに当たるでしょうか。当時のふつうのくらしむきとくらべてお答えください。

（なお前記の「第1回官僚調査」（2001年〜02年）のQ5と同一の設問、同一の回答形式であるため、回答欄は省略している。）

第3回 国会議員調査（2002年）

本文中では、第2章、第4章の分析に用いている

Q1. 日本国民にとって、今重要であると考えておられる問題を、次の中から重要な順に3つまであげてください。

（なお前記の「第3回官僚調査」（1976年〜77年）のQ1と同一の設問、同一の回答形式であるため、回答欄は省略している。）

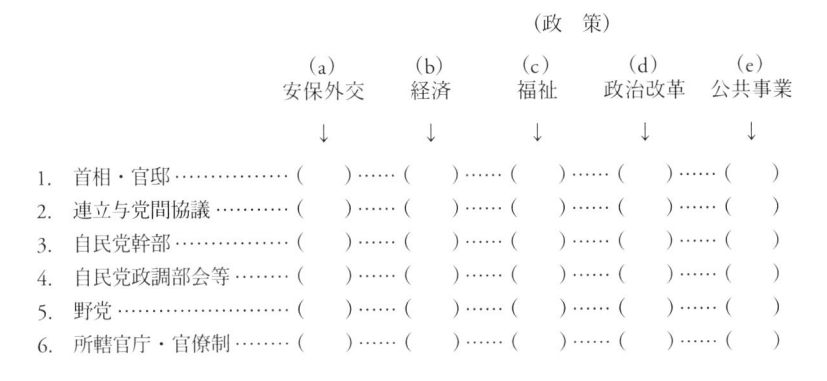

Q1. 各政策の内容の決定について影響力があるのは次のどれですか。
(a) から (e) までの政策のそれぞれごとに影響力があると思われる順に2位までお答
えください。(注) (a) 〜 (e) のそれぞれに「1」位、「2」位の番号を記入する。

(政　策)

	(a) 安保外交	(b) 経済	(c) 福祉	(d) 政治改革	(e) 公共事業
	↓	↓	↓	↓	↓
1. 首相・官邸	( )	( )	( )	( )	( )
2. 連立与党間協議	( )	( )	( )	( )	( )
3. 自民党幹部	( )	( )	( )	( )	( )
4. 自民党政調部会等	( )	( )	( )	( )	( )
5. 野党	( )	( )	( )	( )	( )
6. 所轄官庁・官僚制	( )	( )	( )	( )	( )

早稲田大学・読売新聞社共同『国会議員アンケート』調査
（2009年11月）

本文中では、第5章の分析に用いている。

Q1. 現行憲法をそのまま維持すべきだという意見について賛成ですか、反対ですか。
（回答は1つだけ）

1. 賛成　　2. やや賛成　　3. どちらともいえない　　4. やや反対　　5.反対

Q2. あなたが国の予算を決められるとしたら、公共事業と社会福祉とのどちらにより多
く予算を配分しますか。（回答は1つだけ）

1. 公共事業　　2. やや公共事業　　3. 同じ程度　　4. やや社会福祉　　5. 社会福祉

Q3. 輸入をより自由化することについて、あなたの意見はどちらに近いですか。（回答は1つだけ）
A. 日本の低所得者が生活必需品を安く購入できるのでよいことである。
B. 日本の生産者や農家の収入を脅かすのでよくないことである。

1. Aに近い　2. ややAに近い　3. どちらともいえない　4. ややBに近い　5. Bに近い

Q4. 日本の政府のあり方について、あなたの意見はどちらに近いですか。（回答は1つだけ）
A. 政府の規模を小さくして、国民の負担を少なくする代わりに、国民への保護やサービスを最小限にとどめる、いわゆる「小さな政府」。
B. 政府の規模を大きくして、国民の負担を多くする代わりに、国民への保護やサービスの向上を図る「大きな政府」。

1. Aに近い　2. ややAに近い　3. どちらともいえない　4. ややBに近い　5. Bに近い

Q5. あなたは、夫婦が希望すればそれぞれ結婚前の姓を名乗ることができる「夫婦別姓」の導入に、賛成ですか、反対ですか。（回答は1つだけ）

1. 賛成　2. やや賛成　3. どちらともいえない　4. やや反対　5.反対

Q6. 永住外国人に地方参政権を与えるべきだとの意見について賛成ですか、反対ですか。（回答は1つだけ）

1. 賛成　2. やや賛成　3. どちらともいえない　4. やや反対　5.反対

Q7. 所属政党のマニフェストとあなたの主張とが異なった場合、あなたはどうされますか。（回答は1つだけ）

1. マニフェストを優先する　　2. どちらかといえばマニフェストを優先する

3. どちらともいえない　　4. どちらかといえば自らの主張を優先する

5. 自らの主張を優先する

Q8. 所属政党のマニフェストとあなたを支持する有権者や支持団体の利益とが対立する場合、あなたはどうされますか。（回答は1つだけ）

1. マニフェストを優先する　　　2. どちらかといえばマニフェストを優先する

3. どちらともいえない　　　　4. どちらかといえば支持者・支持団体の利益を優先する

5. 支持者・支持団体の利益を優先する

Q9. 国民の代表である国会議員は、国会活動を地元選挙区での活動より優先すべきだとの意見について、賛成ですか、反対ですか。（回答は1つだけ）

1. 賛成　　2. やや賛成　　3. どちらともいえない　　4. やや反対　　5. 反対

Q10. 国会開会中（現在）、地元にどのくらいの頻度で帰りますか。（回答は1つだけ）

1. 毎日　　2. 数日に1回くらい　　3. 週に1回くらい　　4. 月1回くらい　　5. 月1回以下

2009年自民党議員調査（2009年12月）

本文中では、第2章の分析に用いている。

Q1. 麻生政権時代それぞれの政策の内容の決定について影響力があったのは次のどれでしたか。(a)から(f)までの政策のそれぞれごとに影響力があったと思われる順に3位までお答えください。
【注：(a)から(f)それぞれについて「1」位、「2」位、「3」位の番号を記入してください。】

（政　策）

	(a) 安保外交	(b) 経済	(c) 福祉	(d) 農業	(e) 地域振興	(f) 環境
	↓	↓	↓	↓	↓	↓
• 首相官邸………………	（　）	（　）	（　）	（　）	（　）	（　）
• 大臣…………………	（　）	（　）	（　）	（　）	（　）	（　）

- 連立与党間協議…………（　）……（　）……（　）……（　）……（　）……（　）
- 与党第一党幹部…………（　）……（　）……（　）……（　）……（　）……（　）
- 与党内政策審議機関等…（　）……（　）……（　）……（　）……（　）……（　）
- 野党………………………（　）……（　）……（　）……（　）……（　）……（　）
- 所轄官庁、官僚制………（　）……（　）……（　）……（　）……（　）……（　）

Q2.(1) 前の設問について、あなたが衆議院議員に初当選した当時はいかがだったでしょうか。麻生政権時代と同じでしょうか、違っているでしょうか。（○は1つ）

　1　麻生政権時代と同じ　　⇒　【◇◇へお進みください】

　2　麻生政権時代とは異なる　⇒　【Q2.(2) へお進みください】

Q2.(2) あなたが衆議院議員に初当選した当時、それぞれの政策の内容の決定について影響力があったのは次のどれですか。(a) から (f) までの政策のそれぞれごとに影響力があったと思われる順に3位までお答えください。麻生政権時代と同じ項目は「×」に○をつけてください。
【注：(a) から (f) それぞれについて「1」位、「2」位、「3」位の番号を記入してください】

（なお回答欄は、Q1とほぼ同一なので省略している。）

Q3.(1) あなたが、2005年衆議院議員選挙で当選した際、その原動力となったものは何ですか。次の7項目の効果を5段階で評価してください。（A～Gまでそれぞれ○は1つ）

	（効果あり）				（効果なし）
A 自分の力量	1	2	3	4	5
B 肉親など一族の名声・援助	1	2	3	4	5
C 関連団体の力	1	2	3	4	5
D 後援会の力	1	2	3	4	5
E 個人的な関係者の援助・協力	1	2	3	4	5
F 所属政党の力	1	2	3	4	5
G 自分の政策	1	2	3	4	5

Q3.(2) 前の設問について、あなたが衆議院議員に初当選した当時はいかがだったでしょうか。2005年と同じでしょうか、違っているでしょうか。(○は1つ)

1　2005年の選挙のときと同じ　⇒　【◇◇へお進みください】

2　違っている　　　　　　　⇒　【Q3.(3)へお進みください】

Q3.(3) あなたが衆議院議員に初当選した当時、その原動力となったものは何ですか。次の7項目の効果を5段階で評価してください。現在と同じ項目は「6」に○をつけてください。(A〜Gまでそれぞれ○は1つ)

(なお回答欄は、Q3.(1)とほぼ同一なので省略している。)

全国都道府県議会議員調査 (2010年2月〜3月)

本文中では、第5章、第6章、第7章の分析で用いている

Q1.　あなたが前回選挙で当選する上で、当選するために有効な政治活動 (選挙期間に入る前の活動) はどのようなものだったとお考えでしょうか。
　　　得票するのに効果的だったと思われる順に5つまで番号をお書きください。

第1位	第2位	第3位	第4位	第5位

1.　政党の公認・推薦の獲得
2.　地域や各種団体の支持とりつけや推薦の獲得
3.　後援会や集会など支持者のネットワーク作り
4.　辻立ち (朝夕定時の駅前などでの挨拶・演説)
5.　ビラ等のポスティング (各戸配布)
6.　日常の電話・郵便による広報
7.　ポスターの制作・掲示
8.　日常の政策活動
9.　異なるレベルの政治家の協力取り付け

10. 地域行事への出席
11. ブログやホームページ等ネット上の情報発信
12. その他（具体的に：　　　　　　　　　　）

Q2. 前回のご自身の選挙の際、あなたは次のA〜Dのそれぞれから、どの程度、得票されたとお考えでしょうか。獲得された票の全体を100%として、およその比率（パーセント）をお答えください。

A. あなたご自身の支持者	％
B. あなたの政党の支持者	％
C. 他の政党の支持者	％
D. その他	％

前回の選挙で獲得した票の合計　　　100%

Q3. 以下のA〜Fでは、政党に関する様々な見解を掲げました。それらが、どの程度あなたのお考えに近いかを5段階でお答えください。

※ 横にみて、各々について1つだけに○		そう思わない				そう思う
A. 一般的にいって、政党は、国政だけではなく地方政治でも重要な存在である	→	1	2	3	4	5
B. あなたにとって、地域での政治活動を行う上でも、政党は重要な存在である	→	1	2	3	4	5
C. 一般的にいって、議会政治にとって政党は重要な存在である	→	1	2	3	4	5
D. あなたにとって、議会での活動を行う上で政党は重要な存在である	→	1	2	3	4	5
E. 一般的にいって、選挙において政党は重要な存在である	→	1	2	3	4	5
F. あなたの選挙において、政党は重要な存在である	→	1	2	3	4	5

Q4.(1) 都道府県議会議員選挙に立候補される際、いずれかの政党の「公認」を受けられましたか。「無所属」で立候補された経験がおありの場合には、なぜ無所属で立候補されたのでしょうか。以下に掲げる理由がどの程度あてはまるか、それぞれについてお答えください。

1. 毎回、政党の公認を受けている
2. 無所属で立候補したことがある（以下の (2) 無所属で立候補した理由もお答えください）
3. 毎回、無所属で立候補している（以下の (2) 無所属で立候補した理由もお答えください）

Q5. あなたの都道府県の政策決定において、あなた自身の態度を決める際に、以下の人たちの意見をどの程度重視していますか。以下のA～Qそれぞれについて、5段階で評価してください。

※横にみて、各々について1つだけに〇		重視していない				重視している
A. あなた自身の意見	→	1	2	3	4	5
B. 知事	→	1	2	3	4	5
C. 所属会派	→	1	2	3	4	5
D. 所属政党の地方組織(県連)	→	1	2	3	4	5
E. 所属政党本部	→	1	2	3	4	5
F. 所属政党の衆議院議員	→	1	2	3	4	5
G. 所属政党の参議院議員	→	1	2	3	4	5
H. 市町村長	→	1	2	3	4	5
I. 市町村議員	→	1	2	3	4	5
J. マスメディア	→	1	2	3	4	5
K. あなたのスタッフ	→	1	2	3	4	5
L. 学者・専門家	→	1	2	3	4	5
M. 中央省庁(出先機関を含む)	→	1	2	3	4	5
N. 都道府県職員	→	1	2	3	4	5
O. 世論	→	1	2	3	4	5
P. 支持団体	→	1	2	3	4	5
Q. 選挙区民	→	1	2	3	4	5

Q6. 現行憲法をそのまま維持すべきだという意見について賛成ですか、反対ですか。(1 つだけに○)

（なおQ6〜Q11は前記の「早稲田大学・読売新聞社共同『国会議員アンケート』調査」 （2009年11月）のQ1〜Q6と同一の設問、同一の回答形式であるため、回答欄は省略 している。）

Q7. あなたが国の予算を決められるとしたら、公共事業と社会福祉とのどちらにより多 く予算を配分しますか。(1つだけに○)

Q8. 輸入をより自由化することについて、あなたの意見はどちらに近いですか。(1つ だけに○)
A. 日本の低所得者が生活必需品を安く購入できるのでよいことである。
B. 日本の生産者や農家の収入を脅かすのでよくないことである。

Q9. 日本の政府のあり方について、あなたの意見はどちらに近いですか。(1つだけに ○)
A. 政府の規模を小さくして、国民の負担を少なくする代わりに、国民への保護やサー ビスを最小限にとどめる、いわゆる「小さな政府」
B. 政府の規模を大きくして、国民の負担を多くする代わりに、国民への保護やサービ スの向上を図る「大きな政府」

Q10. あなたは、夫婦が希望すればそれぞれ結婚前の姓を名乗ることができる「夫婦別姓」 の導入に、賛成ですか、反対ですか。(1つだけに○)

Q11. 永住外国人に地方参政権を与えるべきだとの意見について賛成ですか、反対です か。(1つだけに○)

早稲田大学・読売新聞社共同
『2012年衆議院議員総選挙立候補者』調査（2012年）

本文中では、第3章の分析で用いている。

Q1.　有権者への約束であるマニフェストは、政権担当後の状況変化にかかわらず必ず守られるべきだという意見について賛成ですか、反対ですか。（回答は1つだけ）

1. 賛成　　2. やや賛成　　3. どちらともいえない　　4. やや反対　　5.反対

Q2.　あなたは、（a）～（f）の項目について、国の歳出額はどのようにすべきだと思いますか。それぞれについて、あなたの考えに近いものを選んでください。

（a）公共事業費	1. 増やすべきだ	2. 今のままでよい	3. 減らすべきだ
（b）生活保護費	1. 増やすべきだ	2. 今のままでよい	3. 減らすべきだ
（c）高齢者の医療費	1. 増やすべきだ	2. 今のままでよい	3. 減らすべきだ
（d）防衛費	1. 増やすべきだ	2. 今のままでよい	3. 減らすべきだ
（e）政府開発援助（ODA）	1. 増やすべきだ	2. 今のままでよい	3. 減らすべきだ
（f）公務員の人件費	1. 増やすべきだ	2. 今のままでよい	3. 減らすべきだ

Q3.　安全性が確認された原子力発電所について、運転を再開することに賛成ですか、反対ですか。（回答は1つだけ）

1. 賛成　　2. やや賛成　　3. どちらともいえない　　4. やや反対　　5.反対

Q4.　当面の電力供給について、あなたの考えは次のAとBどちらに近いですか。（回答は1つだけ）
A. 節電を実施して原子力発電はただちにやめるべきだ
B. 経済への影響を考えて原子力発電に頼ってもやむを得ない

1. Aに近い　　2. ややAに近い　　3. どちらともいえない　　4. ややBに近い　　5. Bに近い

Q5. 中長期的な電力供給のあり方について、あなたの考えは次のAとBどちらに近いですか。（回答は1つだけ）
A. 再生可能エネルギーなどの発電量を増やして原子力発電はやめるべきだ
B. 安全性を確保して原子力発電は継続すべきだ

1. Aに近い　　2. ややAに近い　　3. どちらともいえない　　4. ややBに近い　　5. Bに近い

Q6. 日本は、環太平洋経済連携協定「TPP」に参加すべきだと思いますか、そうは思いませんか。（回答は1つだけ）

1. 賛成　　2. やや賛成　　3. どちらともいえない　　4. やや反対　　5.反対

Q7. TPPへの参加について、あなたの考えは次のAとBどちらに近いですか。（回答は1つだけ）
A. 海外の需要を取り込み、経済成長が望めるのでよいことだ
B. 日本の農家の収入を脅かすのでよくないことだ

1. Aに近い　　2. ややAに近い　　3. どちらともいえない　　4. ややBに近い　　5. Bに近い

Q8. 今の憲法を改正する方がよいと思いますか、改正しない方がよいと思いますか。（回答は1つだけ）

1. 改正する方がよい　　2. 改正しない方がよい

Q9. 政府は従来から集団的自衛権について「行使はできない」という憲法解釈をしていますが、この問題をどう取り扱うべきだと思いますか。（回答は1つだけ）

1. 行使できるようにするべきだ　　2. 行使できないままにしておくべきだ

Q10. 次のうち、どちらの考え方に基づいて外交政策を決定すべきだと思いますか。（回答は1つだけ）
A. 対米重視
B. 対アジア重視

1. Aに近い　　2. ややAに近い　　3. どちらともいえない　　4. ややBに近い　　5. Bに近い

Q11. 日本の政府のあり方について、あなたの意見は次のAとBどちらに近いですか。(回答は1つだけ)
  A. 政府の規模を小さくして、国民の負担を少なくする代わりに、国民への保護やサービスを最小限にとどめる、いわゆる「小さな政府」
  B. 政府の規模を大きくして、国民の負担を多くする代わりに、国民への保護やサービスの向上を図る「大きな政府」

  1. Aに近い　　2. ややAに近い　　3. どちらともいえない　　4. ややBに近い　　5. Bに近い

Q12. 日本の政治のあり方について、あなたは、次のAとBのどちらが望ましいと思いますか。(回答は1つだけ)
  A. 2大政党のいずれかが単独で政権交代を行う
  B. 複数の政党が連立を組んで政権運営を行う

  1. Aに近い　　2. ややAに近い　　3. どちらともいえない　　4. ややBに近い　　5. Bに近い

Q13. 今後、理念や政策に基づく政界再編を進めるべきだという意見について賛成ですか、反対ですか。(回答は1つだけ)

  1. 賛成　　2. やや賛成　　3. どちらともいえない　　4. やや反対　　5.反対

京都大学・読売新聞共同議員調査（2016年10月〜12月）

本文中では、第2章の分析に用いている。

Q1. あなたが、直近の国政選挙で当選した際、その原動力となったものは何でしょうか。次の7項目について、それぞれ5段階で評価してください。

　（なお前記の「2009年自民党議員調査」（2009年12月）のQ3.（1）と同一の設問、同一の回答形式であるため、回答欄は省略している。）

Q2. 各政策の内容の決定について影響力があるのは次のどれでしょうか。（a）から（f）
までの政策のそれぞれごとに影響力があると思われる順に3位までお答えください。
【注：（a）から（f）それぞれについて「1」位、「2」位、「3」位の番号を記入してください。】

（なお前記の「2009年自民党議員調査」（2009年12月）のQ1.と同一の設問、同一の回
答形式であるため、回答欄は省略している。）

著者略歴

建林正彦（たてばやし・まさひこ）

京都大学大学院法学研究科教授

1965年京都府生まれ。1989年京都大学法学部卒業。1994年カリフォルニア大学サンディエゴ校修士。1996年京都大学大学院法学研究科博士後期課程研究指導認定退学。博士（法学）。関西大学法学部専任講師、神戸大学国際協力研究科教授、同志社大学法学部教授を経て、2011年より現職。

主著に『議員行動の政治経済学——自民党支配の制度分析』（有斐閣、2004年）、『比較政治制度論』（曽我謙悟・待鳥聡史と共著、有斐閣、2008年）、『政党組織の政治学』（編著、東洋経済新報社、2013年）などがある。

政党政治の制度分析——マルチレベルの政治競争における政党組織

2017年 9月26日 初版第1刷発行
2019年 5月18日 初版第2刷発行

著　者　　建林正彦

発行者　　千倉成示
発行所　　株式会社 千倉書房
　　　　　〒104-0031 東京都中央区京橋2-4-12
　　　　　電話 03-3273-3931（代表）
　　　　　https://www.chikura.co.jp/

造本装丁　米谷豪
印刷・製本　精文堂印刷株式会社

©TATEBAYASHI Masahiko 2017　Printed in Japan〈検印省略〉
ISBN 978-4-8051-1119-2 C3031

乱丁・落丁本はお取り替えいたします

JCOPY ＜（社）出版者著作権管理機構 委託出版物＞

本書のコピー、スキャン、デジタル化など無断複写は著作権法上での例外を除き禁じられています。複写される場合は、そのつど事前に（社）出版者著作権管理機構（電話 03-5244-5088、FAX 03-5244-5089、e-mail: info@jcopy.or.jp）の許諾を得てください。また、本書を代行業者などの第三者に依頼してスキャンやデジタル化することは、たとえ個人や家庭内での利用であっても一切認められておりません。

統合と分裂の日本政治

砂原庸介 著

統治機構改革から20年を経た日本政治は、有権者に新たな選択肢を提供できているのか。政党システムの変容から考える。

❖ A5判／本体3600円＋税／978-4-8051-1112-3

統治の条件

前田幸男＋堤英敬 編著

綿密な調査に基づいて民主党の政権運営と党内統治を検証し、自民党「以外」が政権を担当する際に求められる「条件」を探る。

❖ A5判／本体4500円＋税／978-4-8051-1052-2

叢書 21世紀の国際環境と日本

003 首相政治の制度分析

待鳥聡史 著

選挙制度改革、官邸機能改革、政権交代を経て「日本政治」は如何に変貌したのか。2012年度サントリー学芸賞受賞。

❖ A5判／本体3900円＋税／978-4-8051-0993-9

表示価格は2019年5月現在

千倉書房